교회가
감추고 있는
성경의
진실

교회를 떠나야 예성이 산다

교회가
감추고 있는
성경의
진실

교회를 떠나야 영성이 산다

남정미 지음

한국학술정보

머리말

남자에게 폭행을 당한 여자는 자기가 더럽혀졌다는 생각에 괴로워한다. 이제 더 이상 자기가 순수하지 못하고 고귀하지 못하다는 생각에 괴로워하고 자기도 무언가 잘못한 게 있지 않을까 하고 괴로워한다. 그러다가 극단적인 생각을 하기도 한다. 그리고 그 여자를 보는 시각도 이와 비슷하다.

그렇지만 실제로 달라진 건 아무것도 없다. 그리고 폭행당한 건 결코 여자 잘못이 아니다. 모든 잘못은 다 폭행한 남자에게 있기 때문이다.

모든 사람들이 그 사실을 알아주었으면 좋겠다. 그리고 힘 있고 그릇된 남자의 편에 서서 남자를 변호해주기 위해 여자에게도 잘못이 있겠지 하고, 욕하지 말고 무조건 아픈 여자의 편이 되어 주었으면 좋겠다.

세상은 사과나무와 같아서, 혹은 겨자나무와 같아서 사과씨 하나, 겨자씨 하나가 커다란 사과나무가 되고 겨자나무가 된다. 사과씨는 사과나무에 대해서 다른 아무에게도 책임을 전가할 수 없고 겨자씨는 겨자나무에 대해서 다른 아무에게도 책임을 전가할 수 없다. 그 말은 사과나무에 대한 책임은 오직 사과씨에 있고 겨자나무에 대한 책임은 오직 겨자씨에 있다는 뜻이다. 사과씨는 누구를 만나든 어떤 상황에서든 결국 사과나무가 되고 겨자씨도 누구를 만나든 어떤 상황에서든 결국 겨자나무가 된다. 사과나무를 만드는 건 결국 사과씨고 겨자나무를 만드는 건 결국 겨자씨이기 때문이다.

사과씨는 사과나무를 만들 생각이 없었는데 여자와 뱀과 사단과 하나님이 사과씨를 사과나무로 만든 것이 아니라 사과씨 안에 사과나무가 있기 때문에 결국 사과나무가 될 수밖에 없고 겨자씨 안에 겨자나무가 있기 때문에 겨자씨는 결국 겨자나무가 될 수밖에 없는 것이다.

기독교신자는 80% 이상이 여자다. 그리고 목사는 거의 100% 남자다. 한 사람의 남자가 다수의 여자들을 앞에 앉히고 설교를 하는 것이다. 그리고 그 설교의 주된 내용은 너희는 다 죄인이니 회개하라는 것이다.

남자는 여자에게 설교를 하는 것을 당연하게 생각하고 여자는 남자에게 설교를 듣는 것을 당연하게 생각한다. 그리고 거기서 남자는 여자에게 회개해야 한다고 한다. 하지만 설교는 하는 사람도 남자여야 하지만 들어야 할 사람도 여자가 아니라 남자여야 한다.

여자는 거기서 남자에게 회개하라는 설교를 들어야 할 이유가 없다. 거기에서 회개를 해야 하는 죄인이 있다면 거기 앉아서 그에게 설교를 듣고 있는 수많은 여자들이 아니라 그 앞에서 설교하고 있는 단 한 사람, 남자뿐이다. 왜냐하면 남자가 바로 사과나무를 만드는 한 개의 사과씨고 겨자나무를 만드는 한 개의 겨자씨이기 때문이다.

남자와 상관없이 여자가 혼자서 죄인이 되었거나 남자와 여자가 각자 죄인이 된 것이 아니라 그가 죄인이라면 그 밑에 있는 여자들도 저절로 죄인이 되는 것이고 그가 죄인이 아니라면 목 아프게 죄인이 되면 안 된다고 말하지 않아도 그 밑에 있는 여자들도 저절로 죄인이 아니게 되는 것이다.

남자는 항상 여자에게 회개하라고 한다. 하지만 여자는 남자에게서 회개하라는 말을 들을 이유가 없다. 여자는 수용체지 공격체가 아니기 때문이다. 남자는 항상 던지고 여자는 그것을 맞아낼 뿐이다. 남자가 폭행을 하면 여자는 그저 폭행을 당할 수밖에 없다. 그 상황에서 남자에게 폭행을 하지 말라고 말할 수는 있다. 하지만 여자에게 폭행을 당하지 말라고 말할 수 있는가? 회개하라. 너는 폭행을 당해서는 안 되었다? 말이 안 되는 이야기다. 해라, 하지 마라는 말은 공격체인 남자에게 해야 할 말이지 여자에게 할 말이 아니고, 실과를 먹어라, 먹지 마라는 말도 실과를 먹을 수 있는 남자에게만 할 수 있는 말이지 여자에게 할 말이 아니다.

나는, 너희는 죄인이니 회개하라고 말하는 남자에게서 설교 듣는 모든 여자들에게 당장 거기를 떠나라고 말하고 싶다. 거기에 묶여 있는 한 결코 구원은 없기 때문이다. 그리고 결코 네 잘못이 아니라고, 너는 충분히 행복해져도 된다고 말해주는 사람을 만나라고 말해주고 싶다.

이 글은 내가 오랫동안 기독교에 대해 잘못됐다고 생각했던 것들을 바로잡고 싶어서 쓴 글이다. 나 혼자만의 생각이라고 생각할까 봐 성경이 진리라고 믿는 사람들을 위해 오로지 성경만을 바탕으로 쓴 글이다. 모든 사람이 공감해주면 더 좋겠지만 일단은 잘못된 믿음에 혼란이라도 줄 수 있다면 다행이라 생각하고 쓴 글이다. 그리고 무엇보다도 철저히 여자 입장에서 잘못된 종교에 빠져 잘못된 선택을 하고 있는 여자를 구원하고 싶어서 쓴 글이다. 읽는 사람을 기분 좋게 하기 위해 쓴 글이 아니라 예쁘고 매끄럽게 쓰인 글은 아니지만 부디 그 마음을 이해해주었으면 좋겠다.

그래서 더 이상은 파헤쳐진 강바닥에 대한 책임을 강이 지고, 태풍 뒤에 바닷가에 밀려온 엄청난 쓰레기에 대한 책임을 바다가 지고, 여자 몸에 상처에 대한 책임을 여자가 지는 그런 시대가 계속되지 않았으면 좋겠다.

끝으로, 워낙 받아들여지기 힘든 내용이라 어려울 거라 생각했는데 흔쾌히 출간해주기로 한 출판사 측에 진심으로 감사하다는 말을 전하고 싶다. 많은 곳에서 거절당해서 이번에도 안 될 줄 알았는데 출판해 줄 수 있다기에 얼마나 기쁘고 설렜는지 모른다. 분명 모두를 위해, 세상을 위해 정말 잘한 선택이라는 생각이 들 때가 올 것이라 확신한다. 정말 감사하다.

목 차

04. 가인과 아벨 이야기

05. 롯 이야기

06. 예수의 일화

07 예수의 비유

01

여자는 피해자다

눈속임

오랫동안 사람들은 해가 지구를 중심으로 돌고 있다고 믿으며 살아왔다. 지구가 우주의 중심이라고 믿으며 살아왔다. 그게 다 교회 때문이다. 교회가 지구가 우주의 중심이라고 가르쳤기 때문이다. 거기에 반박이라도 하면 누구도 살아남을 수 없었다. 그들의 말이 곧 하나님의 말이었기 때문이다.

하지만 진실은 그 반대다. 눈으로 보면 해가 지구를 중심으로 움직이고 있는 것 같지만 실제로는 지구가 해를 중심으로 움직이고 있기 때문이다. 그 당연한 사실을 인정하기까지 오랜 시간이 걸렸고 많은 사람이 죽었다.

교회가 사람을 속이는 방식은 언제나 이와 같다.

오랫동안 사람들은, 먼저 움직인 쪽이 아담이 아니라 여자라고 믿어왔다. 여자가 가만히 있는 아담에게 선악을 알게 하는 나무의 실과를 먹여 죽게 했다고 믿으며 살았다. 여자가 남자보다 더 큰 죄를 지었고 남자는 여자 때문에 에덴에서 쫓겨났다고 믿으며 살았다. 그게 다 누구 때문이냐 하면 교회 때문이다. 교회가 자기의 분신인 아담이 아니라 여자가 죄의 중심이라고 가르쳤기 때문이다. 거기에 반박이라도 하는 사람이 있으면 마귀새끼나 마녀로 몰려 살아남을 수 없었다. 교회의 말이 곧 하나님의 말이었기 때문이다.

하지만 역시 진실은 그 반대다.

눈으로 보면 여자를 중심으로 아담이 움직인 것 같지만 실제로는 여자가 아담을 중심으로 움직인 것이고 여자가 실과를 먹는 것을 아담이 거든 것처럼 보이지만 실제로는 아담이 실과를 먹는 것을 여자가 거든 것이기 때문이다. 여자는 결코 실과를 먹고 싶어 하지 않는 아담에게 실과를 먹게 하는 사람이 아니다. 여자는 남자를 죽게 하는 사람이 아니다. 여자는 단지 실과를 먹으려는 아담을 거들어주는 사람, 즉 '돕는 배필'일 뿐이기 때문이다.

이제부터 그 이야기를 시작하려고 한다.

사람들은 교회가 가르쳐주는 것과 정반대로 성경을 이해해야 한다.

교회는 모든 죄를 약하고 허영심 많은 여자에게 뒤집어씌운다. 죄의 중심에 아담이 아닌 여자가 있다고 가르친다. 여자가 아담보다 더 큰 죄를 지었다고 가르친다. 그리고 아담은 그저 여자에게 속았을 뿐이라고 가르친다.

그래서 오랫동안 사람들은 아담에게 먹어서는 안 될 실과를 먹인 것이 여자라고 믿어왔다. 그들의 말이 곧 하나님의 말이라고 믿었기 때문이다.

하지만 아담에게 먹어서는 안 될 실과를 먹인 것은 여자가 아니라 아담 자신이다. 아담이 죽게 된 것도 여자 때문이 아니라 아담 자신 때문이다.

성경은 온통 죄 많은 여자가 아니라 사기당한 남자를 죽이는 이야기들로 가득하다. 남자가 심판받고 여자가 구원받는 이야기로 차고 넘친다.

왜냐하면 진실은 항상 교회가 말하는 것과 정반대이기 때문이다.

교회는 죄의 중심에 아담이 아닌 여자를 둔다.

하지만 성경에서 여자는 어떤 중심에도 있을 수 없다. 성경의 중심은 언제나 남자다. 성경은 여자가 아니라 남자의 이야기다. 성경에서 여자는 사람 축에도 끼지 않는다. 그래서 숫자를 셀 때에도 여자는 낳지 않는다.

교회는 가만히 있는 아담을 여자가 움직여 실과를 먹게 한 것이라 한다. 여자가 부지런히 움직여서 아담에게 실과를 먹게 한 것이라 한다.

그래서 여자는 자기가 벌을 받는 것이 자기가 잘못 움직였고 자기가 더 많은 죄를 지었기 때문이라고 생각한다. 교회가 그렇게 가르치기 때문이다.

하지만 성경에서 움직이고 있는 쪽은, 움직일 수 있는 쪽은 언제나 여자가 아니라 남자다. 왜냐하면 태어날 때부터 그렇게 만들어졌기 때문이다.

성경은 남자의 이야기다. 모든 사건의 중심에는 여자가 아니라 언제나 남자가 있다. 그리고 여자는 남자 옆에서 남자를 돕는 사람일 뿐이다.

교회는 에덴 안에 아담에게 실과를 먹이려고 하는 아담보다 더 무서운 다른 존재가 있다고 가르친다. 그리고 거기에 여자가 넘어갔다고 한다.

하지만 에덴 안에는 아담이 아닌, 아담으로 하여금 실과를 따 먹게 할 수 있는 다른 존재는 아무도 없다. 아담보다 더 강한 다른 권력도 없다. 사단은 그저 아담이 자기 죄를 감추기 위해 지어낸 가짜일 뿐이다.

교회는 아담에게 실과를 먹인 것이 여자라 가르친다.

그리고 여자는 자기가 실과를 먹였다는 것에 우쭐해하거나 미안해한다.

하지만 실과의 출발점은 언제나 여자가 아니라 아담이다.

겉으로 보기에는 여자가 아담과 아무 상관없는 실과를 아담에게 주는 것 같으나 여자가 다른 이에게서 받은 아들을 남자에게 넘겨주는 것이 아니라 남자에게서 받은 아들을 다시 남자에게 되돌려주는 것처럼 여자가 다른 이가 아니라 아담에게서 받은 실과를 다시 아담에게 돌려주고 있는 것이다.

여자는 혼자 힘으로 아들을 낳을 수 있는 존재가 아니고 혼자 힘으로 실과를 먹을 수 있는 존재도 아니다. 여자는 오직 남자가 있어야만 아들을 낳을 수 있고 아담이 있어야만 실과를 먹을 수 있는 존재이기 때문이다. 여자가 혼자 힘으로 아들을 낳는 것이 아니라 남자가 여자로 하여금 자기에게 아들을 낳아주게 하는 것처럼 여자가 혼자 힘으로 실과를 먹이는 것이 아니라 아담이 여자로 하여금 자기에게 실과를 먹이도록 하는 것이다.

사람들이, 아담이 여자가 주는 실과를 먹기만 했다고 생각하는 이유는 그가 어떤 사람인지, 무엇을 위해 만들어진 사람인지를 모르기 때문이다.

교회는 아담과 여자가 다르다는 사실을 인정하지 않는다.

하지만 성경에서 남자와 여자를 차별한다는 사실은 누구나 다 아는 사실이다. 그리고 있는 차별을 인정하지 않으면 진실도 알기 어렵다.

성경에서 아담이 만들어진 목적은 확실하다.

에덴에 각종 씨 맺는 풀과 나무를 심기 위해서다. 에덴에 있는 씨 맺는 모든 풀과 나무는 모두 그가 만든 것이다. 그가 없으면 풀도 없고 나무도 없다. 성경에 보면 그가 있기 전에는 그가 아직 없었기 때문에 에덴에는 풀도 없고 나무도 없었다고 분명히 나와 있다. 그리고 그를 만든 또 하나의 목적은 에덴을 다스리고 지키게 하기 위해서다. 즉, 그는 에덴에 있는 모든 풀과 나무를 심고 그것을 관리하고 지키기 위해 만들어진 사람이다.

교회는 그가 혼자서 그 모든 일을 다 해내는 것은 불가능하다고 하지만 그는 만들어진 순간 이미 혼자가 아니다. 하나님의 말씀은 단순한 말이 아니라 곧 능력이기 때문이다. 빛이 있으라 하시니 빛이 있더라 한 것처럼 능력도 주지 않은 채 말로만 심고 가꾸고 다스리고 지키라 한 것이 아니라 이미 그에 합당한 능력과 권력과 시종들을 함께 주고 그렇게 하라고 한 것이다.

그가 하지 못한 일은 할 수 없어서가 아니라 하고 싶지 않기 때문이다.

세상이 오랫동안 딸보다 아들을 더 갖고 싶어 하고 더 귀하게 생각해왔던 이유는 아들이 딸보다 죄를 덜 짓거나 더 착할 것이기 때문도 아니고 더 예쁠 것이기 때문도 아니다. 그것은 아무도 모르는 일이다. 오직, 딸에게는 없는 단 한 가지가 아들에게는 있을 것이기 때문이다. 바로 씨앗, 그 한 가지 차이 때문에 그렇게 딸보다 아들을 더 원하고 더 귀하게 생각했던 것이다.

남자와 여자는 태어나는 순간, 어떤 일도 하기 전에 이미 정해진다. 살다가 죄를 덜 지은 사람이 그 상으로 남자가 되고 죄를 더 지은 사람이 그 벌로 여자가 되는 것이 아니라 태어날 때 씨앗(능력)을 가지고 태어나면 남자가 되고 씨앗(능력)을 가지고 태어나지 않으면 여자가 되는 것이다.

아담과 여자도 마찬가지다.

교회는 아담과 여자가 크게 다르지 않다고 한다. 하지만 아담과 여자는 분명한 차이점이 있다. 아담에게는 있는 것이 여자에게는 없기 때문이다.

아담에게는 씨앗이 있고 능력이 있지만 여자에게는 아무것도 없다. 둘 모두가 씨앗을 가지고 있고 둘 모두가 실과를 딸 수 있는 게 아니다.

아담의 일은 씨 맺는 풀과 나무를 심는 일이고 여자의 일은 그런 그를 돕는 일이다. 그래서 아담에게는 씨앗이 있지만 여자에게는 씨앗이 없다.

아담과 달리 여자는 실과 맺는 나무를 심지 않는다. 아니, 심지 못한다. 하나님이 여자에게는 심을 수 있는 아무 씨앗도 주지 않았기 때문이다.

성경에서 아담은 각종 풀과 나무를 심어 자기가 심고 가꾼 나무의 실과를 먹으며 사는 존재다. 말 그대로 씨를 뿌리고 자기가 뿌린 씨를 자기가 거두며 사는 자다. 에덴에서 씨를 뿌리고 거둘 수 있는 사람은 오직 그 한 사람뿐이기 때문이다. 에덴에 있는 모든 씨 맺는 풀과 씨 가진 열매 맺는 나무는 그가 심으며 그가 관리하고 그가 먹는다. 에덴 안에 실과를 심을 수 있는 다른 이는 없다. 그러니 그 안에 있는 모든 실과는 그가 책임져야 한다.

달리 말하면 아담은 죄의 실과를 맺는 나무를 심을 수 있지만 여자는 아무 나무도 심을 수 없다. 그 안에 있는 모든 실과는 다 아담이 심었기 때문에 존재하는 것이다. 따라서 그 안에 있는 모든 실과에 대한 책임은 다 아담에게 있으며 어떤 실과에 대해서도 여자는 책임을 지지 않아도 되는 것이다.

교회는 실과에 대해 아담과 여자가 똑같은 능력이 있다고 말한다.

하지만 그것은 사실이 아니다. 하나님은 오직 아담에게만 100%의 능력을 주고 여자에게는 단 1%의 능력도 주지 않았기 때문이다. 그리고 책임도 두 사람에게 똑같이 묻지 않고 각자 주어진 능력만큼만 묻는다.

그러니 여자는 남자와 똑같은 책임을 질 필요가 없다. 능력이 주어진 아담과 달리 여자에게는 능력이 전혀 주어지지 않았기 때문이다.

여자는 자기에게는 아무 능력도 없다고 말하는 하나님보다 여자에게도 아담과 같은 능력이 있다고 말하는 교회의 말을 더 믿고 좋아한다. 하지만 교회가 그렇게 말하는 것은 정말 그렇기 때문이 아니라 아담과 교회가 져야 할 책임을 아무것도 모르는 여자에게 떠넘기기 위해서다. 두 사람은 결코 같지 않다. 따라서 책임도 다르다. 하나님이 똑같은 능력을 주지 않았기 때문이다.

여자들이 자기에게도 능력이 있다고 믿고 싶어 하는 것은 능력을 주어야만 사랑하는 것이고 주지 않으면 사랑하지 않는 것이라고 생각하기 때문이다. 하지만 능력을 주었다고 해서 더 사랑하고 능력을 주지 않았다고 해서 덜 사랑하는 것이 아니다. 둘을 다른 방식으로 사랑한 것뿐이다.

교회는 하나님이 공평하기 때문에 여자와 아담에게 똑같은 능력을 주었다고 말하지만 하나님이 공평한 것은 똑같이 능력을 주고 똑같이 책임을 묻기 때문이 아니라 각자 다르게 능력을 주고 다르게 책임을 묻기 때문이다. 모두가 다 같은 능력을 가질 수는 없다. 모든 사람에게 똑같이 5달란트를 주고 5달란트만큼의 책임을 묻기 때문에 하나님이 공평한 것이 아니라 어떤 사람에게는 5달란트를 주고 5달란트만큼의 책임을 묻지만 어떤 사람에게는 1달란트만 주고 책임도 1달란트만큼만 묻기 때문에 하나님이 공평한 것이다.

죄에 대해서도 마찬가지다. 교회는 하나님이 아담과 여자에게 공평하게 똑같은 능력을 주었기 때문에 똑같은 책임이 있는 것이라 한다. 하지만 사실은 그렇지 않다. 하나님은 아담과 여자에게 똑같은 능력과 똑같은 책임이 아니라 아담에게는 100%의 능력을 준 대신 100%의 책임을 묻지만 여자에게는 1%의 능력도 주지 않은 대신 단 1%의 책임도 묻지 않는 것이다. 그래서 아담은 무슨 일이든 다 할 수 있고 자기가 한 일에 대해서는 반드시 책임을 져야 하지만 여자는 아무 일도 할 수 없고 아무 책임도 지지 않아도 된다.

여자는 자기에게 능력을 없다는 것을 인정하고 싶어 하지 않는다. 능력이 있는 것이 좋은 것이고 능력이 없는 것은 나쁜 것이라 믿기 때문이다. 남자에게는 있는 능력이 자기에게는 없다는 것을 인정하고 싶지 않기 때문이다. 그래서 여자에게도 능력이 있다고 말하는 교회의 말을 더 신뢰한다.

하지만 능력이 있는 것만 좋은 것이고 없는 것은 나쁜 것이 아니라 있으면 있는 대로 없으면 없는 대로 둘 다 좋은 것이다. 중요한 것은 능력이 있고 없고가 아니라 사실을 있는 그대로 인정하는 것이다. 여자가 구원받기 위해서는 먼저 능력을 가지고 있어야만 하는 것이 아니라 자기에게는 아무런 능력도 없다는 것을 인정해야만 한다. 그리고 능력 있는 사람과 능력 없는 사람은 심판받는 방법도 구원받는 방법도 다르다는 것을 알아야 한다. 그래야만 구원받을 수 있다. 왜냐하면 아무런 능력도 가지고 있지 않다는 것은 아무런 죄도 지을 수 없다는 것이고 아무런 죄도 지을 수 없다는 것은 죄에 대해 아무런 책임을 지지 않아도 된다는 것을 의미하기 때문이다.

여자는 자기가 죄를 지었기 때문에 힘들게 사는 것이라 생각한다.

하지만 여자가 힘들게 사는 것은 죄 때문이 아니라 진실에 대해서 잘 알지 못하기 때문이고 책임지지 않아도 될 일을 책임지려 하기 때문이다.

책임지며 사는 여자가 착하고 능력 있는 여자가 아니다.

책임지지 않아도 될 일을 책임지느라 힘들게 사는 여자는 착한 여자도 아니고 능력 있는 여자도 아니고 그저 어리석고 멍청한 여자일 뿐이다.

여자가 구원받기 위해서는 무조건 능력이 있다고 우길 것이 아니라 사실을 있는 그대로 인정해야 한다. 없는 것을 있다고 우기면 없던 것이 있어지는 것이 아니다. 오히려 있지도 않은 것을 내놓아야 하는 책임만 늘 뿐이다.

능력이 없는 사람이 능력이 없다는 것을 인정하면 모든 죄에서 한없이 자유로울 수 있고 자유를 얻는다는 것은 곧 구원을 얻는다는 말과 같다. 하지만 능력이 없는 사람이 능력이 있다고 믿으면 그는 어디서도 자유로울 수 없고 자유롭지 못하다는 것은 결국 구원을 얻지 못했다는 말과 같다.

교회는 여자가 더 많은 죄를 지었기 때문에 더 많은 책임을 지는 것이 당연하다 한다. 아담과 여자가 똑같은 능력을 받았지만 여자가 더 큰 죄를 지었기 때문에 그 벌로 여자가 아담보다 더 많이 힘들게 사는 것이라는 것이다. 하지만 교회 안에서 여자가 힘들게 사는 것은 죄를 지었기 때뮨이 아니다. 아담과 교회보다 죄가 더 많아서 그 벌로 힘들게 살아야만 하는 것이 아니라 자기에게 죄를 뒤집어씌우는 아담과 교회의 지배를 당연하다고 믿고 거기서 벗어날 생각을 하지 않기 때문에 힘들게 살 수밖에 없는 것이다.

교회는 결코 성경의 전달자가 아니다. 오히려 여자가 성경을 알지 못하도록 방해하는 훼방꾼이다. 성경은 결코 그들의 편이 아니기 때문이다.

교회 안에서 더 많이 움직여야 하는 쪽은 항상 여자다. 여자가 더 많은 죄를 지었기 때문에 항상 남자보다 더 빨리, 더 많이 움직이지 않으면 안 되는 것이다. 빨리 움직이지 않거나 움직이기를 싫어하는 여자는 나쁜 여자다.

하지만 성경에서 움직이고 있는 쪽은 항상 여자가 아니라 남자다.

남자도 움직이고 여자도 움직이는 것이 아니라 여자는 움직일 수 없으며 순전히 남자가 여자를 움직이게 하는 것이다. 여자가 게으르거나 착하지 않아서 움직이지 않는 것이 아니라 애초에 여자는 움직일 수 없는 사람으로 만들어졌기 때문이다. 어느 시대에만 그런 것이 아니라 항상 마찬가지다.

성경에서 여자는 스스로 움직일 수 없으며 남자에 의해서만 움직일 수 있는 사람이다. 여자가 처음 만들어졌을 때에도 여자는 눈과 발이 없는 사람처럼 볼 수도 스스로 움직일 수도 없다. 그래서 아담에게 갈 때도 여자 혼자 가지 않고 하나님이 여자를 아담에게 이끌어 가야만 한다. 여자 혼자 움직이는 것처럼 보이지만 사실은 보이지 않는 하나님이 함께 가는 것이다.

여자와 하나님이 따로 움직이는 것이 아니라 여자가 움직이는 곳에 하나님이 함께 움직이고 여자와 남자가 따로 움직이는 것이 아니라 여자가 움직이는 곳에 남자가 함께 움직이며 남자가 여자에 의해 움직이는 것이 아니라 언제나 여자가 남자에 의해 움직이는 것이다. 조각가에 의해 조각이 만들어지고 움직여지듯 여자는 남자에 의해 만들어지고 움직여지는 존재다.

> “여호와 **하나님이** 아담에게서 취하신 그 갈빗대로 여자를 만드시고 그를 아담에게로 이끌어 오시니…….”(창 2:22)

결혼할 때도 마찬가지다. 교회에서는 남자는 항상 가만히 있고 여자가 남자 중심으로 움직인다. 여자가 남편과 함께 살기 위해 아버지의 손을 잡고 움직이지 않는 남편을 향해 걸어가서 아버지를 떠나 남편의 손을 잡는다.

하지만 성경에서 움직이는 쪽은 항상 여자가 아니라 남자다.

두 사람이 한 몸이 되기 위해서는 여자는 움직이지 않고 남자가 몸을 움직여 부모를 떠나 아내 될 여자에게 가서 한 몸을 이루어야만 한다. 움직여야 하는 쪽은 남자이며 부모를 떠나야 하는 쪽도 여자가 아니라 남자다. 왜냐하면 여자는 처음부터 움직일 수 없도록 만들어졌기 때문이다.

> “이러므로 **남자가** 부모를 떠나 그 아내와 연합하여 둘이 한 몸을 이룰찌로다.”(창 2:24)

여자가 선악을 알게 하는 나무의 실과를 따 먹을 때도 마찬가지다.

교회는 여자가 실과를 따 먹고 남편에게도 주었다고 한다.

얼핏 보면 드디어 여자가 스스로 움직이고 있는 것처럼 보인다.

하지만 그 뒤를 보면 그녀는 결코 혼자가 아니다.

여자는 자기 혼자 그 실과를 따 먹었다고 생각하지만 그건 착각이다.

남편 없이 혼자 간 것이 아니라 남편이 함께 갔기 때문이다.

여자는 자기가 실과를 따 먹는 자리에 남편을 데려갔다고 생각하지만 여자가 남편을 데려간 것이 아니라 남편이 여자를 데려간 것이다.

"**<u>여자</u>**가 그 실과를 따 먹고 **<u>자기와 함께한 남편</u>**에게도 주매 그도 먹은지라."(창 3:6)

얼핏 보면 여자가 실과를 따 먹는 동안 남편은 여자 옆에 서 있기만 한 것처럼 보이지만 아담은 결코 여자 옆에 가만히 서 있기만 한 것이 아니다. 왜냐하면 아담은 끊임없이 일하고 있고 움직이고 있기 때문이다.

"……**<u>아담</u>**과 그 **<u>아내</u>**가 여호와 하나님의 낯을 피하여 동산 나무 사이에 숨은지라."(창 3:8)

실과를 따 먹는 동안에는 항상 뒤에만 있던 여자가 앞에 있고 아담은 뒤에 숨었다. 여자는 여전히 여자지만 아담은 겸손하게 한 발 물러서서 남편이다.

그러나 하나님을 피해서 도망갈 때는 반대다. 앞에 있던 여자는 다시 아내의 자리로 밀려나고 뒤에 있던 남편은 다시 아담의 자리로 앞에 선다.

실과를 따 먹을 때는 여자가 앞에 있지만 도망갈 때는 여자가 뒤에 있다. 실과를 따 먹을 때는 아담은 그저 남편일 뿐이지만 도망갈 때는 다시 아담이 되고 실과를 따 먹을 때는 여자이던 여자가 도망갈 때는 그저 아내일 뿐이다.

과연 어느 쪽이 이용당하고 있는 걸까?

과연 어느 쪽이 움직이고 있는 걸까?

겉으로만 보면 여자가 앞에 가는 것 같고 어느 때는 뒤에 가는 것 같다.

겉으로만 보면 여자가 앞에 있는 것 같고 어느 때는 뒤에 있는 것 같다.

교회는 여자가 아담에게 실과를 먹인 것이라 한다.

여자가 움직였고 여자가 아담을 이용했다고 한다.

하지만 성경은 결코 그렇게 말하지 않는다.

교회는 남자가 여자에게 끌려가고 있고 남자가 여자에게 이용당하고 있다고 하지만 사실은 그 반대다. 남자가 여자에게 끌려가는 것이 아니라 여자가 남자에게 끌려가는 것이며 남자가 여자에게 속고 있는 것이 아니라 여자가 남자에게 속고 있는 것이며 남자가 여자에게 이용당하고 있는 것이 아니라 여자가 남자에게 이용당하고 있는 것이고 남자가 여자로 인해 쫓겨난 것이 아니라 여자가 남자로 인해 쫓겨난 것이며 남자가 여자로 인해 죽고 있는 것이 아니라 여자가 남자로 인해 죽고 있는 것이고 남자가 여자로 인해 살고 있는 것이 아니라 여자가 남자로 인해 살고 있는 것이다. 그게 사실이고 사실이 그렇지 않다 하더라도 성경만으로 놓고 보면 그게 진실이다.

폭력은 어떤 이유에서도 정당화될 수 없다. 특히 여자에 대한 폭력은 더욱 그렇다. 그런데 교회는 여자가 남자에게 지은 죄가 있기 때문에 남자가 여자에게 폭력을 행사하는 것은 정당하다고 한다. 그리고 여자는 거기에 아무런 저항도 하지 않고 맞고 있다. 저항하면 나쁜 여자이기 때문이다.

교회는 남자가 여자보다 더 높은 지위에 있고 여자가 남자의 지배를 받아야 하는 이유가 남자가 여자보다 죄를 덜 지었기 때문이라 말한다.

하지만 과거에 일본이 한국을 지배할 수 있었던 이유가 일본이 죄가 작고 착해서가 아니라 악하지만 힘이 있었기 때문인 것처럼 남자가 여자보다 위에 있고 여자를 지배하는 것은 착하고 죄를 덜 지었기 때문이 아니라 여자는 가지고 있지 않은 힘을 남자는 가지고 있기 때문이다.

만일 남자가 착해서 더 높은 자리에 있는 것이라면 악한 남자는 그럴 수 없어야 한다. 하지만 선(善)에서뿐만 아니라 악(惡)에서도 첫 번째 자리는 항상 남자다. 선의 위치에서 더 위에 있는 사람이 덜 선한 사람이 아니라 더 선한 사람인 것처럼 마찬가지로 악의 위치에서도 더 위에 있는 사람은 덜 악한 사람이 아니라 더 악한 사람이다. 죄를 덜 지은 사람이 더 지은 사람보다 위에 있는 것이 아니라 항상 힘이 더 센 사람이 힘이 약한 사람보다 위에 있는 것이다. 감옥에서는 죄가 더 많은 전과3범이 2범보다 더 높은 자리에 있는 것처럼 만일 남자와 여자가 함께 죄를 지어 쫓겨나 이곳에서 같은 방을 쓰고 있는 것이라면 남자가 여자보다 더 높은 자리에 있는 것이 남자가 여자보다 죄를 덜 지었고 덜 악해서가 아니라 오히려 그 반대란 얘기다.

남자가 천국에 가는 것은 그가 착하기 때문이고 남자가 지옥에 가는 것은 그가 악하기 때문이다. 하지만 여자는 남자와 다르다. 여자가 천국에 가는 것은 그가 착하고 좋은 일을 많이 했기 때문이 아니라 착한 남자 아래에 있기 때문이다. 지옥도 마찬가지다. 여자가 악하고 나쁜 짓을 많이 해서 지옥에 가는 것이 아니라 악한 남자 아래에 있기 때문에 지옥에 가는 것이다.

여자는 교회가 하는 말은 다 옳다고 생각한다. 그래서 무조건 믿는다.

하지만 교회가 진리라고 말하는 것은 그저 꾸며진 눈속임일 뿐이다.

모든 것은 오직 남자로부터 시작된다. 남자 아닌 다른 것에서 태어나는 것은 아무것도 없다. 그러니 남자는 태어난 모든 것들에 대해 일부가 아닌 전부를 책임져야만 한다. 여자아이와 남자아이와, 선과 악과, 의와 죄의 모든 실과에 대해 전부를 책임져야만 한다. 아니라고 하면 나쁜 놈인 거다. 왜냐하면 그 모든 것들을 만들 수 있는 이는 오직 그 한 사람뿐이기 때문이다.

생리하고 싶어서 하는 여자 있는가? 아이 낳고 싶어서 낳는 여자 있는가? 하기 싫어도 남자 아래 있기 때문에 어쩔 수 없이 여자가 하도록 되어 있는 일이다. 그리고 그 덕으로 남자와 남자의 아들과 딸들이 태어나는 거다. 그런데 왜 남자로부터 너 때문에 절대로 먹어서는 안 될 '실과'를 먹고 말았다는 소리를 듣는가? 왜 너 때문에 절대로 되어서는 안 될 '아버지'가 되고 말았다는 소리를 듣는가? 왜 이게 다 '너'의 탓이라는 말에 **'아멘'**을 하는가.

"(실과, 아들, 딸, 선, 악, 죄, 의는) **남자가 여자에게서 난 것이 아니요, 여자가 남자에게서 났으며 또 남자가 여자를 위하여 지음을 받지 아니하고 여자가 남자를 위하여 지음을 받은 것이니** 이러므로 여자는 천사들을 인하여 권세 아래 있는 표를 그 머리 위에 둘찌니라."(고전 11:8~10)

단 하나의 남편

교회는 홀로 있는 아담의 아내로 하나님이 여자를 만든 것이라 한다. '돕는 배필'이란 표현이 있기 때문에 그렇게 볼 수도 있다.

그러나 그들은 부부 사이라기보다는 부녀지간이라야 옳다.

아담이 바로 여자를 낳은 사람이기 때문이다. "내 뼈 중에 뼈 살 중에 살"이란 표현 역시 아내가 아니라 자녀를 나타내는 말이다.

아내는 남자의 뼈나 살을 물려받는 사람을 가리키는 말이 아니다. 아내는 남자가 낳은 사람이 아니라 남자와 결혼하는 사람이기 때문이다.

교회는 아직 법이 만들어지기 이전이므로 상관이 없다고 합리화하지만 법이 있기 전이라 하더라도 죄인 것이 죄가 아닌 것이 될 수는 없는 것이다.

"죄가 율법이 있기 전에도 세상에 있었으나 율법이 없을 때에는 죄를 죄로 여기지 아니하느니라."(롬 5:13)

'이러므로 남자가 부모를 떠나 그 아내와 연합하여 둘이 한 몸을 이룰찌로다.'(창 2:24) 하는 표현이 아담의 결혼을 의미하는 것이라고 생각하기 쉽다.

그러나 이것은 아담이 자기가 낳은 여자와 부부로 맺어지는 과정이 아니라 아담에게서 여자가 태어나게 되는 과정을 보여주는 것이다.

'~이러므로'라고 말을 시작했다는 것은 그 앞에 이미 남자가 부모를 떠나 그 아내와 연합하는 과정이 다 설명이 되었다는 뜻이다.

그러나 아담에게는 부모라는 존재가 있을 수 없으며 그 앞 어디에도 아담이 부모를 떠나고 아내가 될 여자를 찾아가는 과정은 나와 있지 않다.

그 앞에 나오는 이야기는 아담이 부모를 떠나 여자와 부부가 되는 과정이 아니라 하나님이 아담의 갈빗대(남편)를 아담(남편의 부모)에게서 떼어내 흙(아내)과 연합하여 하나의 새로운 개체(여자)를 만드는 과정이었기 때문이다.

그러므로 남자가 떠나는 부모는 하나님이 아니라 아담이고 아내를 만나기 위해 부모를 떠나는 남자는 아담이 아니라 아담의 갈빗대라야 맞는 것이다.

교회는 여자가 그를 낳아준 아담의 아내가 되는 것이 결혼이라 한다.

하지만 결혼이란 한 사람이 두 사람으로 나눠지는 과정이 아니라 두 사람이 사랑으로 한 몸이 되어 가는 과정을 말하는 것이다. 그리고 자기를 낳아준 사람이 아니라 그 사람을 떠나 새로운 사람과 가정을 이루는 것이다.

교회는 여자는 자기를 낳아준 아담의 아내가 되어야 한다고 한다.

하지만 여자는 아담이 아니라 하나님의 아내가 되어야 한다.

아담은 그에게서 태어난 딸을 하나님에게 주고 싶지 않아 아내로 삼는다.

그러나 그는 결코 그녀의 남편이 될 수 없는 사람이다.

왜냐하면 그는 여자를 만든 사람이 아니라 낳은 사람이며 여자의 남편이 될 수 있는 사람은 여자를 낳은 아담이 아니라 만든 하나님뿐이기 때문이다.

여자가 아버지에게서 태어났기 때문에 그 보답으로 아버지의 아내가 되어야 하는 것이 아니라 여자가 아버지에게서 태어났지만 영원히 함께해야 할 사람은 아버지가 아니라 남편이 되어야 하는 것처럼 여자가 아담에게서 태어났기 때문에 그 보답으로 아담의 아내가 되어야 하는 것이 아니라 여자가 아담에게서 태어났지만 아담은 결국 여자가 떠나야 할 사람이며 그가 영원히 함께해야 할 사람은 아담이 아니라 하나님이 되어야 하는 것이다.

"딸이여 듣고 생각하고 귀를 기울일찌어다. 네 백성과 아비 집을 잊어버릴찌어다. 그러하면 왕이 너의 아름다움을 사모하실찌라. 저는 너의 주시니 너는 저를 경배할찌어다."(시 45:10, 11)

"이는 너를 지으신 자는 네 남편이시라. 그 이름은 만군의 여호와시며 네 구속자는 이스라엘의 거룩한 자시라."(사 54:5)

또 다른 권력

모든 피조물은 그 만들어진 목적이 있다.

가령 사람이 집을 만드는 것은 그 안에 들어가 자기가 살기 위해서고 노아가 방주를 만드는 것 또한 그 안에 들어가 자기가 살기 위해서다.

하나님이 사람을 만든 목적도 이와 마찬가지다.

사과씨앗이 사과를 만든다. 그리고 그 씨앗은 다른 곳이 아닌 바로 자기가 만든 사과 안에 보이지 않게 산다. 결코 다른 곳으로 가지 않는다.

그곳이 바로 그의 집이기 때문이다.

마찬가지로 하나님이 사람을 만든다. 그리고 다른 곳이 아닌 바로 자기가 만든 사람 안에 보이지 않게 산다. 결코 다른 곳으로 가지 않는다.

그곳이 바로 그의 집이기 때문이다.

교회는 하나님은 그저 하나님일 뿐이라고 한다.

교회는 여자는 하나님과는 살 수 없고 오직 아담과만 살 수 있다고 가르친다. 그들에게 하나님은 아담이나 여자와는 함께 살 수 없는 유령과 같은 존재이며 살아 있지 않은 존재이기 때문이다. 교회에서는 하나님은 철저히 아담과 여자, 모두와 아무 상관이 없는 제삼자의 위치에 있다.

그래서 하나님이 여자를 만들었으되 하나님은 여자에게 아무것도 아니며 여자는 하나님이 아니라 아담의 아내가 되고 하나님이 아담을 만들었으되 아담에게도 아무것도 아니며 아담 역시 하나님이 아니라 자기에게서 태어난 여자의 남편이 되어야 한다. 그들은 그것을 아주 당연하게 생각한다.

교회는 아담과 교회가 하나님에 이어서 여자가 순종해야 할 두 번째 권력이라고 가르친다. 그리고 여자를 향해 자신들에게 절대 순종하라고 한다.

하지만 아담이 또 다른 권력(아담)을 되어 여자를 가로채는 것, 그리고 여자가 하나님이 아닌 또 다른 권력(아담)을 섬기는 것, 그것이 바로 그들이 절대로 저질러서는 안 될 단 하나의 범죄다. 왜냐하면 세상에 하나님 외에 섬겨야 할 다른 권력을 두는 것, 그것이 곧 우상숭배이기 때문이다.

노아가 방주를 만든 이유가 다른 이에게 주기 위해서가 아니라 자기 자신이 살기 위해서이듯 하나님이 사람을 만든 이유도 다른 피조물에게 주기 위해서가 아니라 바로 그 안에서 자기 자신이 살기 위해서이기 때문이다.

교회는 남편이 없는 동안 여자가 남편의 종을 섬기고 있으면 언젠가 남편이 와서 여자를 구해 줄 것이라 하고 하나님이 안 계시는 동안 사람이 하나님의 종을 섬기고 있으면 언젠가 하나님이 와서 구해 줄 것이라 한다.

하지만 섬기는 이와 구원해 주는 이가 둘이 아니라 섬기는 이가 곧 구원해주는 이다. 남편의 종을 섬기고 남편에게 구원을 받는 것이 아니라 남편을 섬겨야 남편에게 구원을 받는 것이고 하나님의 종을 섬기고 하나님에게 구원을 받는 것이 아니라 하나님을 섬겨야 하나님에게 구원을 받는 것이다.

교회는 자기들을 '하나님의 종'이라 자처한다.

그리고 여자가 남편의 종을 섬기면 구원을 얻을 텐데 남편의 종 아닌 사람을 섬겨서 심판을 받는 것이고 사람이 하나님의 종을 섬기면 구원을 얻을 텐데 하나님의 종 아닌 사람을 섬겨서 심판을 받는 것이라 한다.

하지만 남편의 종과 적이 따로 있는 것이 아니라 남편이 없는 동안 남편의 아내를 가로챈 남편의 종이 곧 남편의 적이 되는 것이고 하나님의 종과 하나님의 적이 따로 있는 것이 아니라 하나님이 없는 동안 하나님의 아내가 되어야 할 사람들을 가로챈 하나님의 종이 곧 하나님의 적이 되는 것이다.

하나님은 하나님 외에 다른 아무 권력도 허락한 적이 없다.

교회는 여자가 아담의 아내가 되는 것이 아주 당연한 일이라 한다.

그러나 여자에게 아담은 이스라엘을 잠시 지배하는 애굽과 같아서 영원히 머물러야 할 사람이 아니라 언젠가는 반드시 도망쳐 나와야 할 사람이다.

교회는 아담이 당연히 여자의 남편이 되어야 한다고 한다. 하지만 여자의 남편은 결코 아담일 수 없다. 여자의 남편은 결코 아버지가 아니다. 노아가 자기가 만든 방주로 인해 살고 방주는 자기를 만든 노아를 위해 살아야만 하는 것처럼 여자도 하나님이 만들었지만 하나님을 떠나 자기를 낳은 아담과 살아야만 하는 것이 아니라 하나님은 자기가 만든 여자로 인해 살고 여자 역시 자기를 낳은 이가 하나님을 위해 살아야만 하는 것이다.

"내 백성이 두 가지 악을 행하였나니 곧 생수의 근원되는 나를 버린 것과 스스로 웅덩이를 판 것인데 그것은 물을 저축지 못할 터진

웅덩이니라."(렘 2:13)

"내가 이스라엘 자손 중에 거하여 그들의 하나님이 되리니, 그들은 내가 그들의 하나님 여호와로서 그들 중에 거하려고 그들을 애굽 땅에서 인도하여 낸 줄을 알리라. 나는 그들의 하나님 여호와니라."(출 29:45, 46)

치명적 범죄

교회는 아담이 죽는 진짜 이유를 모른다. 그들은 아담이 죽는 것이, 에덴에서 쫓겨난 것이 단지 한 번의 실수 때문이라 한다. 그가 나쁜 사람이기 때문에 죽는 것이 아니라 착한 사람인데도 딱 한 번 실수를 저질렀기 때문에 죽게 된 것이라 한다. 그것도 그가 한 실수는 그가 계획한 일이 아니라 여자로 인해 저지른 극히 우발적 실수다. 그는 따 먹을 마음이 전혀 없었는데 뱀에게 속고 여자에게 속아서 따 먹게 된 것이기 때문이다. 그의 죄보다 여자의 죄가 더 크고 뱀의 죄가 더 크고 사단의 죄가 더 크다. 그런데 하나님이 단지 그가 약속을 지키지 않았다는 이유만으로 쫓아내 버렸다는 것이다.

하지만 실과를 따 먹는 일은 절대로 우연히 저지를 수 있는 일이 아니다.

왜냐하면 그 일은 오직 그 자신만이 할 수 있는 일이며 어쩌다 보니 할 수 있는 일이 아니라 오랜 시간과 계획이 필요한 일이기 때문이다.

교회는 아담의 죄는 오직 실과를 먹은 일 하나라 한다.

그들은 선악을 알게 하는 실과를 따 먹은 것이 아담이 저지른 처음 범죄라고 한다. 죽임을 당할 만큼 다른 나쁜 짓을 저지르지 않았는데도 그저 단 한 가지, 먹지 말라는 실과를 어쩌다 받아먹어서 죽임을 당한 것이라는 것이다.

그리고 그에게 실과를 먹게 한 것이 사단이라 한다.

하지만 아담이 선악을 알게 하는 나무의 실과를 따 먹는 것은 착한 그가 처음으로 저지른 우발적 실수가 아니라 사악한 그가 저지른 많은 죄 중에 지극히 악의적이고 계획적인, 절대로 저질러서는 안 될 마지막 범죄다.

아담은 모든 일을 다 잘 하다가 그 자신이 아닌 다른 이의 모함에 의해 어쩌다 약속 하나를 어겼기 때문에 죽임을 당한 것이 아니다. 처음부터 그 일을 그가 계획했고 차츰차츰 단계를 밟아가다가 결국 절대로 범해서는 안 될 가장 치명적인 범죄까지 범했기 때문에 죽게 된 것이다.

어리석은 여자는 눈에 보이는 상황만 보고 아담을 불쌍하게 생각한다. 그는 죽임을 당할 만큼 잘못한 것이 없는데 자신으로 인해 죽임을 당했다고 생각하기 때문이다. 하지만 그것은 여자가 잘못 알고 있는 것이다.

실과를 따 먹는 일을 죄를 짓는 일이라 치면 선악을 알게 하는 나무의 실과를 따 먹는 일 이전에도 그는 이미 많은 다른 실과를 따 먹었다. 죽음에 이르는 죄를 짓기 전에도 그는 이미 수많은 다른 죄를 지었다. 다만 그것이 죽음에 이를 만큼 고약한 것이 아니었을 뿐이다. 선악을 알게 하는 나무의 실과를 따 먹는 일은 착한 그가 저지른 처음 범죄가 아니라 그렇게 차츰차츰 단계를 밟아 올라가 마지막으로 밟은 절대로 저질러서는 안 되는 가장 마지막 가장 큰 범죄인 것이다. 그는 실과를 처음으로 따 먹은 것이 아니다. 선악을 알게 하는 나무의 실과는 그가 처음으로 따 먹은 실과가 아니라 이미 다른 실과를 다 따 먹은 후에 마지막으로 따 먹은 실과이기 때문이다.

"……동산 각종 나무의 실과를 네가 임의로 먹되 선악을 알게 하는 나무의 실과는 먹지 말라 **네가 먹는 날에는 정녕 죽으리라**."(창 2:16, 17)

여자는 남자에게 사랑받아 마땅한 존재다. 이유 없이 혹사당하고 무시당할 이유가 없다. 남자에게 있어서 여자는 반드시 필요한 사람이기 때문이다.

모든 것은 뿌린 대로, 뿌린 곳에서, 뿌린 이가 거두는 것이다. 세상에서는 간혹 그렇지 않을 때도 있지만 하나님 앞에서는 반드시, 정녕 그렇다.

그가 쫓겨나고 그가 죽는 것은 어쩌다 보니 그리 된 것이 아니다. 그는 그저 준 것을 먹은 것뿐이고 더 나쁜 놈이 따로 있는데 하나님이 어리석어서 그를 죽인 것이 아니다. 억울하게 모함을 받아서도 아니고 죄에 비해 너무 큰 벌을 받은 것도 아니다. 쫓겨나지 않아도 될 걸 쫓겨난 게 아니라 쫓겨날만하기 때문에 쫓겨난 것이고 죽을만하기 때문에 죽는 것이다.

그가 죽임을 당하는 것은 그저 한 번의 실수로 고작 하나님의 발등을 밟았기 때문이 아니라 그가 오랫동안 나쁜 짓을 계속하다 급기야 하나님의 심장에까지 칼을 꽂았기 때문이다. 그래서 그가 죽는 것이다. 하나님은 나쁜 놈도 아닌데 실수한 사람을 죽이거나 지옥에 보내는 분이 아니라 오직 죽어 마땅한 사람을 죽이고 지옥에 가야 마땅한 사람을 지옥에 보내는 분이다.

가령, 남자가 다른 여자와의 사이에서 아이를 낳아서 쫓겨났다고 치자. 그렇다면 과연 그 남자는 아이가 자기의 의지와 상관없이 어느 날 우연히 여자가 데려다 주는 바람에 생겼다고 말할 수 있을까? 그는 여자와 아무 일도 하지 않았고 그 아이의 진짜 아빠는 따로 있는데 어느 날 우연히 여자가 아이를 데리고 와서 그에게 아버지가 되어 달라고 했기 때문에 어쩔 수 없이 아버지가 되었다고 말할 수 있을까? 아버지가 된 일이 그 때까지 아무 일도 안 하다가 여자에게서 아이를 받는 바람에 어쩔 수 없이 된 것이라고 말할 수 있을까? 과연 아내가 그를 여자와 함께 집에서 내쫓는 것이 그가 한 일에 비해 너무 지나치거나 나쁘다고 할 수 있을까? 절대로 그렇지 않다.

여자가 그에게 실과를 먹게 하고 죽게 한 것이 아니라는 증거는 모든 일이 끝난 후에 그가 여자에게 한 말과 태도에서도 찾을 수 있다.

만일 정말 여자로 인해 그가 원치 않는 실과를 먹고 쫓겨나게 되고 죽게 된 것이라면 아담은 여자를 버리거나 죽였을 것이다. 하지만 그는 오히려 여자에게 '하와(생명)'라는 이름을 선물로 주고 여전히 사랑하며 같이 산다.

왜일까?

그가 착해서가 아니다. 아담은 그렇게 바보도 아니고 그렇게 착한 사람도 아니다. 그는 똑똑하고 이기적이다. 그는 결코 자기에게 치명적인 해를 끼친 여자에게 상까지 주고 아이 낳으며 같이 살 수 있는 사람이 아니다.

그가 여자에게 '생명'이라는 이름을 주고 여전히 사랑하며 함께 사는 이유는 여자가 그에게 해서는 안 될 나쁜 짓을 했는데도 그가 착하기 때문에 문제 삼지 않은 것이 아니라 여자가 한 일이 정말 그가 원하던 일이었고 여자가 그에게는 없어서는 안 될 꼭 필요한 사람이었기 때문이다.

여자에게서 받은 실과가 그가 아니라 사단이 준 실과인데도 그가 착해서 받아먹은 것이 아니라 여자에게 실과를 먹게 한 것이 그이기 때문에 그가 받아먹은 것이고 여자가 낳은 아들이 그가 아니라 사단이 준 아들인데도 그가 착해서 받은 것이 아니라 여자가 낳은 아들이 그의 아들이기 때문에 그가 책임진 것이다. 다른 이가 준 실과고 아들이면 그는 결코 그들을 받지 않았을 것이고 하나님도 그에게 책임을 묻지 않았을 것이다. 그가 먹은 실과가 그가 준 실과이기 때문에 그가 먹었고 그가 받은 아들이 그가 준 아들이기 때문에 그가 받았고 하나님도 그에게 그에 대한 책임을 묻는 것이다.

교회는 여자가 아담이 아니라 뱀과 사단에게 속았다고 한다. 하지만 에덴 안에는 아담을 거스를 수 있는 뱀도 없고 아담보다 더 힘이 센 사단도 없다. 오직 아담만이 있을 뿐이다. 에덴에서 가장 큰 권력자는 아담이다.

교회는 사단이 뱀의 모습을 하고 에덴에 숨어들어 여자를 유혹이고 아담을 죽게 한 것이라 한다. 하지만 에덴은 뱀이나 사단이 허락 없이 들락날락할 수 있는 곳이 아니다. 에덴은 하나님이 지키는 곳이기 때문이다.

교회는 아담은 사람이고 사단은 사람이 아니라 한다. 그러니 그 둘은 다르다 한다. 하지만 사단은 사단이기만 한 것이 아니라 사람이기도 하다. 예수가 사람의 아들은 아니면서 하나님의 아들이기만 한 것이 아니라 사람의 아들임과 동시에 하나님의 아들이기도 한 것처럼 아담이 사단은 아니면서 사람이기만 한 것이 아니라 아담이 사람임과 동시에 사단이기도 한 것이다.

교회는 아담이 실과를 따 먹은 것만 범죄고 여자를 아내로 삼은 것은 범죄가 될 수 없다고 한다. 하지만 먹어서는 안 되는 실과를 먹는 일과 아내로 삼아서는 안 되는 여자를 아내로 삼는 일은 두 가지가 아니라 결국 한 가지 범죄다. 여자와 실과 역시 둘이 아니라 하나이기 때문이다.

그는 실과와 여자를 자기가 만들었다고 생각했다. 그는 실과가 그의 씨앗과 수고로 만들어졌으니 그가 곧 실과의 주인이고 실과가 곧 그의 소유가 되어야 한다고 생각했고 여자가 그의 뼈와 살로 만들어졌으니 그가 곧 여자의 주인이고 여자가 곧 그의 소유가 되어야 한다고 생각했다.

하지만 실과를 만든 이도 그가 아니고 여자를 만든 이도 그가 아니다. 그는 단지 심고 기르기만 했으며 그 모두를 만드는 것은 그가 아니라 하나님이기 때문이다. 그는 여자를 잠시 맡아 기르는 사람일 뿐 여자의 주인이 아니다. 그는 처음부터 주인이 아니라 종으로 만들어졌기 때문이다. 그는 에덴에 있는 모든 것은 그의 '소유'가 되어야 한다고 생각했다. 하지만 종이 절대로 가질 수 없는 단 한 가지가 있으니 그 것은 바로 '소유'라는 것이다.

그는 여자를 보더니 내 뼈 중에 뼈요 살 중에 살이라 하며 기뻐했다.

그리고 그의 뼈와 살로 만들어진 여자를 아내로 삼아버렸다.

교회는 그것을 여자에 대한 아담의 지극한 사랑의 표현쯤으로 드높인다.

하지만 그것은 사랑이 아니라 절대로 부리지 말았어야 할 탐욕이다. 아무리 딸이 예뻐도 아버지는 결코 딸의 주인이 될 수 없으며 사위 될 사람이 나타나면 언제든 사위에게 딸을 보내 주어야 할 사람에 불과하기 때문이다.

남자가 영원히 함께해야 할 사람은 딸이 아니라 아내이다.

그것은 딸이 태어나기 이전에도 이후에도 마찬가지다.

아버지는 딸을 낳았지만 딸의 남편이 되어서는 안 되고 딸의 남편이 될 사람이 나타날 때까지 잠시 맡아 기르는 사람에 불과한 것처럼 아담 역시 여자를 낳았지만 여자의 남편이 되어서는 안 되고 여자의 남편이 될 사람이 나타날 때까지 잠시 맡아 기르는 사람에 불과하며 에덴에 있는 모든 피조물은 아무것도 그의 것이 없으며 다 하나님의 소유일 수밖에 없는 것이다.

"**여호와 하나님이** 아담에게서 취하신 그 갈빗대로 **여자를 만드시고** 그를 **아담에게로 이끌어오시니 아담이 가로되 이는** 내 뼈 중에 뼈요 살 중의 살이라 이것을 **남자에게서 취하였은즉 여자라 칭하리라 하니라**."(창 2:22, 23)

"……**한 집 주인이 포도원을 만들고** 산울로 두르고 거기 즙 짜는 구유를 파고 망대를 짓고 **농부들에게 세로 주고 타국에 갔더니 …… 농부들이 그 아들을 보고 말하되 이는 상속자니** 자 죽이고 **그의 유업을 차지하자 하고**……."(마 21:33, 38)

교회는 아담이 떠밀리고 떠밀려서 어찌어찌하다 보니 밟은 것이 하필이면 절대로 밟아서는 안 될 하나님의 발이더라 하는 식으로 아담을 정당화한다. 밟으려고 밟은 게 아니라 밟을 생각이 전혀 없었는데 누군가에게 떠밀려 가다 보니 하나님의 발을 밟고 있었고 먹으려고 먹은 게 아니라 먹을 마음은 전혀 없었는데 떠밀려 가다 보니 먹지 말라는 실과를 먹고 있더라는 것이다.

하지만 실과는 떠밀려 가다가 실수로 밟을 수 있는 것이 아니다.

하나님은 착한 사람이 항상 착하게만 살다 어쩌다 한 번 실수로 나쁜 짓을 했다고 해서 죽이는 분이 아니다. 그는 합당하다. 아담이 하나님께 죽임을 당했다면 그건 아담의 범죄가 그저 단순하고 우연한 실수가 아니라 하나님을 치기 위한 계획적이고 악의적인 배반과 반역이기 때문이다.

선한 이가 실수로 심판받는 법도 없고 악한 이가 실수로 구원받는 법도 없고 죄 없는 소돔인데 어쩌다 한 번 잘못한 일로 하나님이 불을 내려 멸한 것이 아니라 죄악으로 가득 찬 소돔이 그 죄로 인해 망한 것이고 죄 없는 세상인데 어쩌다 하나 잘못한 일로 하나님이 물을 내려 멸한 것이 아니라 죄악으로 가득한 세상이 그 죄로 인해 망한 것이듯 선량한 아담인데 어쩌다 한 가지 실수한 일로 인해 하나님에 의해 죽임을 당한 것이 아니라 죽어 마땅한 아담이 그에 합당한 죄로 인해 죽임을 당한 것이다.

'그 왕족 중에 **하나**를 택하여 언약을 세우고 그로 맹세케 하고 또 그 땅의 능한 자들을 옮겨 갔나니 이는 나라를 낮추어 스스로 서지 못하고 그 언약을 지켜야 능히 서게 하려 하였음이어늘 **그가 사자를 애굽에 보내어 말과 군대를 구함으로 바벨론 왕을 배반하였으니 형통하겠느냐, 이런 일을 행한 자가 피하겠느냐? 언약을 배반하고야 피하겠느냐**?'(겔 17:14, 15)

원죄는 실과가 아니라 아담이다

교회는 아담이, 먹지 말라는 실과를 먹었기 때문에 죽은 것이라 한다. 아담이 나쁜 사람이어서가 아니라 단지 악한 실과를 먹었기 때문에 죽은 것이라 한다. 그들은 아담이 아니라 아담이 먹은 실과가 아담 이후에 아담에게서 태어난 모든 사람들을 죽이는 원죄라고 가르친다. 그들은 아담이 단지 실수로 어쩌다 실과를 먹은 것일 뿐 결코 나쁜 사람이라 생각하지 않는다. 그들은 아담을 여자보다 사랑하고 하나님보다 사랑한다. 그들과 아담은 결코 둘이 아니기 때문이다. 그래서 그가 나쁜 놈이면 그들도 나쁜 놈이 되고 그가 죽으면 그들도 곧 죽을 수밖에 없기 때문이다. 그러니 어찌 그를 나쁜 놈이라 생각할 수 있는가. 어찌 그를 죽게 내버려 둘 수 있는가.

그래서 그들은 아담이 죽는 이유를 아담이 아니라 아담이 먹은 실과에 돌린다. 여자에 돌린다. 그리고 더 나아가 실과와 여자를 만들고 아담에게 준 하나님에게 그 궁극적인 책임을 돌린다. 아무것도 아담의 탓은 아니라고 한다. 그들에게 가장 중요한 일은 오직 아담을 구하는 것이기 때문에.

그들이 하나님을 믿으라고 하는 이유는 하나님이 선하다고 믿기 때문이 아니다. 하나님이 공정하다고 믿기 때문이 아니다. 죽지 않기 위해서다. 그리고 지옥에 가지 않기 위해서다. 하나님이 악하다고 했다가 억울하다고 했다가 죽임을 당하면 안 되기 때문이다. 지옥에 보내지면 안 되기 때문이다.

그들은 아담이 아니라 아담이 먹은 실과가 악하고 독해서 선한 아담을 죽이고 그의 후손인 자기들까지도 영원히 죽게 만드는 것이라 가르친다.

하지만 아담이 죽는 이유는 아담이 아닌 다른 무엇 때문도 아니고 오직 아담 그 자신 때문이다. 아담을 죽게 하는 것은 실과도 여자도 하나님도 아니다. 아담이다. 아담의 죽음은 필연이다. 우연히 얻어진 결과가 아니다. 그가 죽은 것은 그가 먹은 실과 때문이 아니라 그가 악하기 때문이다.

원죄는 실과가 아니라 아담의 악함 자체다. 악한 실과가 악하지 않은 아담을 죽이는 것이 아니라 아담의 악함이 아담을 죽게 하는 것이다.

아담은, 어쩌다 실과를 먹고 어쩌다 죽게 된 것이 아니라 악하기 때문에 실과를 먹을 수밖에 없고 악하기 때문에 죽을 수밖에 없는 것이다.

그리고 그 이후에 태어난 사람들도 마찬가지다. 자기들은 전혀 악하지 않은데 단지 실과를 먹은 아담의 후손이어서 아담이 먹은 실과가 그들까지도 죽게 하는 것이 아니라 그들 자신이 악하기 때문에 죽는 것이다.

교회는 아담이 여자에게 넘어가서 실과를 먹은 것이라 한다. 아담은 가담만 하고 죄를 주도한 것은 여자라 가르친다. 어리석은 여자에게, 주도한다는 것이 얼마나 멋진 일인지 환상을 심어주면서 여자를 죄의 앞에 밀어 세운다.

그러나 아담의 죄는 여자의 죄에 가담한 것이 아니라 주도한 것이다.

아담은 여자의 말을 들을 사람이 아니다. 그는 고집불통이며 요지부동이다. 자기가 하기 싫은 일을 여자가 하란다고 해서 할 사람이 아니다.

교회에 있는 남자들만큼 소름끼치는 이들도 없다.

그들처럼 선한 얼굴로 여자를 잔인하게 죽이는 이들도 없다. 그들은 남자는 여자보다 죄가 작은 사람, 여자는 죄가 더 큰 사람이라고 가르친다. 여자 때문에 남자가 천국에서 쫓겨난 것이라 한다. 그래서 하나님이 여자의 능력을 빼앗아간 것이라 한다. 하지만 여자는 죄를 지어서 중간에 주어진 능력을 빼앗긴 것이 아니라 처음부터 능력이 주어지지 않은 사람이다. 남자와 여자는 지은 죄가 크고 작고가 아니라 능력이 있고 없고에 의해서 나눠진다. 능력은 똑같고 다만 죄가 더 작으면 남자, 죄가 더 크면 여자가 되는 것이 아니라 태어날 때 (실과를 먹을 수 있는, 애를 갖게 할 수 있는) 능력이 있으면 남자, (애를 갖게 할 수 있는) 능력이 없으면 여자가 되는 거다.

남자가 능력이 더 많고 여자가 더 작은 것이 아니다. 남자에게는 능력이 있고 여자에게는 아예 능력이 없는 거다. 열심히 노력하면 여자도 실과를 먹을 수 있고 여자도 아이를 낳을 수 있는 아버지가 될 수 있는데 노력을 하지 않아서 실과를 먹을 수 없고 아버지가 될 수 없는 것이 아니라 실과를 따 먹을 수 있고 아이의 아버지가 될 수 있는 사람은 오직 남자뿐인 것이다

처음에는 여자도 아담 없이 실과를 따 먹을 수 있었는데 죄를 지어서 그 능력을 빼앗겨서 아담 없이는 실과를 따 먹을 수 없게 된 것이 아니라 처음부터 여자는 아담 없이는 실과를 따 먹을 수 없었고 처음에는 여자도 남자 없이 애를 낳을 수 있었는데 죄를 지어서 남자 없이는 애를 낳을 수 없게 된 것이 아니라 처음부터 여자는 남자 없이는 애를 낳을 수 없었던 것이다.

병아리 감별과 같은 것이다. 죄를 적게 지으면 남자라 하고 죄를

많이 지으면 여자라 하는 게 아니라 태어나는 순간 생김새로 확인 가능한 거다.

구원을 받기 위해서는 사실을 있는 그대로 인정할 수 있어야 한다.

여자가 죽는 것은 죄 때문이 아니다. 나쁜 남자를 만났기 때문이다.

여자는 자기 능력에 의해 죽고 사는 게 결정되는 게 아니다. 능력이 있는 남자가 여자를 살리고자 하면 사는 거고 죽이고자 하면 죽는 거다.

교회는 여자가 남자보다 지은 죄가 더 크기 때문에 남자가 여자를 구박해도 남자에게 어떤 험한 꼴을 당해도 억울해 해서는 안 된다고 가르친다.

하지만 여자가 남자의 술주정을 다 들어주고 때리면 맞고 있어야만 하는 이유는 죄가 더 크기 때문이 아니다. 힘이 없고 능력이 없기 때문이다.

여자가 남자의 아이를 몸으로 낳고 길러줘야 하는 이유는 남자보다 죄가 더 크기 때문이 아니다. 남자보다 힘이 없고 능력이 없기 때문이다. 남자는 능력이 있기 때문에 힘든 일 자기가 안 하고 여자 시키는 거고 여자는 능력이 없기 때문에 남자 대신 남자가 해야 할 험한 일을 떠맡아야만 하는 거다.

교회는 여자가 에덴에서 앞장서서 죄를 주도한 벌로 지금은 그냥 뒤에서 남자가 하는 일을 도와주기만 해야 하는 사람으로 전락한 것이라고 한다.

하지만 여자는 에덴에서나 지금이나 항상 가담만 할 수 있을 뿐이다.

아담이 먹고 싶은 실과를 먹는 데 손만 빌려주고 몸만 빌려줄 뿐이다.

남자가 갖고 싶은 아이를 갖는 데 배만 빌려주고 몸만 빌려줄 뿐이다.

아담은 먹기 싫다는데 여자가 억지로 실과를 떠먹이는 게 아니다.

남자는 갖기 싫다는데 여자가 억지로 아이를 떠안기는 게 아니다.

예전에는 아담 없이도 여자 혼자 다 할 수 있었던 일을 벌을 받아 이제는 남자 없이는 아무 일도 할 수 없게 된 게 아니라 예전에도 여자는 아담 없이는 아무 일도 할 수 없었고 지금도 마찬가지다. 언제나 여자가 할 수 있는 일은 딱 그만큼, 남자가 주고 남자가 허락하는 딱 그만큼뿐인 거다. 그래서 여자가 먹은 실과도 낳은 아기도 다 남자가 책임져야만 하는 거다.

교회는 아담이 오직 실과를 먹었기 때문에 죽게 된 것이라 한다.

그러나 사람을 영원히 죽일 수 있는 실과는 존재하지 않는다.

사람이 아주 죽는 것은 눈에 보이는 행동 때문이 아니다. 밖에 있는 실과에 의해서도 아니다. 오직 마음속에 있는 악함에 의해서만 죽는 것이다.

그가 죽는 것은 실과를 먹었기 때문이 아니다. 그가 악하기 때문이다.

악한 것은 실과가 아니라 아담이다. 실과는 결코 악한 것이 아니다. 사람을 죽일 수 있는 것도 아니다. 아담이 죽는 것은 아담이 악하기 때문이다. 선한 아담이 악한 실과로 인해 억울하게 죽게 된 것이 아니라 악한 아담이 먹어서는 안 될 선한 실과를 먹고 그 선함의 힘에 의해 죽게 되는 것이다.

교회는 사람들이 죽는 것도 다 아담이 먹은 실과 때문이라 가르친다.

그들은 자신들은 아담이 아니며 아담의 먼 후손이라 한다.

그들은 사람들이 죽는 것은 단지 아담의 후손이기 때문이라 한다. 실과가 어떻게 생겼는지도 모르고 먹은 적도 없으며 아담을 본 적도 없고 알지도 못하지만 단지 실과를 먹은 아담의 후손이기 때문에 죽는 것이라 한다.

어리석은 사람들은 그들의 말을 진리라 믿는다. 말도 안 된다고 하는 사람들을 비웃는다. 아담이 그들의 첫 번째 조상이고 그들의 조상인 그가 지은 죄 때문에 자기들도 영원히 살지 못하고 죽는 것이라는 말을 믿어 의심치 않는다.

하지만 아담은 그들의 조상이 아니라 바로 그들 자신이다. 아담은 모든 사람들의 첫 번째 조상이 아니라 악한 모든 사람들의 이름이다.

그들이 죽는 것은 그들이 곧 아담이기 때문이지 오래전에 그들의 조상인 아담이 먹은 실과가 그들 안에 있기 때문이 아니다. 그리고 그들이 죽는 것은 까마득히 먼 옛날에 죽은 그들의 조상인 아담이 먹었던 실과 때문이 아니라 바로 지금 그들이 먹고 있는 실과 때문이다. 아담이 먹은 실과는 아담만 죽이고 그들이 죽는 것은 아담이 아니라 그들이 먹는 실과 때문이다.

성경은 이미 죽은 사람이 아니라 지금 살아 있는 사람의 이야기다.

교회는 먹지 말라는 실과를 먹은 아담은 이미 오래전에 죽고 지금은 이 세상에 없다고 가르친다. 그래서 모든 사람이 아무 잘못도 하지 않아도 단지 그의 후손이기 때문에 지옥에 갈 수밖에 없는 것이라고 가르친다.

그들은 먹으면 죽는 실과도 아담이 따 먹어버려서 더 이상 없다고 가르친다. 그래서 이제 더 이상 먹으면 죽는 어떤 실과도 세상에 없다고 가르친다.

하지만 아담도 여전히 그 자리에 있고 실과도 여전히 그 자리에 있다. 사람이 죽는 것은 그가 단지 아담의 후손이기 때문이 아니라 그가 바로 아담이고 아담이 먹었던 실과를 그도 먹고 있기 때문이다.

교회는 사람이 죽는 것은 그들이 실과를 먹었고 그들이 악하기 때문이 아니라 단지 먹어서는 안 될 실과를 먹은 아담의 후손이기 때문이라고 가르친다. 하지만 사람이 죽는 것은 단지 그들은 한 번도 본 적이 없는 아담의 후손이기 때문이 아니라 그들과 아담이 둘이 아니기 때문이고 그들이 바로 그 아담이기 때문이다. 죽는 것은 아담의 후손이 아니라 언제나 아담이다.

사람이 죽는 것은 그는 먹지 않았지만 그의 첫 번째 조상인 아담이 먹은 실과 때문이 아니라 그가 곧 아담이고 아담이 먹었던 실과를 그도 먹고 있기 때문이다. 단지 그들이 실과를 먹지 않았음에도 먹지 말라는 실과를 먹어버린 아담의 후손이기 때문에 어쩔 수 없이 죽임을 당하는 것이 아니라 그들이 바로 실과를 먹은 바로 그 아담이기 때문에 죽는 것이다.

그들은, 아담은 이미 오래전에 죽었고 먹으면 죽는 실과도 아담이 먹어버렸으므로 이제 없다고 말하며 하나님이 먹으면 반드시 죽는다고 말하는 그 실과를 먹는다. 하지만 먹으면 죽는다는 실과는 한 사람이 먹었다고 해서 없어지는 실과가 아니다. 실과는 영원히 없어지지 않고 그 자리에 있고 그 실과를 먹으면 한 사람의 아담만 죽고 다른 아담은 사는 것이 아니라 어떤 아담이든 다 죽는다. 먹으면 죽는다는 실과를 먹으면 죽는 것은 아담 한 사람에게만 해당되는 것이 아니고 그 때에만 해당되는 것이 아니라 영원히 해당되는 것이고 한 사람의 아담에게만 해당되는 것이 아니라 모든 아담에게 해당되는 것이다. 선악을 알게 하는 나무의 실과는 이미 없어진 열매가 아니며 에덴도 이미 사라진 시대가 아니고 아담도 이미 오래전에 죽은 사람이 아니다. 그들은 모두 지금 이곳에 있다. 성경이 항상 현재의 책이듯 성경에 나오는 모든 것들도 다 마찬가지이기 때문이다

"선악을 알게 하는 나무의 실과는 먹지 말라. 네가 먹는 날에는 **정녕 죽으리라 하시니라**."(창 2:17)

"이로 보건대 율법도 거룩하며 계명도 거룩하며 의로우며 선하도다. 그런즉 **선한 것이 내게 사망이 되었느뇨? 그럴 수 없느니라**. 오직 **죄**가 **죄**로 드러나기 위하여 선한 그것으로 나를 죽게 만들었으니 이는 계명으로 말미암아 죄로 심히 죄 되게 하려함이니라."(롬 7:12, 13)

그가 잘못 알고 있는 것

아담은 여자가 자기 소유가 되는 것이 당연하다 생각한다.

그러나 그것이 그의 범죄의 시작이다.

여자는 결코 아담의 소유가 아니기 때문이다.

자기를 하나님의 '종'이라는 말을 하지 말든가, 왜 자기를 하나님의 '종'이라 일컬으면서 주인인 하나님의 소유인 여자를 소유하려 하는가.

하나님이 아담에게 실과를 먹었느냐고 물었을 때 그는 일고의 주저함도 없이 모든 책임을 여자와 여자를 준 하나님에게 떠넘긴다.

하나님이 그에게 여자만 주지 않았어도 자기는 죽지 않았을 것이라 한다.

그러니 모든 책임은 하나님에게 있다고 아담은 서슴지 않고 말한다.

하지만 하나님과 하나님이 준 여자 때문에 아담이 죽는 것이 아니다.

만일 아담의 말처럼 그가 원치도 않는 실과를 여자가 따서 아담에게 준 것이라면 하나님이 그에게 준 여자는 '돕는 배필'이 아니라 '화근덩어리'이고 꽃을 위해 필요한 '화분'이 아니라 꽃을 죽이는 '요물단지'라야 옳다.

그리고 줄곧 그런 이미지로 각인되어 온 것도 사실이다.

그러나 여자는 분명 '요물단지'가 아니라 '화분'이고 '돕는 배필'이다.

화분이 사람이 뿌리지도 않은 씨앗의 꽃을 만들어내지 못하듯 하나님이 그에게 준 여자는 그가 주지 않은 것은 아무것도 만들어낼 수 없다.

에덴 안에는 아담 아닌 다른 것은 없다. 오직 아담만이 있을 뿐이다. 그리고 여자는 그가 준 적이 없는 것을 만들어다 바치는 존재가 아니라 단지 그가 준 것을 키워서 되돌려 주는 '돕는 배필'이며 그가 심은 씨앗이 무엇인지를 드러내 주는 '화분'일 뿐이고 그의 사악함을 보여주는 '거울'일 뿐이다.

그의 보이지 않는 사악함을 밖으로 드러내 보여주는 단편 말이다.

그는 준 것을 받아먹은 것뿐이라고 하지만 눈에 보이는 아주 작은 얼음 조각 밑에 감추어져 있는 거대한 빙산이 있듯이 그가 죽을 수밖에 없는 이유는 눈에 보이는 아주 작은 실수 하나 때문이 아니라 눈에 보이지는 않지만 숨겨져 있는 하나님을 넘어서는 그의 악함 때문이다.

"**아담이 가로되 이는 내 뼈 중에 뼈요 살 중의 살이라 이것을 남자에게서 취하였은즉 여자라 칭하리라 하니라**."(창 2:23)

"**나 왕이 말하여 가로되 이 큰 바벨론은 내가 능력과 권세로 건설하여 나의 도성을 삼고 이것으로 내 위엄의 영광을 나타낸 것이 아니냐** 하였더니 이 말이 오히려 나 왕의 입에 있을 때에 하늘에서 소리가 내려 가로되 느부갓네살왕아 네게 말하노니 나라의 위가 네게서 떠났느니라."(단 4:30, 31)

선악을 알게 하는 나무의 실과

교회는 '부끄러움'을 죄를 지은 이후에 생긴 나쁜 습성쯤으로 여긴다.

실과를 따 먹기 전에는 죄가 없었기 때문에 아담과 여자가 벌거벗고 다녀도 부끄러움을 몰랐는데 죄를 짓고 나서 부끄러움도 알게 되었다는 것이다.

그래서 부끄러움을 알면 죄인이고 모르면 죄인이 아니라고 한다.

하지만 부끄러움을 안다는 것은 결코 나쁜 것이 아니다.

사람이 벌거벗고 다녀도 부끄러워하지 않는 이유는 죄가 없기 때문이 아니라 죄가 있어도 그것이 죄라는 사실을 모르기 때문이다.

선악을 '알게 하는' 나무는 선한 것을 악한 것으로 만들거나 악한 것을 선하게 만들어주는 나무가 아니며 선한 이를 죽게 만드는 나무가 아니라 말 그대로 선이 무엇이고 악이 무엇인지를 알게 하는 나무에 불과하다.

교회는 아담이 실과를 따 먹기 전까지는 아무런 죄도 짓지 않았다고 한다.

하지만 실과는 없는 몸을 만들어 주는 것이 아니라 있는 몸을 알게 하는 것뿐이며 없는 죄를 만들어 주는 것이 아니라 있는 죄를 알게 하는 것뿐이다.

또한 실과는 선한 것을 악하게 만들거나 악한 것을 선하게 만드는 열매가 아니고 선한 이를 죽게 만들거나 반대로 악한 이를 살게 만드는 열매가 아니라 선한 것을 드러내 주고 감추어진 그들의 악한 범죄(도둑질하고 간음하고 살인한 것)를 있는 그대로 알게 해 주고 들키게 해 줄 뿐이다.

"이에 그들의 눈이 밝아 자기들의 몸이 벗은 줄을 **알고** 무화과나 뭇잎을 엮어 치마를 하였더라."(창 3:7)

교회는 아담과 여자가 벗은 몸을 아는 것을 나쁜 일이라 한다. 죄가 없을 때는 마음이 선해서 벌거벗었어도 부끄러워할 것이 없다가 죄가 생기니 마음이 악해져서 부끄러워하지 않아도 될 일을 부끄러워하게 된 것이라 한다.

하지만 그들이 벌거벗은 것을 부끄러워하지 않은 것은 부끄러운 일이 아니었기 때문이 아니라 부끄러워해야 할 일이라는 것을 몰랐기 때문이다.

그들이 벌거벗고도 부끄러워하지 않은 것은 그 것이 부끄러운 일이 아니었기 때문이 아니라 부끄러워해야 일이라는 사실을 모르고 있었기 때문이고 그들이 죄를 짓고도 부끄러워하지 않은 이유는 그 것이 죄가 아니었기 때문이 아니라 그것이 죄라는 사실조차 그들이 알지 못했기 때문이다.

그때까지 없던 몸이 실과를 먹은 이후에 만들어진 것이 아니듯 실과를 따 먹기 전에 없던 죄가 실과를 먹음으로 인해 만들어진 것이 아니다.

실과는 그때까지 없었던 그 어떤 나쁜 것도 새로 만들지 않는다.

단지 있는 사실을 눈이 밝아져 알게 해 주는 것뿐이다.

"아담과 그 아내 두 사람이 **벌거벗었으나** **부끄러워 아니하니라**."

(창 2:25)

"죄가 율법 있기 전에도 **세상에 있었으나** 율법이 없을 때에는 **죄를 죄로 여기지 아니하느니라**."(롬 5:13)

다른 선택

교회는 예수가 태어나기 전에 살던 사람들은 다 지옥에 갈 수밖에 없다고 한다. 오랫동안 오직 아담만이 있고 예수가 아직 없었기 때문에 사람들에게는 다른 선택의 여지가 없었다고 하고 모든 사람들에게 천국에 갈 기회가 주어지지 않았기 때문에 모두 지옥에 갈 수밖에 없었다고 한다.

하지만 교회의 말은 사실이 아니다.

사람들은 늘 선택의 기회가 있었다.

빛과 어둠이 어느 하나만 있을 수 없듯이 아담과 예수도 마찬가지다.

하나님은 아담과 예수를 동시에 만들었다.

모든 것은 상대적이어서 어둠만이 홀로 있는 것이 아니라 어둠의 맞은편에는 항상 빛이라는 것이 있는 것처럼 아담만이 홀로 존재하는 것이 아니라 그 맞은편에는 또 언제나 예수라는 이가 존재하는 것이다.

교회는 지옥에 가는 사람과 천국에 가는 사람은 똑같다고 한다.

하지만 다른 결과를 얻기 위해서는 다른 선택을 해야 한다.

세상에 '아담'밖에 없으니 '아담'을 선택하고도 죽지 않을 다른 방법을 찾을 것이 아니라 죽지 않기 위해서는 '아담'이 아닌 다른 선택을 해야 하고 세상이 '악'밖에 없으니 '악'을 선택하고도 구원을 받을 수 있는 방법을 찾을 것이 아니라 구원을 받기 위해서는 '악'이 아닌 다른 선택을 해야 한다.

교회는 하나님이 세상에 '의'를 만들지 않았기 때문에 세상에 의인이 없는 것이라 한다. 그래서 세상에 있는 모든 사람은 다 죄인이라 한다.

하지만 세상에 의인이 없는 것은 하나님이 '의'를 만들지 않았기 때문이 아니라 '의'가 있어도 사람들이 아무도 '의'를 선택하려 하지 않기 때문이다.

교회는 예수가 없던 때에 대한 이야기로 사람들을 속인다. 아직 예수가 태어나기 전이니 기다리라고 하고 아직 죽기 전이니 기다리라고 하고 아직 부활하기 전이니 기다리라고 하고 아직 재림하기 전이니 기다리라고 한다.

하지만 예수가 없던 때란 어느 때에도 존재하지 않는다.

예수는 우리가 모르는 말이다. 그래서 사람들은 속는다.

그러니 우리가 아는 말로 바꿔야 한다.

예수를 '빛'이라 치면 세상이 만들어진 이후로 '빛'을 모르는 사람들이 살던 때는 있어도 '빛'이 없던 때는 없고 '의'라 치면 '의'를 모르는 사람들이 살던 때는 있어도 '의'가 없는 때는 없고 '사랑'이라 치면 '사랑'을 모르는 사람들이 살던 때는 있어도 '사랑'이 없는 때는 없고 '천국'이라 치면 '천국'을 모르는 사람들이 살던 때는 있어도 '천국'이 없던 때는 없다. 그러니 예수가 없던 때 또한 없다. 다만 예수를 모르던 때가 있을 뿐이다.

"하나님이 가라사대 빛이 있으라 하시매 빛이 있었고 그 빛이 하나님이 보시기에 좋았더라. 하나님이 빛과 어둠을 나누사 빛을 낮이라 칭하시고 어두움을 밤이라 칭하시니라. 저녁에 되며 아침이 되니 이는 첫째 날이니라."(창 1:3～5)

“한 사람의 범죄를 인하여 사망이 그 한 사람으로 말미암아 왕노릇하였은즉 더욱 은혜와 의의 선물을 넘치게 받는 자들이 한 분 예수 그리스도 로 말미암아 생명 안에서 왕노릇하리로다.”(롬 5:17)

첫 사람 아담

교회는 죄인인 아담에게서 태어난 사람은 다 죄인이라 한다.

예전에 아비가 죄인이면 아들까지 죄인이었던 것처럼 죄인인 아담에게서 태어난 사람은 모두 죄인이 될 수밖에 없다는 것이다.

하지만 태어나는 순간 죄인인 사람은 아무도 없다. 태어나는 순간에 처녀 아닌 여자가 없듯이 사람도 태어나는 순간에는 모두가 다 죄인이 아니다.

사람이 죄인인 것은 과거 그의 조상이었던 사람이 죄인이었기 때문이 아니라 현재 그가 왕으로 섬기고 있는 사람이 죄인이기 때문이다.

우리의 운명을 결정하는 사람은 조상이 아니라 우리가 섬기는 사람이다.

모든 것은 과거완료형이 아니라 현재진행형이다.

성경에서 **첫 사람**이란 말은 '왕'의 또 다른 표현이기도 하다.

가장 앞에 있으면서 또한 가장 위에 있는 사람 말이다.

교회는 아담의 후손은 모두 죄인이고 지옥에 갈 수밖에 없다고 겁준다.

그러나 사람이 아담으로 인해 죄인이 된 것은 단지 그들이 아담의 후손이기 때문이 아니라 마음으로 아직 아담을 왕으로 섬기기 때문이다.

사람이 단지 예수의 후손이기 때문에 의인이 되고 구원을 받는 것이 아니라 예수(의)를 왕으로 섬기기 때문에 구원을 받는 것처럼 단지 아담의 후손이기 때문에 죄인이 되고 심판을 받을 수밖에 없는 것이 아니라 아직 그들이 아담(죄)을 왕으로 섬기기 때문에 심판이 떨어지는 것이다.

예수를 섬기지도 않는데 단지 예수의 후손이라는 이유만으로 사람이 구원을 받는 것이 아니라 예수를 왕으로 섬기기 때문에 구원을 받는 것이듯 아담을 섬기지도 않는데 단지 아담의 후손이라는 것 때문에 사람이 심판을 받는 것이 아니라 아담을 왕으로 섬기기 때문에 심판을 받는 것이다.

"그러나 아담으로부터 모세까지 아담의 범죄와 같은 죄를 짓지 아니한 자들 위에도 사망이 왕노릇하였나니 아담은 오실 자의 표상이라."(롬 5:14)

"이는 죄가 사망 안에서 **왕**노릇한 것같이 은혜도 또한 의로 말미암아 **왕**노릇하여 우리 주 예수 그리스도로 말미암아 영생에 이르게 하려 함이니라."(롬 5:21)

숨어서 일하는 자

교회는 아담은 에덴 안에 들어온 뱀을 몰랐다고 한다.

난쟁이가 없는 사이에 마녀가 와서 백설 공주에게 독이든 사과를 먹이고 달아나듯 뱀이 아담이 없는 사이에 에덴에 들어왔고 아담 몰래 여자에게 접근한 것이기 때문에 아담은 여자와 뱀의 일을 알 수가 없었다는 것이다.

하지만 에덴에 들어온 침입자를 아담이 모를 수는 없다.

천국의 문이 오직 예수뿐이라면 에덴의 문은 오직 아담뿐이기 때문이다.

아담은 자신이 아닌 다른 누군가의 뱀 같은 군대로부터 공격당하고 침범당한 억울하고 아픈 지도자가 아니라 아무도 모르게 그들을 불러들여 움직이지 않고도 자신이 원하는 것을 얻을 줄 아는 영악하고 교활한 지도자다.

"그 아내 이세벨이 저에게 이르되 왕이 이제 이스라엘 나라를 다스리시나이까? 일어나 식사를 하시고 마음을 즐겁게 하소서. 내가 이스라엘 사람 나봇의 포도원을 왕께 드리리이다 하고……."(왕상 21:7)

그는 뱀이 보이지 않으니 뱀을 본 적도 없고 알지도 못한다고 한다.

그러나 뱀은 아담이 모르는 존재가 아니라 그의 명령대로 움직이는 존재이며 그를 위협하는 침입자가 아니라 그가 불러들인 그의 종이자 아내다.

아담은 뱀을 모른다는 핑계로 책임을 벗어나려 한다. 뱀이 아담이 아닌 사단에게서 나왔다는 거짓말로 책임을 벗어나려 한다. 하지만 아들의 씨앗이 다른 이가 아닌 남자에게서만 나오듯 뱀도 다른 이가 아닌 아담에게서만 나온다. 칼을 든 낭인들이 궁에 침입해 조선의 왕비를 시해하는 동안 조선을 손아귀에 넣은 일본이 그 사실을 전혀 몰랐다고 하는 것이 오히려 그들이 살인자라는 명백한 증거인 것처럼 뱀이 에덴에 숨어 들어와 여자를 꾀어내고 사라지는 동안 아담이 아무것도 알지 못했다는 것이 오히려 그가 바로 그 일의 주동자라는 것을 더욱 인정하는 일밖에 안 되는 것이다.

"그 왕족 중에 하나를 택하여 언약을 세우고 그로 맹세케 하고 또 그 땅의 능한 자들을 옮겨 갔나니 이는 나라를 낮추어 스스로 서지 못하고 그 '언약'을 지켜야 능히 서게 하려 하였음이어늘 그가 사자를 애굽에 보내어 말과 군대를 구함으로 바벨론 왕을 배반하였으니 형통하겠느냐 이런 일을 행한 자가 피하겠느냐 언약을 배반하고야 피하겠느냐."(겔 17:13~15)

권세 가진 자

여자가 아기를 낳다가 너무 힘들어서 남편에게 그랬다고 한다.

"이 나쁜 놈아, 이게 다 너 때문이야."

그러자 남편이 성경을 들이밀며 이렇게 큰소리를 쳤다고 한다.

"아니, 당신은 교회 다닌다는 사람이 성경도 안 보나? 이거 보라고. 이게 어떻게 나 때문이야. 다 당신이 지은 죄 때문이지."

남자는 당당하고 여자는 아무 말도 못 한다.

남자는 여자가 아이를 낳는 일이 힘들어진 이유가 여자가 지은 죄 때문이라고 생각한다. 하지만 여자가 아이를 낳는 것이 더 힘들어지는 이유는 나쁜 남편을 만났기 때문이다. 여자는 지금 남편의 가장 중요한 일을 도와주고 있는 건데 여자에게만 그 부담을 다 떠넘기는 남편 때문에 더 힘든 것이다.

교회는 남자는 남자가 지은 죄에 대한 벌로 남자의 일을 하고 여자는 여자가 지은 죄에 대한 벌로 여자의 일을 하는 것이라 한다. 하지만 따지고 보면 여자의 일은 여자를 위한 일이 아니라 모두 남자를 위한 일이다.

교회는 아담이 실과를 먹은 것은 여자가 실과를 주었기 때문이라 한다.

하지만 그 것은 이야기를 처음이 아니라 중간부터 하는 것이다.

여자는 실과를 따 먹었지만 왜 자기가 실과를 따 먹게 되는지는 모르고 아이를 낳았지만 왜 자기가 아이를 낳게 되는지는 모르는 것 같다.

여자는 실과를 먹고 아이를 낳지만 아담 없이는 실과를 먹을 수 없고 남자 없이는 아이를 낳을 수 없는 존재다. 남자를 거치지 않고는 아들을 낳을 수 없듯이 아담을 거치지 않고는 결코 실과를 딸 수도 없는 것이다.

교회는 죄가 아담이 아니라 여자를 통해 들어온 것이라 한다. 그리고 그 뒤에는 아담이 모르는 아담보다 더 높은 다른 누군가가 있다고 한다.

그런데 마지막 책임을 그가 아닌 힘없는 아담이 떠안게 된 것이라 한다.

시작은 절대로 아담이 아닌데 단지 끝이 아담이 되었다는 것이다.

그래서 교회 안에서 남자는 여자에게 언제나 큰소리칠 수 있다.

하지만 하나님이 어리석어서 아담이 실수로 실과를 먹은 것뿐인데 아담에게 책임을 묻는 게 아니다. 끝이 아담인 이유는 바로 시작이 아담이기 때문이다. 뿌린 대로 거둔다는 말이 있듯이 처음과 끝은 다르지 않다.

남자가 여자에게서 태어난 아이를 양육하고 책임져야 하는 것은 그가 바로 그 아이를 잉태시킨 사람이기 때문이고 아담이 여자가 준 실과를 책임져야 하는 것은 여자에게 뱀을 보낸 이가 바로 자기 자신이기 때문이다.

하나님이 실과를 먹은 책임을 아담에게 묻는 것은 그에게 실과를 먹게 한 것이 바로 그 자신이기 때문이다. 만일 실과를 먹도록 유혹한 것이 사단인데 하나님이 그 책임을 아담에게 물었다면 그것은 뿌린 대로 거둔 것이 아니다.

교회는 에덴 안에 들어온 뱀에 대한 책임을 아담 아닌 다른 누군가에게, 자기 여자 배 속에 들어온 아이에 대한 책임을 자기 아닌 다른 누군가에게 지우려 한다. 그리고 그 다른 누군가를 '사단'이라고 말하고 싶은 모양이다.

그러나 세상에, 에덴과 여자 배 속에 아이를 들여보낼 수 있는 다른 누군가는 결코 존재하지 않는다. 그러니 모든 책임을 아담과 남자가 져야 한다.

우리가 모르는, 아담 말고 에덴을 어지럽힐 수 있는 다른 누군가가 따로 있고 남자 말고 여자를 잉태시킬 수 있는 다른 누군가가 따로 있는 것이 아니라 여자를 유혹한 뱀과 여자가 잉태한 아이는 모두 남자와 연결되어 있다.

배가 남산만 한 여자가 혼자 걸어간다. 겉으로만 보면 혼자지만 여자 안에는 남자와 남자의 아이가 함께 있다.

하나님 외에 남자보다 더 높은 권세를 가진 이는 없다.

교회는 아담보다 더 높은 다른 누군가가 있어 아담으로 하여금 실과를 따 먹게 했다고 하지만 하나님이 아담보다 더 높은 다른 이가 있는데도 아담에게만 그 일을 하지 말라고 한 것이 아니라 그 일을 할 수 있는 사람이 오직 아담 한 사람뿐이기 때문에 그에게만 하지 말라고 하는 것이다.

"**위에서(하나님이) 주지 아니하셨더면** 나를 해할 권세가 없었으리니 그러므로 나를 네게 넘겨준 자(대제사장들과 유대인들)의 죄는 더 크니라."(요 19:11)

"……이에 예수를 십자가에 못 박히게 **저희에게 넘겨주니라**.(요 19:16)

"아담이 가로되 하나님이 주셔서 나와 함께하게 하신 여자 그(빌라도)가 그 나무 실과(예수)를 **내게 주므로** 내가 먹었나이다."(창 3:12)

하나님 vs. 뱀

하나님은 항상 여자를 뺀 채 "**네가**"라고 하고 "**너희가**"라고 하지 않는다.

오직 아담만을 지목하는 것이다.

하나님이 죽이려는 것은 오직 아담(죄)뿐이다.

여자는 아무런 상관이 없다.

하지만 뱀은 꼭 "**네가**"가 아니라 "**너희가**"라고 한다.

여자를 아담(죄)과 하나로 묶어버리는 것이다.

죽어야 할 아담과 말이다.

그런데 여자는 자기를 챙겨주니 뱀을 더 좋아한다.

하나님이 왜 자기를 제외시키는지도 모르고 뱀이 왜 더 챙겨주는지도 모르고 그냥 하나님은 자기를 안 챙겨주는데 뱀은 자기를 챙겨주니 좋은 거다.

하나님은 아담더러 먹는 날에는 정녕 **네가** 죽으리라 한다.

그러나 뱀의 말은 다르다.

하나님이 **너희를** 죽이려 하지만 먹으면 **너희가** 죽지 않을 것이라 한다.

오히려 더 현명한 사람이 되어 영원히 살 수 있게 될 것이라 한다.

교회는 입으로는 하나님의 종이라고 하지만 실상은 뱀의 말을 한다.

하나님은 남자면서 남자와 이야기하고 남자와 싸우고 남자를 벌하지만 교회는 남자면서 뱀처럼 여자와 이야기하고 여자와 싸우고 여자를 벌한다.

하나님은 실과를 먹으면 반드시 죽을 것이라 하고 교회는 실과만 먹으면, 죽어야 할 사람도 죽지 않게 된다고 한다. 하나님은 종교를 가지면 반드시 죽을 것이라 하고 교회는 자기네 종교만 믿으면 죽어야 할 사람도 죽지 않게 된다고 한다. 예수만 믿으면 지옥에 갈 사람도 천국에 가게 된다고 한다.

그런데 그들이 믿는 예수는 사람을 살리는 예수가 아니라 죽이는 예수다.

사람들에게는 뱀의 약속이 더 달콤하고 교회의 말이 더 솔깃하다.

먹으면 죽을 짓을 하고도 영원히 살 수 있는 실과가 있다니 말이다.

섬기면 지옥에 갈 짓을 하고도 천국에 갈 수 있는 사람이 있다니 말이다.

사람들은 그들의 말을 듣는 순간 하나님의 말은 까맣게 잊는다.

영원히 살기 위해, 천국에 가기 위해 실과와 예수 앞에 줄을 선다.

하지만 그것은 하나님이 먹지 말라는 실과고 섬기지 말라는 예수다.

사람들은 죽지 않는 방법이, 천국에 가는 방법이 따로 있다고 생각한다.

하지만 전원을 켜는 스위치와 끄는 스위치는 따로 있는 것이 아니다.

다만 움직이는 방향만이 다를 뿐이다.

"선악을 알게 하는 나무의 실과는 먹지 말라. **네가** 먹는 날에는 정녕 죽으리라 하시니라."(창 2:17)

"여호와 **하나님이** 아담을 부르시며 그에게 이르시되 네가 어디 있느냐?"(창 3:9)

"가라사대 누가 **너**의 벗었음을 **네게** 고하였느냐 내가 **너더러** 먹지 말라 명한 그 나무 실과를 **네가** 먹었느냐?"(창 3:11)

"**뱀이 여자에게 이르되 너희가** 결코 죽지 아니하리라. **너희가** 그것을 먹는 날에는 너희 눈이 밝아 하나님과 같이 되어 선악을 알 줄을 하나님이 아심이니라. 여자가 그 나무를 본즉 먹음직도 하고 보암직도 하고 지혜롭게 할 만큼 탐스럽기도 한 나무인지라 **여자가 그 실과를 따 먹고 자기와 함께한 남편에게도 주매 그도 먹은지라**."(창 3:4~6)

"**저가 그 사람에게 이르되**, 나도 그대와 같은 선지자라 천사가 여호와의 말씀으로 내게 이르기를 그를 네 집으로 데리고 돌아가서 그에게 떡을 먹이고 물을 마시우라 하였느니라 하니 이는 그 사람을 속임이라. 이에 그 사람이 **저와 함께 돌아가서 그 집에서 떡을 먹으며 물을 마시니라**."(왕상 13:15~19)

죄의 삯은 사망

교회는 아담과 여자, 죄와 사람을 결코 떼어낼 수가 없는 관계로 여긴다.

그들은 늘 여자가 아니라 아담, 사람이 아니라 죄를 중심으로 생각한다.

그들은 가장 먼저 아담이 용서받아야 그 후손도 살 수 있다고 한다.

그러나 구원은 아담까지 포함해서가 아니라 오직 여자만을 위한 것이며 죄까지 포함해서가 아니라 오직 사람만을 위한 것이다.(롬 6:23)

하나님이 아담까지 포함해서 여자를 구원해 주는 것이 아니라 아담은 죽이고 여자만 구원해 주는 것이고 예수가 죄까지 포함해서 사람을 구원해 주는 것이 아니라 죄는 죽이고 사람만을 거기서 구원해 내는 것이다.

성경은 아담과 여자가 다른 누군가로 인해 심판받는 이야기가 아니라 여자가 아담으로 인해 심판받는 이야기며 예수와 사람이 다른 누군가로 인해 구원받는 이야기가 아니라 사람이 예수로 인해 구원받는 이야기다.

더 많이 죄를 지은 것은 여잔데 단지 아담이 남편이기 때문에 아담이 대표로 심판을 받는 것이 아니라 아담이 지은 죄로 인해 그 아내인 여자도 따라서 심판을 받는 것이고 더 많은 의를 행한 것은 사람인데 단지 예수가 남편이기 때문에 예수가 대표로 구원을 받는 것이 아니라 오로지 남편인 예수가 행한 의로 인해 그 아내인 사람도 따라서 구원을 받는 것이다.

그리고 남자가 여자에게 받은 것이 아니라 여자가 남자에게 받은 것이고 남자가 여자에게서 태어난 것이 아니라 여자가 남자에게 태어난 것이며 여자가 잘못한 것으로 인해 남자가 심판받는 것이 아니라 남자가 잘못한 것으로 인해 여자가 심판받는 것이고 여자가 잘한 것으로 인해 남자가 구원받는 것이 아니라 남자가 잘한 것으로 인해 여자도 함께 구원받는 것이다.

교회는 아담이 실과를 따 먹었지만 아직 죽은 것은 아니라고 생각한다.

그러나 그는 실과를 먹은 순간 이미 죽은 것이다. 이미 사형선고를 받았기 때문이다. 먹으면 반드시 죽으리라 한 실과를 따 먹은 그 순간, 죄 없는 이를 죽이는 그 순간, 아직 숨이 붙어 있다 하더라도 그는 이미 산 사람이 아니다. 눈으로 보기에는 아직 살아 있는 것처럼 보인다 하더라도 말이다.

자기보다 더 큰 것을 낳는 작은 것은 없다. 아무리 큰 사람도 자기를 낳아준 사람보다는 작다는 뜻이다. 그리고 모든 남자는 결국 여자에게서 태아난다. 그러니 아무리 잘난 남자라도 여자가 자기보다 작다고 함부로 대해서는 안 되는 것이다. 여자 없이는 결코 그가 만들어질 수 없기 때문이다.

교회는 여자를 남자의 종이나 적이라고만 생각한다. 그래서 소홀히 대하기도 하고 함부로 대하기도 하고 때리기도 하고 죽이기도 한다.

하지만 여자는 항상 남자의 일부다. 아끼고 사랑해주어야 한다. 왜냐하면 모든 남자는 여자에게서 태어나서 여자의 양육을 받아야만 하기 때문이다.

여자를 거치지 않고 태어날 수 있는 남자는 아무도 없다. 여자 없이는 단 한시도 살아 있을 수 없는 시기가 모든 남자들에게 있다. 그가 처음부터 여자보다 컸던 것이 아니다. 여자 안에 있었을 때 그는 작은 점에 불과했다. 그런 것을 여자가 사람을 만들어준 것이다. 그럼에도 불구하고 여자보다 더 큰 사람이 되고 나서 자기를 낳아준 여자를 자기보다 작다고 무시하고 적이라고 공격하는 남자가 있다면 그는 더 이상 산 사람이라고 할 수 없을 것이다. 비록 겉으로 보기에는 살아 있는 것처럼 보인다 하더라도 말이다.

"선악을 알게 하는 나무의 실과는 먹지 말라. **네가 먹는 날에는 정녕 죽으리라 하시니라**."(창 2:17)

"……하나님은 죽은 자의 하나님이 아니라 **산 자의 하나님**이시니라 하시니……."(마 22:32)

"아담이 그 아내를 하와라 이름하였으니 그는 모든 **산 자의 어미**가 됨이더라."(창 3:20)

사람과 죄는 하나가 아니다

교회는 아담과 여자, 죄와 사람을 떨어질 수 없는 하나라 본다. 그래서 아담의 쫓겨남이 곧 여자의 쫓겨남이고 아담의 사망이 곧 여자의 사망이라고 여자를 겁주고 죄의 위기가 곧 사람의 위기고 죄의 쫓겨남이 곧 사람의 쫓겨남이고 죄의 사망이 곧 사람의 사망이라고 사람을 협박한다.

그러나 아담과 여자, 죄와 사람은 하나가 아니라 둘이다.

땅에서 보면 하늘과 구름이 하나처럼 보이지만 그 둘이 결코 하나가 될 수 없고 안개 속에 가려져 있을 때는 지면과 안개가 하나처럼 보이지만 역시 하나가 아니듯, 여자는 아담과 하나인 것처럼 보이지만 결코 하나가 될 수 없고 죄 역시 사람과 하나인 것처럼 보이지만 분명 하나가 아니라 둘이며 죄와 같이 죽어야 할 작은 존재가 아니라 죄보다 더 큰 존재다.

그래서 아담이 사망이면 아담과 함께 여자도 같이 죽어야 하는 것이 아니라 여자는 아담을 떠나야 하는 것이고 죄가 사망이면 죄와 함께 사람도 같이 죽어야 하는 것이 아니라 사람은 황급히 죄를 떠나야만 하는 것이다.

여자는 죽을 수밖에 없는 아담에게서 미련 없이 떠날 수 있어야 하고 사람은 죽을 수밖에 없는 죄에게서 미련 없이 달아날 수 있어야 한다.

자고새에 의해 어른이 된 뻐꾸기가 미련 없이 자기를 키워준 자고새에게서 달아나 듯 죄에서 결코 자유로울 수 없다는 죄의 속삭임은 무시하고 사람 역시 그렇게 자기를 키워준 죄에게서 달아날 수 있어야만 하는 것이다.

“만일 내가 원치 아니하는 그것을 하면 이를 행하는 자가 내가 아니요, 내 속에 거하는 죄니라.”(롬 7:20)

“내가 네 허물을 빽빽한 구름의 사라짐 같이, 네 죄를 안개의 사라짐같이 도말하였으니 너는 내게로 돌아오라 내가 너를 구속하였음이니라.”(사 44:22)

아비가일이라는 똑똑한 여자에게 나발이라는 사악한 남편이 있었다.

나발은 많은 재산과 좋은 집과 많은 하인을 거느리고 있다.

하지만 아비가일은 사악한 나발과 운명을 함께하지 않는다.

그래서 하나님이 나발을 죽이고 아비가일을 구원해 준다.

아비가일이 여자면 나발은 ‘아담’이고 아비가일이 사람이면 나발은 죄다.

교회는 ‘아담’을 착하게 보고 ‘죄’를 착하게 본다. 하지만 사람이 구원받기 위해서는 착하게 보던 ‘아담’에게서 벗어나야 하고 착하게 보던 ‘죄’에게서 벗어나야 한다. 아담이 착하다고 착각하지 마라. 아담을 사악하게 봐라.

그는 두 얼굴을 가지고 있다. 많은 사람들이 그의 선한 얼굴이 진짜라고 생각한다. 하지만 그 얼굴은 가짜다. 사악한 얼굴이 진짜다.

교회는 여자가 구원받기 위해서는 먼저 ‘아담’이 용서를 받아야 하고 사람이 천국에 가기 위해서는 먼저 ‘죄’가 용서를 받아야 한다고 한다.

그러나 나발이 용서받아서가 아니라 죽어야 아비가일이 구원받는 것처럼 '아담'이 용서받아야 여자가 구원받는 것이 아니라 죽어야 여자가 구원받는 것이고 '죄'가 용서받아서가 아니라 죽어야 사람이 구원받는 것이다.

성경에서 '죄'를 사한다는 것은 '죄'를 용서해 주는 것이 아니라 죽이는 것이다. '죄'라는 놈을 사람과 따로 보고 오직 사람 안에서 사람을 죽이는 '죄'라는 기생충만을 죽임으로써 그 사람을 다시 살 수 있게 해 주는 것이다.

사금을 채취하는 이가 사금만 남겨두고 모래를 제하는 것처럼, 바람이 하늘에서 구름을 제하는 것처럼, 햇빛이 땅에서 안개를 제하는 것처럼 말이다.

"내가 네 허물을 빽빽한 구름의 사라짐같이, 네 죄를 안개의 사라짐같이 도말하였으니 너는 내게로 돌아오라. 내가 너를 구속하였음이니라."(사 44:22)

"또 너희 범죄와 육체의 무할례로 죽었던 너희를 하나님이 그와 함께 살리시고, 우리에게 모든 죄를 사하시고, 우리를 거스리고 우리를 대적하는 의문에 쓴 증서를 도말하시고 제하여 버리사, 십자가에 못 박으시고 정사와 권세를 벗어버려 밝히 드러내시고 십자가로 승리하셨느니라."(골 2:13)

죄와 의

교회는 예수가 아담을, 바라바를 구원하기 위해 세상에 온 것이라 한다.

그래서 바라바가 산 것같이 사람도 살 수 있게 된 것이라 한다.

하지만 아담과 바라바는 결코 구원받지 못한다.

바라바를 살리는 것은 하나님이나 예수가 아니라 바라바를 선택한 사람들이고 사람이 바라바와 함께 다시 살게 된 것이 아니라 살아난 바라바로 인해 죽게 된 것이며 또한 사람이 온전히 바라바이기 때문에 심판받는 것이 아니라 바라바를 선택하기 때문에 심판받는 것이고 사람이 온전히 예수이기 때문에 구원받는 것이 아니라 예수를 선택하기 때문에 구원받는 것이다.

교회는 하나님의 반대편에 있는 악마와 예수의 반대편에 있는 바라바에게서 사람의 모습과 사람이 지옥에 가야 하는 이유를 찾으려 한다. 사람이 예수를 공격하고 있고 사람이 하나님에 맞서 싸우고 있는 것이라 믿는다.

그리고 남자와 여자를 선과 악으로 나뉘어 싸우고 있는 존재라 믿는다.

그러나 선과 악의 싸움은 남자 대 남자의 싸움처럼 사람보다 더 강력한 어떤 이들의 싸움이지 사람의 싸움이 아니며 사람은 여자처럼 제3자다.

여자가 두 남자 중에서 어느 한 사람을 선택해야만 하는 것처럼 사람 또한 예수와 바라바 중에서 반드시 어느 한 남자를 선택해야만 하는 것이다.

교회는 사과 씨앗에서는 사과만이 태어나듯이 한 번 죄인이 된 사람은 영원히 죄인으로 살 수밖에 없고 첫 사람인 아담이 죄인이기 때문에 그 이후에 그에게서 태어난 사람 또한 모두가 죄인일 수밖에 없다고 한다.

그러나 그것은 남자에만 해당되는 이야기다.

'죄'가 '의'가 되고 '의'가 '죄'가 될 수는 없는 것처럼 남자의 성은 한번 정해지면 다시는 달라지는 법이 없지만 여자는 남자와 달리 성이 없이 태어나기 때문에 어떤 남편을 만나느냐에 따라 언제든 성이 바뀔 수 있다.

마찬가지로 사람도 '죄'나 '의'에 대해 여자 같아서 여자가 김 씨의 아내가 되면 김 씨의 아이를 낳고 이 씨의 아내가 되면 이 씨의 아이를 낳듯 한번 죄인이 되면 영원히 죄인으로만 살아야 하는 것이 아니라 평생 죄인도 마음 한 번 바꿔먹고 '의'의 씨앗을 심으면 의인이 되는 것이고 평생 의인도 마음 한 번 잘못 먹어 '죄'의 씨앗을 심으면 죄인이 되기도 하는 것이다.

"너희 자신을 종으로 드려 누구에게 순종하든지 그 순종함을 받는 자의 종이 되는 줄을 너희가 알지 못하느냐 혹은 죄의 종으로 사망에 이르고 혹은 순종의 종으로 의에 이르느니라."(롬 6:16)

"밤에 하나님이 아람 사람 라반에게 현몽하여 가라사대 너는 삼가 야곱에게 선악간 말하지 말라 하셨더라."(창 31:24)

모순

교회는 아담과 하와가 벌거벗고 살았던 때를 아름답게 말한다.

하지만 성경은 벌거벗은 모습을 아름답게 말한 적이 없다.

벌거벗은 것을 보는 것조차 성경에서는 나쁜 짓이라고 말하고 있다.

아름답다면 그럴 리가 없지 않은가.

만일 벌거벗고도 부끄러워하지 않는 사람이 가장 깨끗한 사람이라면 이 세상에서 제일 깨끗한 사람은 옷을 하나도 걸치지 않고 사진 찍어 벌어먹고 사는 사람과 아무에게나 자기 벌거벗은 몸을 보여주며 웃는 창녀일 것이다. 그리고 가장 악하고 나쁜 사람들은 그 사람들을 부끄러워할 줄 모른다고 나무라며 옷을 벗지 않으려고 하는 사람일 것이다. 하지만 과연 그런가?

교회는 아담과 여자는 처음부터 옷을 입고 있지 않았다고 한다.

교회는 옷을 입지 않고 부끄러워하는 것이 죄를 지은 다음부터라 한다.

그리고 옷을 입어야 마땅한 사람들을 향하여 부끄러워하지 않고 옷을 벗을 수 있어야 한다고 가르친다. 하지만 벌거벗는 것을 부끄러워하지 않는 사람은 죄가 없는 사람이 아니라 벌거벗은 것이 부끄러운 일이라는 것을 모를 만큼 어리석거나 취해 있는 사람뿐이다. 죄가 없는 사람만이 부끄러워하지 않고 벌거벗고 다닐 수 있는 것이 아니라 그 것이 죄라는 것을 모르는 사람만이 부끄러워하지 않고 벌거벗고 다닐 수 있는 것이다.

"노아가 농업을 시작하여 포도나무를 심었더니 포도주를 마시고 취하여 그 장막 안에서 벌거벗은지라……. 그들이 얼굴을 돌이키고 그 아비의 하체를 보지 아니하였더라."(창 9:20~23)

"그러나 사데에 **그 옷을 더럽히지 아니한 자 몇 명이 네게 있어 흰 옷을 입고 나와 함께 다니리니 그들은 합당한 자인 연고라**."(계 3:4)

교회는 아담과 아담에게서 태어난 여자의 결혼을 당연하다 생각했다.

그들이 엄연히 부녀지간이었음에도 상관없는 일이라 생각한다.

하지만 성경은 골육지친 간의 관계를 철저히 금하고 있다.

따라서 그들은 부녀지간이기 때문에 결혼을 하면 안 된다.

교회는 사람들이 벌거벗고 다니는 것을 비난하고 질책하다가도 아담과 여자 이야기를 할 때는 세상에서 가장 아름다운 모습이라고 한다.

또 사람들이 근친상간하는 것을 비난하고 질책하다가도 아담과 여자 이야기를 할 때는 여자가 자기를 낳은 남자의 아내가 되는 것이 당연하다 한다.

철저히 이중 잣대다. 그런 법이 어디 있는가.

그들은 창조론을 믿고 있는 듯 보이지만 가만히 들여다보면 그게 아니다. 입으로는 진화론이 잘못됐다고 하지만 그들 역시 진화론을 믿고 있는 거다.

혹시 뿌린 대로 거둔다는 말을 아는가?

처음이 그러하면 끝도 그러해야 한다.

창조론도 마찬가지다. 처음에는 이랬던 것이 시간이 지남에 따라 저렇게 변하는 것이 아니라 처음과 끝까지 똑같은 것, 그게 바로 창조론인 거다. 처음에 원숭이였으면 끝까지 원숭이여야 한다. 처음에 원숭이였는데 어느 순간 보니 사람이면 창조론이 아니라 그건 진화론인 거다. 아닌가?

마찬가지로 지금 벌거벗고 다니는 것이 나쁜 것이면 처음에도 나쁜 것이어야 하고 지금 근친상간이 나쁜 것이면 처음에도 나쁜 것이어야 한다. 처음에는 벌거벗고 다니는 것이 좋은 일이었지만 지금은 벌거벗고 다니는 것이 음란한 일이고 처음에는 근친상간이 당연한 일이었지만 지금은 근친상간이 죽일 짓이면 그건 창조론이 아니라 진화론을 믿고 있는 거다. 그리고 씨앗을 뿌린 것이 그 사람이면 그 열매를 거두는 것도 당연히 그 사람이여야 한다. 씨앗을 뿌린 건 그 사람인데 그 열매는 엉뚱하게도 이 사람이 거둬 가면 그건 창조론이 아니라 진화론인 거다 씨앗을 뿌린 자는 사단인데 그 열매는 엉뚱하게도 아담에게 거둬 가면 그건 창조론이 아니라 진화론인 거다.

그런데 과연 교회가 진화론이 잘못됐다 욕할 수 있나?

교회는 다른 사람들은 죄가 있으니 벌거벗고 다니면 안 되고 근친상간하면 안 되지만 자기들은 죄가 없으니 벌거벗고 다녀도 된다 하고 죄가 없으니 자기들은 근친상간해도 된다 한다. 하지만 어느 성경이 그러던가?

죄가 없으니 벌거벗고 다녀도 상관없는 것이 아니라 벌거벗고 다니는 것이 곧 죄고 죄가 없으니 근친상간하는 것이 당연한 것이 아니라 근친상간하는 것 자체가 곧 죽어 마땅한 죄다. 그런데 교회만이 그걸 모르는 거다.

벌거벗고도 부끄러워하지 않는 착한 사람들이 많아지고 있다. 죄를 짓고도 부끄러워하지 않는 겁 없는 사람들이 많아지고 있다. 벌거벗는 것이 곧 크게 돈을 버는 길이고 죄를 짓는 것이 곧 크게 성공하는 길이기 때문이다.

그래서 할 수만 있다면 옷을 벗고 할 수만 있다면 죄를 짓는다.

교회의 말대로라면 부끄러운 줄 모르고 벌거벗는 사람이 많아지고 부끄러운 줄 모르고 죄짓는 사람이 많아지니 세상은 갈수록 더 좋아져야 한다. 교회가 여기저기 많아지니 세상은 갈수록 살기 좋은 곳이 되어야 한다.

하지만 과연 그런가? 사실은 그 반대가 아닌가?

교회는 아담과 여자가 옷이 없어서 벌거벗고 있는 것이라 한다. 하나님이 그들에게 옷을 주지 않아서 그들은 벌거벗을 수밖에 없는 것이라 한다.

하지만 그것은 그들에게 하나님이 없다는 말과 같다.

아내 있는 남편 중에 옷이 없어서 벌거벗고 다니는 남자가 있는가?

남편 있는 여자 중에 옷이 없어서 벌거벗고 다니는 여자가 있는가?

그들이 벌거벗고 다니는 것은 입을 옷이 없어서가 아니다.

그들이 죄를 짓고 다니는 것도 입을 의가 없어서가 아니다.

왜냐하면 아내가 남편을 굶주리고 다니지 않게 하듯이, 벌거벗고 다니지 않게 하듯이 하나님은 사람을 벌거벗고 다니게 하지 않으시기 때문이다.

교회는 사람들이 악해져서 처음에는 입지 않았던 옷을 지금은 입는 것이라 한다. 하지만 사람들이 옷을 입는 이유는 그들이 악하기 때문이 아니라 먹는 것과 마찬가지로 그것이 반드시 있어야만 하는 것이기 때문이다.

"오늘 있다가 내일 아궁이에 던지우는 들풀도 하나님이 이렇게 입히시거든 하물며 너희일까 보냐. 믿음이 적은 자들아 그러므로 염려하여 이르기를 무엇을 먹을까 무엇을 마실까 무엇을 입을까 하지 말라."(마 6:30, 31)

가죽옷

하나님은 에덴에서 쫓겨나는 아담에게 가죽옷을 입힌다.

오늘날 많은 사람들이 아담이 입었던 것과 같은 가죽옷을 입는다.

가죽옷은 '종교'와 같은 것이다.

가죽옷은 사람들에게 착하게 살지 않아도 된다고 믿게 만든다. 어떤 짓을 해도 그 옷만 입으면, 그 종교만 믿으면 천국에 간다고 믿게 만든다.

종교를 믿는 사람은 다른 것은 아무것도 믿지 않는다. 정의, 양심, 도덕, 다 필요 없고 오직 그들이 믿는 종교만 있으면 구원을 받는다고 믿는다.

사람들을 자기 없이는 결코 천국에 갈 수 없는 사람들로 만든다.

자기 없이는 착하게 살아도 천국에 갈 수 없다고 믿게 만든다.

그래서 가죽옷을 입은 사람들을 잔인하게, 어리석게, 뻔뻔하게 만든다.

그래도 가죽옷이 있기 때문에 천국에 갈 수 있다고 믿게 만든다.

그리고 더욱 가죽옷에 집착하게 만든다.

하지만 사악한 마음을 가지고도 천국에 갈 수 있게 해주는 종교란 없다.

교회는 구원하기 위해 사람에게 주어진 옷은 오직 가죽옷뿐이라고 한다.

그래서 사람들에게 선택의 여지가 없다고 믿게 만든다.

하지만 하나님이 사람들에게 준 옷은 하나가 아니라 둘이다.

흰옷, 아니면 가죽옷. 그리고 천국에 사는 사람들이 입는 옷은 가죽옷이 아니라 흰옷이다. 흰옷이 구원을 얻을 수 있는 옷이라면 가죽옷은 반대다.

그리고 어떤 옷을 선택하느냐에 따라 천국과 지옥이 나눠지는 것이다.

무척이나 이분법적이다. 하지만 그게 성경적인 거다.

교회는 아담과 그 아내에게 입힌 가죽옷을 좋은 옷이라 생각한다.

죄 지은 사람들을 구원하기 위한 예수의 그림자라 여긴다. 그러나 가죽옷은 절대로 선택해서는 안 되는 옷이며 입어서는 안 될 옷이다.

왜냐하면 아담에게 주어진 가죽옷은 천국에 갈 수 있게 하는 옷이 아니라 에덴에서 쫓겨나는 사람들의 옷이며 마음이기 때문이다.

가죽옷을 입은 사람들은 천국에 가기 위해 가죽옷을 입지만 정말 천국에 갈 수 있는 사람은 천국에 가기 위해 가죽옷을 입은 사람이 아니다.

'가죽'은 말 그대로 '죽은 짐승의 껍데기'다.

그리고 성경에서 '옷'은 '마음'이니 가죽옷은 짐승의 마음이 되는 셈이다.

세상이 지옥 같아질수록 가죽옷을 입은, 짐승의 마음을 가진 사람들이 많아지고 그렇지 않은 사람이 오히려 이상하게 여겨질 정도다.

가죽옷을 입게 되면 더 많이 나쁜 일을 할 수 있게 되고 그래도 부끄러움을 알지 못하게 된다. 그래서 나쁜 사람들은 가죽옷을 좋아한다.

그래서 가죽옷을 찬양하는 사람들이 많아지는 것이다.

하지만 그런 사람들은 결코 천국에 가지 못한다.

가죽옷을 입은 사람들은 그렇게 해서 천국에 갈 수 있다고 믿고 싶겠지만 짐승의 마음을 가지고 천국에 갈 수 있다고 믿는 사람들과 같은 것이다.

“여호와 하나님이 아담과 그 아내를 위하여 가죽옷을 지어 입히시니라.”(창 3:21)

“또 그 마음은 변하여 인생의 마음 같지 아니하고 짐승의 마음을 받아 일곱 때를 지나리라.”(단 4:16)

02

스스로 내린 결정

천국은 너희(우리) 안에 있다

천국은 우리가 모르는, 보석 가득한 별천지가 아니라 이 세상 안에 있다.

에덴 안에는 오직 한 사람의 아담과 여자만이 있었던 것처럼 한 세상은 많은 사람이 아니라 오로지 한 사람의 남자와 한 사람의 여자로 이루어진다.

그리고 절반인 남자가 마주 보는 여자를 사랑하고 절반인 여자가 마주 보는 남자를 사랑하면 그 안 어디쯤에 온전한 하나님의 나라가 이루어진다.

그리고 둘 중에 하나라도 등을 돌리면 하나님의 나라는 깨진다.

남자는 반쪽의 하나님이고 여자 역시 다른 반쪽의 하나님이다.

사람들이 교회에 가는 이유 중에 하나는 천국에 가기 위해서일 것이다.

그들은 천국은 완벽한 곳이어서 가기만 하면 행복해질 거라고 믿는다.

그러나 과연 어떤 사람이라도 천국에 가기만 하면 행복할까?

천국에 가기 위해서는 먼저 천국을 만들 수 있는 사람이 되어야만 한다.

왜냐하면 누구나 천국에 가면 행복해지는 것이 아니라 천국을 만들 수 없는 사람은 천국에 간다 해도 행복할 수 없을 것이며 그 사람이 거기 발을 들여놓는 순간 천국도 더 이상은 천국일 수 없을 것이기 때문이다.

천국은 거저 만들어지는 것이 아니라 사람에 의해 만들어지는 것이다.

사람들은 잘못 돌아가는 세상을 탓하지만 세상이란 본래 없는 것이다.

세상은 결국 사람이 만드는 것이기 때문이다.

천국도 마찬가지다.

누구나 천국에 가고 싶어 하지만 천국은 저절로 만들어지는 것이 아니다.

세상이 처음 만들어질 때부터 사막(도시)이었던 것이 아니라 사람에 의해 사막이 만들어진 것이듯 천국이나 지옥도 사람에 의해 만들어지는 것이다.

"소경된 바리새인아, 너는 먼저 안을 깨끗이 하라. 그리면 겉도 깨끗하리라."(마 23:26)

"또 여기 있다 저기 있다고도 못하리니 하나님의 나라는 너희 안에 있느니라."(눅 17:21)

아직 끝나지 않은 세상

교회는, 사람은 태어난 순간 이미 쫓겨난 후라 한다. 이미 죄인인 채로, 이미 처녀가 아닌 채로 태어나는 것이라 한다. 에덴에서의 일은 이미 다 끝난 일이고 사람들은 이미 에덴에서 쫓겨난 상태로 태어나는 것이라 한다.

하지만 지금은 이미 쫓겨난 후가 아니라 아직 쫓겨나기 전이다. 그리고 이미 죽은 후가 아니라 아직 죽기 전이다. 사람은 처음부터 에덴에서 쫓겨난 후에 태어나는 것이 아니다. 처음부터 죽은 후에 태어나는 것이 아니다.

처음부터 처녀가 아닌 상태에서 태어나는 사람이 없듯이 처음부터 죄인인 상태에서 태어나는 사람도 없다. 살다가 어느 순간 남자를 만나면 처녀가 아니게 되는 것이고 살다가 어느 순간 나쁜 짓을 하면 죄인이 되는 것이고 살다고 어느 순간 절대로 먹어서는 안 될 실과를 먹게 되면 에덴에서 쫓겨나는 것이고 살다가 어느 순간 수명이 다하면 죽게 되는 것이지 처음부터 처녀가 아닌 채로 태어나는 것도 아니고 처음부터 죄인인 채로 태어나는 것도 아니고 처음부터 에덴에서 쫓겨난 채로 태어나는 것도 아니고 처음부터 죽은 채로 태어나는 것도 아니다. 법적으로는 아닐 수 있어도 태어난 그 순간만큼은 아직 처녀고 아직 죄 짓기 전이고 쫓겨나기 전이고 죽기 전이다.

교회는 사람들이 태어나는 곳은 에덴이 아니라 에덴 밖이며 죄를 지어 살지 않아도 될 삶을 살고 있는 것이라 한다. 하지만 사람들이 살고 있는 곳은 에덴 밖이 아니라 에덴 안이며 죄를 지어 살지 않아도 될 삶을 사는 것이 아니라 모두가 반드시 살아내야 하는 삶을 살고 있는 것이다.

교회는 사람들이 죽는 이유는 사람이 한 일과는 아무 상관이 없고 단지 아담의 후손이기 때문이라고 한다. 하지만 사람들이 죽는 이유는 그들이 단지 그의 후손이기 때문이 아니라 그들이 바로 그이기 때문이다. 남자가 죽는 이유는 그들이 아담의 후손이기 때문이 아니라 그들이 곧 아담이기 때문이고 여자가 죽는 이유는 그들이 여자의 후손이 아니라 그들이 곧 아담을 선택한 바로 그 여자이기 때문이다. 남자들이 죽는 이유는 그들이 선악을 알게 하는 나무의 실과를 따 먹은 사람의 먼 후손이 아니라 그들이 바로 선악을 알게 하는 나무의 실과를 따 먹은 바로 그 사람이기 때문이고 여자들이 죽는 이유는 그들이 아담에게 실과를 먹인 여자의 후손이기 때문이 아니라 그들이 바로 아담이 실과를 먹도록 도운 바로 그 여자이기 때문이다.

즉, 하나님이 사람을 물로 심판했을 때 사람이 물에 의해 죽임을 당하는 것은 그들이 단지 아담의 후손이기 때문이 아니라 그들이 바로 아담이기 때문이다. 하나님이 소돔과 고모라를 멸망시키겠다고 마음먹었을 때 그들이 멸망당하는 이유도 그들이 단지 아담의 후손이기 때문이 아니라 그들이 곧 죽어 마땅한 아담이기 때문이다. 사람이 물로 심판받는 이유가 그들은 본 적도 없는 그들의 조상이 저지른 죄 때문이 아니라 그들 자신이 지은 죄 때문인 것처럼 소돔과 고모라사람들이 멸망한 이유도 그들은 본 적도 없는 조상이 저지른 잘못 때문이 아니라 그들 자신의 악한 행실 때문인 것이다.

교회는 아담이 구원받지 못한 이유가 예수가 없었기 때문이라고 한다.

그러나 그곳에는 분명 예수가 있었다.

다만 알아보지 못했을 뿐이다. 그리고 좋아하지 않았을 뿐이다.

사람들이 구원받지 못하는 이유도 아직 예수가 오지 않아서가 아니라 이미 예수가 와 있는데도 아무도 그를 알아보지 못하고 오직 아담만을 쫓아가기 때문이다. 예수보다 아담이 더 좋기 때문이다.

"선악을 알게 하는 나무의 실과는 먹지 말라. 네가 먹는 날에는 정녕 죽으리라 하시니라."(창 2:17)

"유월절이면 내가 너희에게 **한 사람을** 놓아주는 전례가 있으니 그러면 너희는 내가 유대인의 왕을 너희에게 놓아 주기를 원하느냐 하니 저희가 또 소리 질러 가로되 이 사람이 아니라 바라바라 하니 바라바는 강도러라."(요 18:39, 40)

사단의 정체

교회는 우리가 한 번도 본 적이 없는 제3의 다른 존재라 생각한다. 그리고 그들의 노예가 되지 않는 것이 뱀이 되지 않는 길이라 생각한다.

그러나 그런 존재란 세상에 없다. 사단은 의외로 아주 가까운 곳에 있다.

그들이 도저히 사단이라고 생각할 수 없는 사람들 속에 말이다.

교회는 입만 열면 사단에 속지 말라 한다.

그러나 그들 자신조차도 사단을 본 적이 없고 그가 누구인지 어디에 있는지 누구에게도 가르쳐 주지 못한다.

왜냐하면 그들 자신이 뱀이고 그들이 섬기는 이가 곧 사단이기 때문이다.

뱀도 똑같이 하늘에 대해서, 진리에 대해서 이야기한다.

그러나 뱀은 아담을 상대하지 않는다. 여자만 상대한다.

그리고 그들을 움직이고 있는 것은 하늘이 아니며 그들이 하늘이라고 알고 있는 것은 하늘이 아니라 아담이고 땅(사람)이다.

뱀의 눈으로는 도저히 하늘을 볼 수 없기 때문이다.

그들은 손도 발도 없고 오직 머리와 꼬리뿐이다.

그래서 스스로 움직이지 못한다.

그들을 움직이게 할 수 있는 것은 오직 땅(사람)뿐이다. 그들 스스로 움직이는 것이 아니라 땅(사람)을 통해서만 그들은 움직일 수 있는 것이다.

교회는 에덴 안에는 아담을 위협하는 아담보다 더 위험한 사단이라는 존재가 있고, 뱀이 아담에게 선악을 알게 하는 나무의 실과를 먹게 한 것이 사단이 아담을 지배해서 하나님과 멀어지게 하기 위한 것이라 한다. 아담이 정체모를 누군가에게 속고 있는 것이라 한다. 그리고 아담과 교회가 여자를 몰아붙일 수 있는 것도 여자가 아담 아닌 다른 이에게 넘어갔기 때문이다.

그러나 에덴에는 하나님과 아담 외에 다른 권력자가 없다.

설령 있다 하더라도 아담에게 실과를 먹일 이유도 없다.

왜냐하면 만일 실과를 먹고 하나님이 말한 것처럼 아담이 죽는다면 그는 지배할 수 있는 유일한 사람을 잃어버리게 되는 것이고 그의 말대로 아담이 똑똑해진다면 더욱이 누구에게도 지배당하려 하지 않을 것이기 때문이다.

여자들은 여자가 지옥에 가는 것은 아담이 아니라 사단을 섬기기 때문이라고 생각한다. 하지만 세상에 사단이란 존재가 따로 있는 것이 아니다.

성경에 사단에 대해 말한 구절이 이사야에 나오는데 거기에 '사람'이란 구절이 있다. 그리고 그 사람이 하나님을 배반하고 반역했다고 되어 있다. 그러니 사단을 사람 아닌 다른 존재라고 믿는다는 것 자체가 성경에 대해 잘 모르고 있다는 증거다. 그리고 아담과 사단이 둘이라고 믿는 것 자체가 어리석다는 증거다. 만일 당신이 여자라고 치면 당신이 사단과 결혼해 살고 있겠는가? 아담과 결혼해 살고 있겠는가? 그리고 당신이 섬기는 이는 과연 사단이겠는가? 아담이겠는가? 당신이 섬기는 아담이 하나님인가? 아닌가?

교회는 아담을 사단과 나누고 신앙을 우상과 나눈다. 그리고 자기들은 사단이 아니라는 듯이 사단을 욕한다. 하지만 세상 어디에도 아담이 아닌 사단은 없다. 세상에 아담 말고 사단이 따로 있는 것이 아니라 만일 당신이 섬기는 아담이 하나님이 아니라면 그 사람이 바로 사단이고 우상인 것이다.

세상에 하나님 말고 아담 아닌 다른 사단은 없다. 하나님이 아닌 모든 남자는 다 아담이면서 동시에 사단이다. 아담과 사단으로 나뉘는 것이 아니다.

예수와 사람이 그들이 모르는 예수가 아닌 하나님이라는 다른 누구의 잘한 것으로 함께 구원받게 되는 것이 아니라 오직 예수의 잘한 것으로 사람이 함께 구원받게 되는 것처럼 아담과 여자가 그들이 모르는 아담이 아닌 사단이라는 다른 누구의 잘못한 것으로 그들이 함께 심판받는 것이 아니라 오직 아담의 잘못한 것으로 인해 여자도 함께 심판받게 되는 것이다.

지구는 둥글기 때문에 돌고 돌다 보면 다시 처음 출발한 제자리로 돌아온다. 죄도 마찬가지다. 교회는 죄(실과, 아들, 딸)가 사단에게서 출발해서 뱀을 지나 여자를 거쳐 사단과 아무 상관없는 아담을 죽게 하고 끝나는 것이라 한다. 하지만 아담을 죽이는 것은 사단이 아니라 아담 자신이다. 죄는 사단에게서 출발해서 아담에게서 끝나고 다시 사단에게서 출발해서 아담에서 끝나는 것이 아니라 아담에게서 출발해서 돌고 돌아 다시 처음 출발한 아담에게로 가고 다시 아담에게서 출발해서 다시 처음 출발한 아담에게로 가고 그렇게 끊임없이 아담을 중심으로 둥글게 돌고 도는 것이다.

"너를 보는 자가 주목하여 너를 자세히 살펴보며 말하기를 이 **사람**이 땅을 진동시키며 세계를 황무케 하며 성읍을 파괴하며 사로잡

힌 자를 그 집으로 놓아 보내지 않던 자가 아니뇨 하리로다."(사 14:16, 17)

"너를 살륙하는 자 앞에서 네가 그래도 말하기를 내가 하나님이라 하겠느냐 너를 치는 자의 수중에서 **사람뿐이요 신이 아니라……**"(겔 28:9)

"**네가 옛적에 하나님의 동산 에덴에 있어서**…… 만민 중에 너를 아는 자가 너로 인하여 다 놀랄 것임이여, 네가 경계거리가 되고 네가 영원히 다시 있지 못하리로다 하셨다 하라."(겔 28:13～19)

둘이 아니라 하나

교회는 아담과 사단은 아무 상관없는 전혀 다른 인물이라 한다.

아담과 사단이 다르고 아담이 살던 에덴과 사단이 살던 에덴이 다르고 하나님이 아담과 한 언약과 사단과 한 언약이 다르고 아담의 죄와 사단의 죄가 다르고 사단이 쫓겨나고 아담이 쫓겨난 때가 다른 것이라 한다.

교회는 여자가 아담의 말을 들었으면 살았을 텐데 사단의 말을 들어서 죽은 것이고 사람이 아담을 따라갔으면 천국에 갔을 텐데 사단을 따라가서 지옥에 가게 된 것이며 사람이 제대로 된 종교를 믿으면 구원을 얻을 수 있을 텐데 잘못된 종교에 빠지기 때문에 심판을 받게 되는 것이라 한다.

그러나 아담과 사단은 따로 있지 않으며 아담과 사단은 같은 사람이다.

사단과 아담이 완전히 다른 사람처럼 보이지만 사단과 아담은 둘이 아니며 사단과 아담이 살았던 에덴이 둘이 아니며 하나님이 사단과 아담과 한 언약이 둘이 아니며 아담과 사단이 쫓겨난 일이 두 번 일어난 일이 아니다.

교회는 여자가 아담을 섬기면 살 텐데 사단을 섬기기 때문에 죽는 것이라 하고 사람이 아담을 섬기면 구원을 얻을 텐데 사단을 섬기기 때문에 심판을 받게 되는 것이라 하고 자기네 종교를 섬기면 구원을 얻을 텐데 남의 종교를 섬기기 때문에 심판을 받는 것이라 한다.

하지만 아담과 사단, 내 종교와 남의 종교의 구분은 없다. 아담이 곧 사단이고 내 종교나 남의 종교나 우상이기는 다 마찬가지이기 때문이다.

교회는 사단은 아담이 아니고 외부에서 침범한 다른 존재라고 한다.

하늘에서 쫓겨난 사단이 에덴에 몰래 침입해서 아담을 죽인 것이라 한다.

하지만 사단이 이미 하늘에서 쫓겨난 후라면 에덴에도 들어올 수 없다.

에덴 안에는 아담 모르는 그 어떤 외부 침입자도 있을 수 없기 때문이다.

아담을 죽일 수 있는 다른 사람도 에덴 안에는 있을 수 없다.

에덴은 아담 이전에 이미 하나님에 의해 보호받고 있는 곳이기 때문이다.

만일 그가 에덴 안에 있었다면 그는 아직 천국에서 쫓겨나기 전인 거다.

당연히 그래야 하는 거 아닌가?

외부침입자에 의해 언제라도 파괴될 수 있는 천국을 상상할 수 있는가?

만일 그렇다면 우리가 어떻게 그 안에서 평화롭게 살 수 있겠는가?

어떻게 그곳을 '천국'이라고 할 수 있겠는가?

그래도 의심스럽다면 아담과 사단을 나란히 두고 비교해 봐라.

분명 두 사람이 완벽하게 일치함을 알 수 있을 것이다.

"**여호와 하나님이 그 사람을 이끌어 에덴동산에 두사** 그것을 지키게 하시고……."(창 2:15)

"**네가 옛적에 하나님의 동산 에덴에 있어서** 각종 보석 곧 홍보석

과 황보석과…… 홍마노와 창옥과 황금으로 단장하였음이여…….”(겔 28:13)

“동산 각종 나무의 실과는 네가 임의로 먹되 **선악을 알게 하는 나무의 실과는 먹지 말라 네가 먹는 날에는 정녕 죽으리라**.”(창 2:17)

“나 주 여호와가 말하노라 내가 나의 삶을 두고 맹세하노니 바벨론 왕이 그를 왕으로 세웠거늘 **그가 맹세를 업신여겨 언약을 배반하였은즉** 그 왕의 거하는 곳 바벨론 중에서 왕과 함께 있다가 **죽을 것이라**.”(겔 17:16)

“여호와 하나님이 **그 사람을 쫓아내시고 에덴동산 동편에 그룹들과 두루 도는 화염검을 두어 생명나무의 길을 지키게 하시니라**.”(창 3:24)

“하늘에 전쟁이 있으니 미가엘과 그의 사자들이 용으로 더불어 싸울쌔 용과 그의 사자들도 싸우나 이기지 못하여 다시 하늘에서 저희의 있을 곳을 얻지 못한지라 큰 용이 내어쫓기니 옛 뱀 곧 마귀라고도 하고 사단이라고도 하는 **온 천하를 꾀는 자라 땅으로 내어쫓기니 그의 사자들도 저와 함께 내어쫓기니라**.”(계 12:7~9)

잘못된 대답

교회는 선악을 알게 하는 나무의 실과를 아담뿐만이 아니라 여자도 먹을 수 있고 먹으면 죽는다는 말도 하나님이 아담에게만이 아니라 여자에게도 직접 했을 것이라 한다. 하지만 하나님은 여자에게 그런 말을 한 적이 없다. 여자가 아직 태어나기 전에 아담에게만 한 이야기이기 때문이다. 왜냐하면. 실과를 먹는 일은 여자는 절대로 할 수 없고 오직 아담만이 할 수 있는 일이기 때문이다. 그러니 여자는 그 사실을 알 이유도 필요도 없는 것이다.

세상에는 아무리 노력해도 절대로 할 수 없는 일이 있다.

성경에 뻐꾸기새끼를 자기 새끼인 줄 알고 키우는 자고새 이야기가 나온다. 자고새는 뻐꾸기 없이 자기가 혼자서 뻐꾸기 새끼를 낳았다고 생각하고 여자는 아담 없이 자기가 혼자서 실과를 따 먹었다고 생각한다.

하지만 뻐꾸기 새끼를 낳을 수 있는 새도 뻐꾸기뿐이고 낳아서는 안 되는 것도 뻐꾸기뿐이다. 고로 하나님이 뻐꾸기 새끼를 낳으면 죽는다는 말을 한다면 뻐꾸기와 자고새에게 다 할 필요 없고 뻐꾸기에게만 하면 되는 것이다.

마찬가지로 실과를 먹을 수 있는 사람도 아담뿐이고 먹어서는 안 되는 사람도 아담뿐이다. 고로 하나님이 실과를 먹으면 죽는다는 말을 한다면 아담과 여자에게 똑같이 할 필요 없고 오직 아담에게만 하면 그만인 것이다.

뻐꾸기가 절대로, 죽어도 해서는 안 되는 일이 하나 있다.

하면 반드시 죽는 단 하나의 일이 있다.

바로, 뻐꾸기 새끼를 가지는 일이다.

다른 일은 다 해도 되지만 절대로 뻐꾸기 새끼를 낳아서는 안 된다.

새끼를 낳으면 죽는다.

자고새는 결코 뻐꾸기 새끼를 낳을 수 없다. 다만 기를 수 있을 뿐이다.

그래서 하나님은 그 이야기를 뻐꾸기에게만 한다. 자고새에게는 아무 말도 하지 않는다. 뻐꾸기를 낳을 수 있는 건 오직 뻐꾸기뿐이기 때문이다.

그렇지 않은가?

마찬가지로 아담이 절대로, 죽어도 해서는 안 되는 단 하나의 일이 있다.

하면 반드시 죽는 단 하나의 일이 있다.

바로, 선악을 알게 하는 나무의 실과를 먹는 일이다.

다른 실과는 다 먹어도 되지만 절대로 그 실과는 따 먹어서는 안 된다.

먹으면 죽는다.

여자는 실과를 먹을 수 없다. 다만 먹는 걸 도와줄 수만 있을 뿐이다.

그래서 그 이야기를 하나님은 아담에게만 한다. 여자에게는 아무 말도 하지 않는다. 실과를 먹을 수 있는 사람은 오직 아담뿐이기 때문이다.

애초부터 뻐꾸기 새끼를 낳을 수 없는 자고새에게 뻐꾸기 새끼를 낳아서는 안 된다는 이야기를 할 필요가 없는 것처럼 애초부터 실과를 따 먹을 수 없는 여자에게는 그런 이야기를 할 필요가 없는 것이다.

그건 오직 뻐꾸기와 아담에게만 해당되는 이야기다.

왕이 신하들에게 씨앗을 주며 그 씨앗으로 가장 크고 아름다운 꽃을 피워온 신하에게 상을 주겠다고 한다.

약속한 날이 되어 많은 신하들이 크고 아름다운 꽃을 가져온다.

그리고 서로 자기가 상을 타야 한다고 말한다.

하지만 왕은 꽃을 피워오지 않은 단 한 사람에게 상을 내린다.

왜냐하면 왕이 준 씨앗은 죽은 씨앗이었기 때문이다.

뻐꾸기가 절대로, 죽어도 해서는 안 되는 일이 있다.

바로 뻐꾸기 새끼를 낳아서는 안 된다.

그리고 뻐꾸기 새끼를 낳을 수 있는 유일한 존재 또한 뻐꾸기뿐이다.

뻐꾸기는 뻐꾸기 새끼에 대한 책임을 자고새에게 돌린다.

하지만 뻐꾸기 새끼를 낳을 수 있는 유일한 존재는 오직 뻐꾸기뿐이다.

따라서 뻐꾸기 새끼에 대한 책임은 오롯이 뻐꾸기에게 있다.

대제사장들과 유대인들이 절대로 해서는 안 되는 일이 있다.

바로 예수를 죽이는 일이다.

예수를 죽인 이들은 예수가 죽은 것에 대한 책임을 빌라도에게 돌린다.

하지만 예수를 죽일 수 있는 이들은 오직 대제사장들과 유대인들이다.

따라서 예수가 죽게 된 것에 대한 책임은 오롯이 그들에게 있다.

마찬가지로 아담이 절대로, 죽어도 해서는 안 되는 단 하나의 일이 있다

바로 선악을 알게 하는 나무의 실과를 따 먹어서는 안 된다.

아담은 실과를 먹은 것에 대한 책임을 여자에게 돌린다.

하지만 실과를 먹을 수 있는 유일한 사람은 오직 아담뿐이다.

따라서 실과를 먹게 된 것에 대한 책임 또한 오롯이 아담에게 있다.

아담은 자기가 먹은 실과에 대한 책임을 모두 여자에게 떠넘긴다. 그리고 여자는 아담이 먹은 실과에 대한 책임이 자기에게 있다고 생각한다.

하지만 자기가 먹은 실과에 대한 책임을 힘없는 여자에게 떠넘기는 남자만큼 교활하고 사악한 이가 없다. 그리고 아담이 먹은 실과에 대한 책임이 자기에게 있다고 생각하는 여자만큼 허영심 많고 어리석은 이도 없다.

사악한 뻐꾸기에게 필요한 것이 자기 죄를 뒤집어쓸 어리석은 자고새이며 사악한 신하에게 필요한 것이 어리석은 화분이며 예수를 죽인 사악한 이들에게 필요한 것이 어리석은 빌라도이며 사악한 아담에게 필요한 것이 어리석은 여자다. 이대로라면 꽃을 가져온 신하와 새끼를 낳은 뻐꾸기와 예수를 죽인 이들과 실과를 따 먹은 아담은 죽을 수밖에 없기 때문이다.

다급한 뻐꾸기는 자기가 뻐꾸기 새끼를 낳게 된 책임을 자고새에게 떠넘기고 다급한 신하들은 자기가 아름다운 꽃을 갖게 된 책임을 화분에게 떠넘기고 다급한 대제사장들은 예수를 죽인 책임을 빌라도에게 떠넘기고 다급한 아담은 실과를 먹게 된 책임을 여자에게 떠넘긴다. 뻐꾸기는 자기가 새끼를 갖게 된 것이 자고새가 새끼를 주었기 때문이라고 하고 신하들은 자기가 꽃을 갖게 된 것이 화분이 꽃을 주었기 때문이라고 하고 대제사장들은 자기들이 예수를 죽인 것이 빌라도가 시켰기 때문이라고 하고 아담은 자기가 실과를 따 먹은 것이 여자가 자기에게 실과를 주었기 때문이라 한다.

어리석은 자고새는 자기가 뻐꾸기와 동등한 존재라고 생각한다.

그래서 자고새는 자기가 뻐꾸기에게 뻐꾸기 새끼를 낳아 주었다고 생각하고 뻐꾸기 새끼를 낳은 것에 대해 책임을 지려하고 여자는 자기가 아담에게 실과를 먹였다고 생각하고 실과에 대해 책임을 지려 한다.

하지만 그러면 안 되는 거다.

뻐꾸기 새끼에 대한 책임은 자고새가 아니라 전적으로 뻐꾸기에게 있고 실과를 먹은 것에 대한 책임은 여자가 아니라 전적으로 실과를 여자에게 넘긴 아담에게 있다. 왜냐하면 자고새는 뻐꾸기에게 뻐꾸기 새끼를 낳아줄 수 없고 여자는 아담에게 실과를 먹일 수 없기 때문이다.

하나님이 아담에게 묻는다.

"네가 먹었느냐?"

질문은 간단하고 답도 마찬가지다.

아담이 할 수 있는 대답은 '네' 아니면 '아니요' 두 가지뿐이다.

그리고 대답은 분명 '네' 하나밖에 없다. 왜냐하면 분명 먹었기 때문이다.

하지만 그는 그렇게 대답하지 않는다.

"하나님이 내게 주신 여자가 주어서 먹었습니다."

여자를 탓하고 자기에게 여자를 준 하나님을 탓한다.

사악하기 때문이다.

아담은 실과를 먹게 된 이유를 자기가 아닌 다른 사람에게서 찾는다. 작고 만만한 여자 탓으로 돌린다. 그리고 자기에게 여자를 준 하나님 탓으로 돌린다. 하나님이 여자만 주지 않았어도 실과를 먹지 않았을 것이라 한다. 결국 그의 말대로라면 그를 죽게 만드는 것은 다름 아닌 하나님이다.

그에게 여자를 준 것이 다름 아닌 하나님이었기 때문이다.

그러나 하나님은 그를 이길 수 있는 여자를 준 적이 없다.

여자는 단지 그를 도와주는 사람일 뿐이기 때문이다.

그는 여자가 주기에 먹었다고 한다. 하지만 그는 자기가 하고 싶지 않은 일을 여자가 하란다고 해서 하는 사람이 아니다. 특히 하지 말라고 하는 일을 할 때는 더욱 그렇다. 그가 하는 일은 결국 모두 그가 하고 싶어서 하는 일이지 자기는 정말 하기 싫은데 여자가 시켜서 억지로 하는 일이 아니다. 그는 정말 담배를 먹기 싫은데 여자가 먹으라고 주어서 마지못해 먹는 것이 아니라 그가 담배를 좋아해서 여자에게 담배를 사다 달라고 해서 먹는 것이고 그는 정말 제사를 지내기 싫은데 여자가 지내라고 시켜서 마지못해 지내는 것이 아니라 그가 제사를 좋아해서 여자에게 제사상을 차리게 하는 것이며 그는 정말 헌금을 받기 싫은데 여자가 받으라고 주어서 억지로 헌금을 받는 것이 아니라 그가 헌금을 좋아해서 여자에게 헌금을 내게 하는 것이다.

결국 그를 죽게 만드는 것은 그의 말처럼 하나님 때문도 아니고 하나님이 준 여자 때문도 아니고 바로 그 자신이다. 여자와 여자를 준 하나님이 선한 그를 죽음으로 몰고 가는 것이 아니라 그들은 단지 핑계일 뿐이고 그 자신이 그를 죽게도 하고 살게도 하는 것이다.

"**<u>네가 먹었느냐?</u>** **<u>아담이 가로되</u>** 하나님이 주셔서 나와 함께하게 하신 여자 그가 그 나무 실과를 내게 주므로 내가 먹었나이다."(창 3:11, 12)

"**네가 낫고자 하느냐? 병자가 대답하되** 주여, 물이 동할 때에 나를 못에 넣어 줄 사람이 없어 내가 가는 동안에 다른 사람이 먼저 내려가나이다 예수께서 가라사대 일어나 네 자리를 들고 걸어가라 하시니……."(요 5:6～8)

스스로 내린 결정

교회는 사람을 사단에 넘기고 지옥으로 쫓아낸 것이 하나님이라고 한다.

사람들이 원치 않았는데도 그리 한 것이라 한다.

하지만 모든 것은 사람들이 내린 결정이다.

죽어야 할 바라바가 잠시 사는 것도 사람들이 그를 선택했기 때문이고 죽어야 할 아담이 잠시 사는 것도 여자가 그를 선택했기 때문이다.

바라바가 잘한 일이 조금이라도 있어서 그를 살려준 것이 아니라 사람들이 그를 선택했기 때문에 그를 살려준 것이고 예수가 잘못한 일이 조금이라도 있어서 그를 죽인 것이 아니라 사람들이 그를 선택하지 않았기 때문에 그를 죽인 것이며 아담이 예쁜 구석이 조금이라도 있어서 하나님이 그를 살려준 것이 아니라 여자가 그를 선택했기 때문에 잠시 동안 살려준 것이다.

사람들은 자기도 모르는 사이에 심판받을 수 있다고 생각한다.

하지만 사람들이 자기는 본 적도 없는 '의'로 인해 살게 되는 것이 아니라 그들이 '의'를 선택했기 때문에 사는 것이고 자기는 본 적도 없는 '죄'로 인해 죽게 되는 것이 아니라 그들이 '죄'를 선택했기 때문에 죽는 것이다.

교회는 여자가 에덴을 떠나고 싶어 하지 않았지만 하나님의 명령을 어겼기 때문에 하나님에 의해 어쩔 수 없이 에덴에서 쫓겨난 것이라 한다.

그러나 하나님이 여자를 쫓아낸 것이 아니라 여자가 아담을 선택한 것이고 하나님이 사람을 사단에 판 것이 아니라 사람이 사단을 선택한 것이다.

여자가 원치 않았는데도 하나님에 의해 아담과 함께 에덴에서 쫓겨난 것이 아니라 여자가 아담이 더 좋았기 때문에 아담을 따라 지옥으로 간 것이며 집나간 탕자가 자신이 원하지 않았는데도 아버지에 의해 먼 나라에 쫓겨났던 것이 아니라 먼 나라가 더 좋았기 때문에 아버지를 떠나 먼 나라로 간 것이며 사람이 원치 않았는데도 하나님이 사단에게 그들을 팔아넘겼기 때문에 어쩔 수 없이 사단에게 갈 수밖에 없었던 것이 아니라 사단이 더 좋았기 때문에 스스로 사단에게 가고 또 그에게서 떠나지 못하는 것이다.

하나님이 사람을 넓은 문으로 쫓아냈기 때문에 모든 사람이 어쩔 수 없이 넓은 문으로만 가야만 하는 것이 아니라 하나님은 사람에게 두 개의 문을 동시에 주었지만 사람이 항상 넓은 문을 더 사랑하기 때문에 넓은 문만을 선택하는 것이고 하나님이 사람을 지옥으로 쫓아냈기 때문에 모든 사람들이 어쩔 수 없이 지옥으로만 가야만 하는 것이 아니라 사람이 천국과 지옥 중에서 지옥을 더 사랑하기 때문에 항상 지옥만을 선택하는 것이다.

그러고는 항상 억울하다고, 내 잘못이 아니라고, 나는 안 가고 싶었는데 하나님이 쫓아내서 어쩔 수 없이 간 것이라고 아우성을 치는 것이다.

"병자가 대답하되 주여 물이 동할 때에 나를 못에 넣어 줄 사람이 없어 내가 가는 동안에 다른 사람이 먼저 내려가나이다 예수께서 가라사대 일어나 네 자리를 들고 걸어가라 하시니……."(요 5:7, 8)

"모세가 여호와께 고하되 주여, 나는 본래 말에 능치 못한 자라, 주께서 주의 종에게 명하신 후에도 그러하니 나는 입이 뻣뻣하고 혀가 둔한 자니이다. 여호와께서 그에게 이르시되 누가 사람의 입을 지었느뇨. 누가 귀머거리나 눈 밝은 자나 소경이 되게 하였느뇨. 나 여호와가 아니뇨. 이제 가라. 내가 네 입과 함께 있어서 할 말을 가르치리라."(출 4:10, 11)

단 하나의 목적

삶에 대한 부정적인 자세만큼 나쁜 것이 없다. 어차피 태어나기 전에는 아무것도 없었는데 하나만 가질 수 있다 해도 손해 볼 것은 없지 않은가.

삶은 번뇌고 고통이라고 괴로워하지만 그것은 태어나지 않았다면 알 수 없었을 수많은 좋은 것들은 보려 하지 않고 어두운 면만 보기 때문이다.

길거리에 돌아다니는 사람들을 보면 모두가 하나같이 무기력하다.

누가 그렇게 만드는 것이 아니라 스스로가 그렇게 만드는 것이다.

모두들 너무 늦어버렸다고 하고 안 된다고 한다.

하지만 그것이 병이다.

교회는 사람이 불행한 것이 이곳이 지옥이기 때문이라고 한다.

벌 받기 위해 쫓겨나 살고 있는 것이기 때문이라고 한다.

하지만 들의 꽃은 스스로 만들어내는 것이 아무것도 없어도 행복하다.

그 꽃에게 그 삶은 벌일까, 상일까?

그 자리는 천국일까, 지옥일까?

그들에게 삶은 축복이고 그들이 있는 그 자리는 천국이다.

사람만큼 많은 것이 주어진 피조물도 없다.

사람처럼 아름다운 존재도 없다.

천국도 지옥도 다 사람만이 만드는 것이다.

그런데 왜 사람들만이 삶을 벌을 받고 있는 것이라 생각할까?

호화로운 저택에 살고 있는 사람들이 그 안에서 키우는 애완용 강아지나 동물원에 갇혀 사는 원숭이보다도 더 힘들어하고 더 행복해 보이지 않는다.

가진 것이 없어서도 아니고 무슨 치명적인 병이 있어서도 아니다.

그저 욕심이 지나치기 때문이다.

아담이 선악을 알게 하는 나무의 실과를 따 먹은 것은 먹을 것이 부족해서가 아니라 주어진 것에 만족할 수 없었기 때문이며 사람이 불행한 것은 역시 완벽하지 못해서가 아니라 만족하지 못하기 때문이다.

사람들은 언젠가 겨울이 올 것이기 때문에 봄도 허무한 것이라 하고 재가 될 것이기 때문에 불길도 허무한 것이라 하고 끝이 있기에 시작도 허무한 것이라 하고 죽음이 있기에 삶이 허무한 것이라 한다.

하지만 봄은 겨울을 위한 것이 아니며 불길은 재를 위한 것이 아니고 시작은 끝을 위한 것이 아니며 삶은 죽음을 위한 것이 아니다.

언젠가 겨울이 온다 하더라도 봄은 결코 겨울이 아니기에 지금 시작되고 있는 봄은 분명 가치가 있는 것이고 언젠가 재가 된다 하더라도 불길은 결코 재가 아니기에 지금 타오르고 있는 불길은 분명 가치가 있는 것이며 언젠가 끝이 온다 하더라도 시작은 결코 끝이 아니기에 지금의 시작은 분명 가치가 있는 것이고 언젠가 이별이 온다 하더라도 사랑은 결코 이별이 아니기에 지금의 사랑은 분명 가치가 있는 것이고 언젠가 죽음이 온다 하더라도 삶은 결코 죽음이 아니기에 지금의 삶은 분명 가치가 있는 것이다.

이미 다 가봤다는 듯이, 다 알고 있다는 듯이 아직 시작도 하지 않은 어린아이를 그 아이가 가야 할 집이 아니라 절대로 가지 말아야 할 엉뚱한 남의 집으로 데려가려 하지만 끝은 시작과 같은 집이 아니고 지옥도 천국과 같은 집이 아니며 옆집이다.

너무나 값진 삶이 주어졌음에도 불구하고 주어진 삶은 보지 않고 죽음만 보는 것은 어리석은 일이다. 삶의 목적은 행복해지는 것이다.

그러니 행복해지자. 낫지 않았기 때문에 걸을 수 없는 것이 아니라 걷지 않기 때문에 낫지 못하는 것이고 구원을 받지 않았기 때문에 행복할 수 없는 것이 아니라 행복하려 하지 않기 때문에 구원을 받지 못하는 것이다.

구원은 오직 행복해지는데 있다. 구원받기 위해 행복해지는 데 방해되는 그 어떤 것도 따라갈 이유 없다. 행복하지 않다면 결코 구원받은 것이 아니기 때문이다. 교회는 교회에 나오지 않으면 구원을 받을 수 없다고 한다. 하지만 교회에 가야만 받을 수 있는 구원은 없다. 구원을 얻는 특별한 방법과 장소가 따로 있는 것이 아니다. 교회에 나가야만 구원을 얻는 것이 아니고 교회에 나가지 않아서 구원을 얻지 못하는 것이 아니다. 교회에 나가지 않아도 설교를 듣지 않아도 헌금을 내지 않아도 행복하면 이미 구원을 얻은 것이다.

"……**네가 낫고자 하느냐?** 병자가 대답하되 주여, 물이 동할 때에 나를 못에 넣어 줄 사람이 없어 내가 가는 동안에 다른 사람이 먼저 내려가나이다. 예수께서 가라사대 **일어나 네 자리를 들고 걸어가라 하시니**……."(요 5:6~8)

쌍방향 순환 시스템

사람은 완벽한 것만이 좋은 것이라 생각하지만 부족한 것은 죄가 있기 때문에 주어진 벌이 아니라 반드시 필요하기 때문에 주어지는 것이고 죽는 것 또한 죄에 의한 벌이 아니라 반드시 필요하기 때문에 주어지는 것이다. 순환이 멈춘 세상은 죽은 세상이다. 그리고 순환하기 위해서는 부족해야 하고 죽어야 한다. 부족하지 않고 죽지 않으면 순환할 이유가 없기 때문이다.

교회는 죽음이 잘못된 것이라 한다. 한번 태어나면 죽지 않고 끝없이 살 수 있었는데 죄 때문에 어느 순간 없어도 되는 죽음이 끼어든 것이라 한다.

하지만 세상에는 그 둘이 다 필요하다. 그 둘은 따로 존재하는 것이 아니라 삶 속에 함께 존재하기 때문이다. 태어나는 것은 시작이고 죽는 것은 끝이다. 그리고 시작과 끝이 둘이 아니라 하나고 해가 뜨고 지는 것이 둘이 아니라 하나인 것처럼 태어나고 죽는 것도 둘이 아니라 하나로 연결되어 있다.

원래는 시작하기만 하고 끝나선 안 되는데 시작이 죄를 지어 끝나게 된 것이 아니라 시작했으면 끝나는 것이 당연한 것이고, 원래 해가 뜨기만 하고 지지 않아야 하는데 해가 죄를 지어 지게 된 것이 아니라 해가 뜨면 지는 것이 당연하고 자연스러운 일인 것처럼 사람도 원래는 태어나기만 하고 죽지는 않아야 하는데 죄를 지어 강제로 죽게 된 것이 아니라 태어나면 죽는 것이 당연하고 자연스러운 현상인 것이다.

사람은 무조건 죽는다. 죽지 않아야 하는데 죄 때문에 죽는 것이 아니다. 총을 맞았다 하더라도 죄를 안 지었으면 안 죽을 텐데 죄를 지어서 죽는 것이 아니라 죄를 지었든 안 지었든 죽을 만큼 다치거나 아픈데 치료가 되지 않으면 죽는다. 그리고 실과만 먹지 않았으면, 총만 맞지 않았으면 죽지 않고 영원히 살 텐데 하필 총을 맞아서 다른 사람은 안 죽는데 혼자만 죽는 것도 아니다. 총을 맞지 않아도 사람은 결국 언젠가는 다 죽을 것이기 때문이다. 죽지 않고 영원히 살 수 있는 사람이 죽는 것이 아니라 언젠가 죽을 사람이 어떤 이유로는 죽는 것이다.

사람뿐만 아니라 몸이 있고 살아 있고 움직이는 모든 것들은 다 죽는다. 몸이 있다는 것은 닳아질 수 있다는 것이고 다칠 수 있다는 것이고 아플 수 있다는 것이기 때문이다. 심하게 닳아지면 결국 없어질 수 있는 것이고 심하게 다치고 아프게 되면 결국 죽을 수도 있는 것이기 때문이다.

죄 때문에 죽고 안 죽고가 정해지는 것이 아니다. 죄가 있으면 안 죽을 수도 있는데 죽는 것이 아니라 죄가 있으면 죽어서 지옥에 가는 것이고 죄가 없으면 죽지 않는 것이 아니라 죄가 없으면 죽어서 천국에 가는 것이다.

죽는 것은 중간에 달라지는 것이 아니라 태어나는 순간 이미 정해진 것이다. 죽는 건 죄와 상관이 없다. 죄가 죽이는 것은 몸이 아니기 때문이다.

시험시간이 한정되어 있다고 해서 시험이 끝남과 동시에 답안지도 같이 소멸되어 버린다고 말하는 사람은 아무도 없다. 삶도 마찬가지다.

교회는 죽음의 문제를 해결하려 든다. 죽음이 잘못된 일인 것처럼 사람들을 속이고 사람들은 두려움에 교회에 가지만 죽음은 그렇게 해서 해결될 일이 아니다. 왜냐하면 죽음 자체는 해결해야 할 문제가 아니기 때문이다.

해가 뜨고 지는 것을 사람이 어떻게 하지 못하는 것처럼 사람이 고민해야 할 문제는 왜 태어나고 왜 죽는가가 아니다. 그것은 사람이 어떻게 할 수 없는 문제이기 때문이다. 그냥 주어진 삶을 열심히 살아내면 되는 것이다.

사람에게 주어진 시간은 죽기 전까지이지 죽는 것까지가 아니다. 죽음은 삶의 중간이 아니라 끝에 일어나는 일이고 누구도 어쩔 수 없는 일이고 모두에게 똑같이 일어나는 일이기 때문에 사람의 고민거리가 될 수 없다.

교회는 죽은 다음부터가 진짜고 지금의 삶은 아무것도 아니라고 한다.

하지만 죽은 다음과 지금은 결코 둘이 아니다.

죽은 다음은 지금과 완벽하게 하나의 연장선상에 있기 때문이다.

씨앗이 열매를 결정하듯이 사람이 죽은 다음에 어디를 가느냐 하는 것은 죽기 전과는 아무 상관이 없는 것이 아니라 철저히 한 번뿐인 삶을 어떻게 사느냐에 따라 달라진다. 그렇기에 삶을 제대로 살아야만 하는 것이다.

"한 번 죽는 것은 사람에게 정하신 것이요, 그 후에는 심판이 있으리니……."(히 9:27)

교회는 일방적이고 폐쇄적이고 편파적이다. 사는 것만 좋은 것이고 죽는 것은 나쁜 것이라 가르친다. 살고만 싶어 하고 죽고는 싶어 하지 않는다.

하지만 세상은 유지되기 위해서는 서로 순환하지 않으면 안 된다. 왜냐하면 그 둘은 어느 하나만 존재할 수 없는 하나의 짝이기 때문이다.

교회는 아들은 아들, 아버지는 아버지, 사람은 사람, 하나님은 하나님, 아들은 결코 아버지가 될 수 없고 사람은 결코 하나님이 될 수 없다.

교회 안에는 아버지를 찾는 아들만 가득할 뿐 아들을 구원해줄 아버지는 없고 남편을 찾는 아내들만 가득할 뿐, 아내를 구원해줄 남편은 없고 하나님을 찾는 사람들만 가득할 뿐 사람을 구원해줄 하나님은 없다.

교회 안에는 자기 초에 불을 붙여 주기를 바라는 사람들만 가득할 뿐 다른 이의 초에 불을 붙여 주려는 이는 없고, 자기를 구원해 주기를 바라는 사람들만 가득할 뿐 다른 이를 구원해 주려는 이는 없고 사랑받으려는 사람들만 가득할 뿐 정작 다른 이를 사랑해 주려는 이도 없다. 교회에 다니는 사람은 모두 아들만 될 수 있을 뿐 아버지는 될 수 없고 아내만 될 뿐 남편이 될 수 없고 불붙임을 받을 수만 있을 뿐 다른 이의 초에 불을 붙이는 이는 될 수 없고 구원을 받을 수만 있을 뿐 구원하는 이가 될 수 없고 사랑을 받을 수만 있을 뿐 다른 이를 사랑하는 이가 될 수는 없다고 생각한다.

그들은 내가 다른 이의 초에 불을 켜줄 생각은 하지 않고 누군가 그 사람의 초에 불을 켜줄 이가 나타나기만을 마냥 기다리며 내가 다른 이를 사랑하여 구원해줄 생각은 하지 않고 누군가 그 사람을 사랑하여 구원해줄 이가 나타나기만을 마냥 기다리며 내가 그 사람의 남편이 되어 줄 생각은 하지 않고 누군가 그 사람의 남편이 되어줄 다른 이가 나타나기만 기다린다.

교회는 사람을 구원받을 사람은 구원해줄 사람과 아무 상관없이 존재하고 사랑받는 사람은 사랑해줄 사람과 아무 상관없이 존재한다고 믿는다.

그들은 자기들은 모두 들고 있는 초에 불이 켜짐을 받아야 할 사람이고 초에 불을 켤 수 있는 사람이 아니며 자기들은 모두 구원을 받아야 할 사람이고 구원을 할 수 있는 사람이 아니며 자기들은 모두 사랑을 받아야 할 사람이고 사랑을 할 수 있는 사람은 결코 아니라고 생각한다.

하지만 그 두 사람은 하나가 아니라 둘이다.

불을 켜줄 수 있는 이가 따로 있는 것이 아니라 빈 초를 보고 불을 붙여주는 이가 있으면 그가 곧 불을 켜는 이가 되는 것이며 사랑할 수 있는 이가 따로 있는 것이 아니라 어떤 이를 사랑받는 사람으로 만들어주는 이가 있으면 그가 곧 사랑하는 사람이 되는 것이며 어떤 이를 구원받는 사람으로 만들어주는 이가 있으면 그가 곧 구원하는 이가 되는 것이며 어떤 이를 아내로 만들어주는 이가 있으면 그가 곧 남편이 되는 것이다.

그들은 구원받는 사람은 오직 구원받기만 하고 구원하는 이는 결코 될 수 없으며 사랑받는 이는 결코 사랑하는 이가 될 수 없다고 생각한다.

하지만 구원받는 이도 자기를 구원하는 이를 구원하는 이가 되고 사랑받는 이도 자기를 사랑하는 이를 다시 사랑하는 이가 되어야 하는 것이다.

동시에 불이 켜짐을 받는 이에 의해 불을 켜는 이가 만들어지는 것이며 사랑받는 이에 의해 사랑하는 이가 만들어지는 것이며 구원받는 이에 의해 구원하는 이가 만들어지는 것이며 아내에 의해 남편이 만들어지는 것이다.

교회는 남편과 아내는 감히 함께 살 수 없는 존재라고 생각한다. 남편은 귀하고 아내는 천하기 때문에 함께 살아선 안 된다고 생각하기 때문이다.

하지만 따로 사는 남편과 아내는 결코 행복할 수 없다. 남편만 귀하고 아내는 천한 상태가 남편을 행복하게 할 것 같은가? 그렇지 않다.

둘 중에 하나만 존재하거나 행복하기는 불가능하다.

교회는 남편과 아내 사이에, 하나님과 사람 사이에는 그들이 반드시 필요하다고 하지만 그들은 오히려 그 둘 사이에서 방해만 될 뿐이다.

교회는 사랑하는 사람과 받는 사람, 구원하는 사람과 받는 사람, 하나님과 사람의 경계가 확실하다. 한쪽은 결코 다른 쪽이 될 수 없다고 믿는다. 그들에게 세상은 온통 하나님은 없고 사람만 가득하고 사랑할 수 있는 사람은 없고 사랑받을 수 있는 사람만 가득하고 구원할 수 있는 사람은 없고 구원받을 수 있는 사람만 가득하다. 하지만 그 둘은 둘이 아니라 결국 하나다. 서로가 서로를 만들어야 하고 서로가 서로와 이어져 있어야 하기 때문이다. 서쪽으로 지는 해와 동쪽으로 뜨는 해가 따로 있는 것이 아니라 서쪽으로 지는 해가 다시 동쪽으로 뜨는 해가 되는 것처럼 말이다.

남편과 아내, 사람과 하나님은 각자 다른 집에서 따로 살며 한쪽은 주기만 하고 한쪽은 받기만 해야 하는 것이 아니라 한 집에서 함께 살며 서로 사랑을 주기도 하고 받기도 해야 한다. 어느 한쪽은 주기만 하고 다른 한쪽은 받기만 하며 두 사람으로 살아야 하는 것이 아니라 서로 주기도 하고 받기도 하며 서로 사랑하며 한 집에서 함께 한 사람으로 살아야 한다. 어느 한 쪽은 영원히 주인이 되고 어느 한쪽은 영원히 종이 되어 살아야 하는 것이 아니라 서로가 서로의 주인이면서 종이 되어 살아야 하는 것이다. 두 사람은 서로가 서로를 채워주어야 하는 유일한 서로의 '짝'이기 때문이다.

교회는 사람은 오직 구원받기 위해, 사랑받기 위해 태어난 것이라 한다. 그리고 하나님은 오직 구원하고 사랑하기 위해서만 태어난 것이라 한다.

오죽하면 그런 노래가 다 있겠는가.

'당신은 사랑받기 위해 태어난 사람, 지금도 그 사랑 받고 있지요.'

그들은 사랑하는 일에는 관심이 없고 사랑받는 데만 한 맺혔다.

하지만 사랑하는 사람 없이는 사랑받는 사람도 없다.

사랑받는 사람을 만드는 이가 사랑하는 사람과 상관없이 따로 있는 것이 아니라 사랑하는 사람이 사랑받는 사람을 만드는 것이고 아내를 만드는 사람이 남편과 상관없이 따로 있는 것이 아니라 남편이 아내를 만드는 것이다. 남자는 남자에게서만 태어나는 것이 아니라 여자가 남자를 낳고 여자는 여자에게서만 태어나는 것이 아니라 남자가 여자를 낳는 것처럼 서로가 서로를 만드는 것이다. 그리고 서로가 없으면 아무도 만들어지지 못하는 것이다.

교회는 하나님은 사람이 아닌 다른 무엇이라 한다. 한 집에서 함께 사는 아내나 남편은 그저 아내나 남편일 뿐 결코 자기를 구원해

줄 하나님이 될 수 없으며 하나님은 아내나 남편보다 더 특별한 다른 누구라 한다.

하지만 아내와 하나님이 따로 있는 것이 아니라 아내가 곧 남자의 유일한 하나님이며 남편과 하나님이 따로 있는 것이 아니라 남편이 곧 여자의 유일한 하나님이다. 하나님이 아내와 따로 일하는 것이 아니라 하나님이 곧 아내가 되어 남편에게 일하는 것이고 하나님이 남편과 따로 일하는 것이 아니라 하나님이 곧 남편이 되어 아내에게 일하는 것이기 때문이다.

하나님이 돌고 도는 그들과 아무 상관없이 그들은 알지 못하는 다른 곳에 따로 있는 것이 아니라 돌고 도는 그들 속에 하나님이 있는 것이다.

교회의 하나님은 이 세상에는 없고 교회의 구원도 이 세상에는 없다. 그래서 하나님도 죽어야 만날 수 있고 구원도 죽어야 받을 수 있다.

교회는 하나님이 있지만 살아서는 만날 수 없는 분이라 한다.

그리고 구원이 있지만 살아서는 받을 수 없는 것이라 한다.

하지만 살아서 만나지 못하면 죽어서도 만날 수 없다.

죽어서야 만날 수 있는 하나님은 가짜다. 구원도 마찬가지다.

반드시 먹어야 할 열매가 있다면 죽어서가 아니라 살아서 먹어야 하고 반드시 찾아야 할 보물도 살아서 찾아야 하고 반드시 만나야 할 하나님도 살아서 만나야 하고 반드시 받아야 할 구원도 살아서 받아야 한다.

살아서 만나지 못하고 받지 못하면 죽어서도 마찬가지다.

에덴을 떠나고 나서는 실과를 결코 먹을 수 없다. 죽고 나서는 결코 하나님을 만날 수 없다. 따야 할 실과가 있다면 에덴을 떠나서 따야 하는 것이 아니라 에덴을 떠나기 전에 따야 한다. 만나야 할 하나님이 있다면 죽고 나서 만나야 하는 것이 아니라 죽기 전에 만나야 한다. 왜냐하면 에덴 안에서는 딸 수 없지만 에덴 밖에 가야만 딸 수 있는 실과가 따로 있는 것이 아니라 실과는 오직 에덴 안에만 있고 죽은 다음에만 만날 수 있는 하나님이 따로 있는 것이 아니라 하나님은 오직 살아서만 만날 수 있기 때문이다.

살아서는 못 만나는 남편을 죽어서 만나는 것이 아니라 살아서 만난 남편을 죽어서도 만나는 것이고 살아서는 못 만난 하나님을 죽어서 만나는 것이 아니라 살아서 만난 하나님을 죽어서도 만나게 되는 것이다.

교회는 하나님은 있다고 하고 교회에 다니지 않는 사람은 하나님은 없다고 한다. 교회는 하나님이 사람을 만들었다고 하고 교회에 다니지 않는 사람은 사람이 하나님을 만든 것이라 한다. 그리고 그 둘은 각자 상대방은 틀리고 자기만 옳다고 한다. 하지만 그 둘은 모두 틀렸고 모두 옳다. 왜냐하면 하나님은 있지만 사람들이 모르는 하나님이 따로 있는 것은 아니고 하나님도 사람을 만들지만 사람도 하나님을 만들기 때문이다.

그들은 다르다 한다

교회는 예전 사람들은 어리석어서 예수를 알아보지 못하고 죽이지만 자기들은 현명하기 때문에 그런 어리석은 실수를 하지 않을 것이라 생각한다.

그러나 지금도 여전히 예수는 죽임을 당할 수밖에 없을 것이다.

왜냐하면 사람들은 여전히 누가 예수인지를 모르기 때문이다.

사울이, 하나님이 모두 죽이라 한 아말렉의 양 중에서 좋은 양과 나쁜 양을 나누어 한쪽은 살리고 한쪽만 죽인 것처럼 여자는 아담과 뱀을 둘로 나누어 뱀은 나쁘지만 아담은 아무런 잘못이 없고 뱀은 위험하지만 아담은 뱀과 같은 존재가 아니라고 생각한다. 사람 역시 교회 전체가 썩었고 거기에는 아무런 희망도 없다는 사실을 인정하지 않고 모두가 다 잘못된 것이 아니라 내가 다니는 교회는 좋고 남이 다니는 교회는 나쁘다고 생각한다.

그들은 항상 그 때와 지금, 나와 남, 종교와 신앙을 나눈다. 그래서 남이 믿는 것은 그냥 하급 종교고 내가 믿는 것은 상급 신앙이 되는 것이다.

교회는 여자가 아담이 아니라 뱀을 쫓아가서 죽는 것이라 한다.

그러나 여자가 죽는 것은 뱀을 따라갔기 때문이 아니라 아담을 따라갔기 때문이다. 뱀을 따라가서 죽는 것이 아니라 아담을 따라가서 죽는 것이다.

성경은 여자가 뱀을 따라간 역사가 아니라 아담을 따라간 역사다.

죽는 여자는 둘밖에 없다 아담이 뱀인 줄 모르고 아담이라고 생각하며 따라가서 죽는 사람, 아담이 뱀인 줄 알면서도 아담을 따라가서 죽는 사람. 한쪽은 뱀이고 한쪽은 아담이 아니라 둘 다 아담이다.

교회는 세상에는 세 가지 권력이 있다고 한다. 하나님과 아담과 사단(혹은 뱀). 그리고 사람은 하나님과는 살 수 없으니 아담과 살아야 한다고 한다.

하지만 세상에 두 가지 권력밖에 없다. 하나님과 하나님이 아닌 사람. 남편과 남편이 아닌 사람, 하나님과 아담, 그 외에 다른 권력은 없다. 그리고 사람이 살기 위해서는 아담이 아니라 오직 하나님만을 쫓아야 한다. 하나님은 같이 살 수 있는 사람이 아니니 하나님 아닌 사람 중에 아담을 쫓아가면 살고 뱀을 쫓아가면 죽는 것이 아니다. 남편 아닌 사람 중에 좋은 사람을 쫓아가면 살고 나쁜 사람을 쫓아가면 죽는 것이 아니다. 오직 남편만을 쫓아가야 사는 것이고 오직 하나님만을 쫓아가야 사는 것이다.

심판도 마찬가지다.

사람들은 소돔과 고모라는 보통의 도시와는 완전히 다를 것이라 생각한다. 거기에는 교회도 없고 모든 사람들이 음탕하며 음흉하며 잔인하고 사악할 것이라 생각한다. 악마는 머리에 뿔이라도 달렸을 것이라 생각한다.

하지만 그들의 모습은 보통 사람들과 전혀 다르지 않다.

소돔과 고모라의 사람들은 자기들이 그리 이상한 사람이라고 생각하지 않는다. 그들도 가족을 사랑하며 그들도 다니는 교회가 있고 그들도 존경하는 사람이 있으며 그들도 하나님을 믿는다. 그러지 않아서 죽임을 당한 것이 아니다. 그리 선한 사람도 아니지만 그리 악한 사람도 아니라고 생각한다. 하나님을 쫓아가는 건 아니지만 뱀을 쫓아가는 것도 아니라고 생각한다.

하지만 그들이 죽는 것은 그들은 아담이라고 생각하고 좇고 있는 것이 바로 뱀이기 때문이다. 그들이 심판을 받는 건 그들이 보기에도 자기들이 악하기 때문이 아니다. 하나님이 보기에는 타락한 사람들이고 악한 사람들이지만 그들 자신이 보기에는 아무것도 이상할 것이 없는 사람들이기 때문이다.

어리석은 예수가 지극히 선량한 아담의 후손을 보고 독사의 자식이라고 잘못 알고 있는 것이 아니라 아담이 바로 독사이며 그들이 심판을 피하지 못하는 것은 그들이 보기에도 추하고 흉하다고 생각해서 피하는 사단을 쫓아가고 있기 때문이 아니라 그들이 보기에는 너무나 완벽하다고 생각하는 사람, 종교, 그들이 보기에 아무런 잘못된 것이 없을 뿐 아니라 너무나 아름답고 존경스럽기까지 한 아담이라는 사람을 쫓아가고 있기 때문인 것이다.

그들은 소돔은 뱀을 쫓았기 때문에 죽었지만 자기들은 아담을 쫓고 있기 때문에 죽지 않을 것이라 한다. 하지만 그들이 위험한 것은 그곳에 불길이 타고 있기 때문이 아니라 즐거운 파티가 계속되고 있기 때문이다.

"요한이 세례 받으러 나오는 무리에게 이르되 <u>**독사의 자식들아**</u> 누가 너희를 가르쳐 장차 올 진노를 피하라 하더냐."(눅 3:7)

<u>**"너희는 너희 아비 마귀에게서 났으니**</u> 너희 아비의 욕심을 너희도 행하고자 하느니라 저는 처음부터 살인한 자요 진리가 그 속에 없으므로 진리에 서지 못하고 거짓을 말할 때마다 제 것으로 말하나니 이는 저가 거짓말쟁이요, 거짓의 아비가 되었음이니라."(요 8:44)

하나님이 있는 그곳이 바로 천국이다

교회가 생각하는 천국은 완벽한 환경에서 영원히 사는 것이다.

그들은 완벽한 환경에서 살던 아담이 죄를 지어서 사람들이 부족한 환경으로 쫓겨나게 된 것이라 생각한다. 그래서 그들은 주어진 환경에 만족하지 못 하고 세상을 그들이 생각하는 천국과 비슷하게 만들어간다.

하지만 천국은 완벽한 환경이 아니다. 완벽한 환경은 사람의 도움을 전혀 필요로 하지 않을뿐더러 사람에게 아무런 자극도 주지 못하기 때문이다.

그들이 세상을 자기들이 편리한 쪽으로 바꿀수록 세상은 오히려 지옥에 더 가까워져 간다. 그들이 하나를 바꾸면 두 개가 틀어지기 때문이다.

예전에는 겨울이 끝나야 봄이 오고 여름이 끝나야만 가을이 올 수 있었지만 지금은 항상 봄이고 항상 여름이고 항상 가을이고 항상 겨울이다.

원하기만 하면 봄과 가을과 여름과 겨울을 동시에 볼 수도 있다.

예전에는 봄에만 꽃을 볼 수 있었지만 지금은 겨울에도 볼 수 있고 예전에는 가을에만 열매를 볼 수 있었지만 지금은 여름에도 볼 수 있다.

하지만 이제 더 이상 봄은 봄이 아니고 가을도 가을이 아니다.

하나님이 만든 것 외에 사람이 이 세상에서 더 만들어낼 수 있는 것이란 세상에 없다. 사람이 살 수 없는 환경을 하나님이 억지로 만든 것도 아니다. 사람이 한쪽에서 억지로 봄을 만들면 다른 쪽에서는 더 많은 봄이 더 빨리 사라지고 한쪽에서 어렵게 새로 땅을 만들면 다른 쪽에서는 더 많은 땅이 더 빨리 사라진다.

그래서 종래에는 세상이 온통 겨울이 되고 사막이 되고 마는 것이다.

사막(도시)은 아무것도 하지 않은 결과가 아니라 최선을 다한 결과다.

사막(도시)은 모두가 살아 있는 것처럼 보이지만 모두가 죽은 것이고 사방이 다 길처럼 보이지만 정작 어디도 길이 아니고 천지가 눈부신 빛으로 휩싸여 있지만 가치 있는 것은 아무것도 없으며 온통 어두움뿐이다.

하나님은 봄과 겨울을 따로 두었지만 사람들은 그것을 섞어버린다.

하나님은 낮과 밤을 따로 만들었지만 그것 또한 섞어버린다.

불편함을 싫어하고 만족할 줄을 모르기 때문이다.

그리하여 하나님이 어둡게 만든 밤을 그들은 낮이 좋기 때문에 빛을 만들어 눈이 부시도록 환하게 밝혀서 대낮을 만들고 하나님이 춥게 만든 겨울도 그들은 봄이 좋기 때문에 태양을 만들어 아름다운 꽃이 만발한 따뜻한 봄을 만들어 버린다. 그리고 그것이 천국이라 믿는다.

도시는 온통 교회의 십자가로 뒤덮여 있다.

그들은 눈부신 빛을 내며 어둠으로 인해 사람들이 하나님을 보지 못하게 된 것이라 생각하지만 정작 밤하늘의 별을 보지 못하게 만드는 것은 어둠이 아니라 불빛이고 하나님을 보지 못하게 만드는 것이다.

어둠은 오히려 하나님을 더욱 분명하게 보여줄 뿐이다.

밤의 도시를 뒤덮은 교회의 불빛이 밤하늘의 별을 보지 못하게 사람들의 시야를 가리는 것처럼 사람들이 제 욕심에 만들어내서 섬기는 종교가 오히려 가장 소중한 하나님을 보지 못하도록 사람들의 시야를 가리는 것이다.

교회는 천국이 아닌 것을 억지로 고쳐서 천국처럼 만들려 한다.

하지만 사람이 만든 것 중에 자연에 역행하지 않는 것이 없고 사람이 만든 종교 중에 하나님에 역행하지 않는 것이 없다. 자연은 사람에 의해 만들어지는 것이 아니라 그 스스로 존재하는 것이며 하나님 역시 마찬가지다.

교회가 예수를 믿는 건 오직 천국에 가기 위해서다.

그들은 오직 천국에 가기만 하면 행복할 것이라 생각한다.

그러나 아무리 아름다운 숲이라도 호랑이 두 마리만 풀어놓으면 지옥이 되듯이 아무리 아름다운 곳이라도 교회가 들어서는 순간 지옥이 되고 만다.

아담은 스스로 완벽한 사람이 되어 천국에서 살고 싶어 했다.

하지만 하나님은 그런 아담을 천국에서 쫓아내고 자기만 남았다.

천국은 욕심이 많은 사람은 살 수 없는 곳이기 때문이다.

교회는 완벽한 조건과 환경을 갖춘 곳을 천국이라 한다. 하지만 천국은 완벽한 조건과 환경이 있는 곳이 아니라 하나님이 있는 곳이다. 그리고 하나님을 '사랑'이라고 치면 다른 것이 아니라 '사랑'이 있는 곳이 곧 천국이다. 그래서 하나님과 천국은 부족한 사람, 부족한 환경 속에 존재하는 것이다. 왜냐하면 완벽한 환경과 완벽한 사람이 아니라 부족한 환경과 부족한 사람이 더 간절히 '사랑'을 필요로 하고 하나님을 필요로 하기 때문이다.

교회는 천국의 주인은 사람과 아무 상관없이 따로 존재한다고 한다. 그래서 사람이 아무리 착하게 살아도 천국의 주인에게 잘 보이지 않으면 절대 천국에 갈 수 없고 그에게 잘 보여야 천국에 들여보내주는 것이라 한다.

하지만 천국과 사람은 따로 있는 것이 아니다.

사람들이 누군가에게 잘 보이면 그가 자기에게 잘 보이는 사람을 천국에 보내주는 것이 아니라 착하게 사는 사람들이 사는 곳이 곧 천국이다. 착하게 살면 누군가가 천국에 갈 수 없는 그 사람을 천국에 보내주는 것이 아니라 착한 사람이 사는 그곳이 곧 천국이 되는 것이고 하나님이 착하게 살면 누군가가 천국에 갈 수 없는 하나님을 천국에 보내주는 것이 아니라 착한 사람이 곧 하나님이고 그가 사는 그곳이 바로 천국이 되는 것이다. 내가 사랑하는 사람, 나를 사랑해주는 사람이 사는 그곳이 곧 천국이다. 곧, 천국이 따로 있는 것이 아니라 어떤 곳이든 나를 하나님처럼 섬기는 사람이 있고 내가 하나님처럼 섬길 수 있는 사람이 있으면 그곳이 바로 천국인 것이다.

가끔 목사나 교주인 남자가 신도인 여자를 성폭행하는 일이 일어난다.

그럴 때 남자는 자기는 절대 폭행을 한 것이 아니라 하고 여자 역시 그것이 잘못된 일이라는 생각을 하지 못할 때가 있다.

그것이 하나님의 뜻이라고 믿기 때문이다.

하지만 다시 생각해봐라.

만일 남자가 하나님이라면 아내도 아닌 다른 여자에게 그런 짓을 할까?

그리고 만일 여자가 하나님이라면 천국에 가기 위해 그런 짓을 할까?

그렇게 하지 않으면 과연 천국에 못 가는 걸까?

여자는 그렇게라도 천국에 가고 싶은 마음에 잘못된 요구를 받아들인다.

하지만 세상에 편법으로 천국에 갈 수 있는 방법은 없다.

잘못된 것은 어떠한 경우에도 잘못된 것이기 때문이다.

"여호와 하나님이 가라사대 보라 이 사람이 선악을 아는 일에 우리 중 하나같이 되었으니 그가 그 손을 들어 생명나무 실과도 따 먹고 영생할까 하노라 하시고 여호와 하나님이 에덴동산에서 그 사람을 내어 보내어 그의 근본된 토지를 갈게 하시니라."(창 3:22, 23)

아담은 다르다

땅에는 본래 풀도 나무도 아무것도 존재치 않았다.

아담이 있기 전까지는 말이다.

하나님이 지금의 사람들을 만든 것은 모든 것을 만들고 난 후인 6일째다.

그러나 아담은 다르다.

아담이 만들어진 것은 6일째가 아니라 그보다 훨씬 먼저인 3일째다.

아직 땅에 초목도 만들어지기 전, 안개만 땅에서 올라올 때.

6일째 만들어진 사람은 할 일이 아무것도 없다.

이미 모든 것이 다 만들어진 후이기 때문이다.

하지만 아담은 다르다. 그에게는 할 일이 많았다. 그는 땅(사람)을 경작할 사람(지도자)으로서 만들어졌기 때문이다.

"여호와 하나님이 땅에 비를 내리지 아니하셨고 경작할 사람도 없었으므로 들에는 **초목이 아직 없었고 밭에는 채소가 나지 아니하였으며** 안개만 땅에서 올라와 온 지면을 적셨더라."(창 2:5, 6)

교회는 아담이 능력이 부족해서 에덴을 지키지 못한 것이라 생각한다.

혼자서 그 일을 다 하기에는 너무 벅차서 말이다.

그러나 그는 결코 혼자가 아니다.

다스리며 지키는 자이기 때문이다.

그건 곧 그에게 수많은 신하와 군사가 있었다는 뜻이기도 하다.

"여호와 하나님이 그 사람을 이끌어 에덴동산에 두사 그것을 다스리며 지키게 하시고……."(창 2:15)

교회는 아담이 노력했지만 늦은 것이라 한다. 게으르고 소심하고 나약하고 무능한 남자라 한다. 그래서 뱀을 막지 못했고 여자를 거절하지 못한 것이라 한다. 그래서 죽게 되고 에덴에서 쫓겨난 것이라 한다.

그러나 그는 빠르며 교활하고 능력이 많은 남자다.

하나님은 단지 말만을 하는 분이 아니다.

그의 말은 곧 능력이 되기 때문이다.

하나님이 말씀하시매 그대로 되니라, 성경에 분명히 나와 있다.

아담만이 예외가 될 수는 없다.

교회는 아담을 깎아 내리는 것이 하나님을 높이는 것이라 생각한다.

그러나 아담을 깎아내리는 것은 곧 하나님을 깎아내리는 것이기도 하다.

아담의 능력은 아담이 아니라 하나님에게서 시작된 것이기 때문이다.

그들은 존경받는다

그들은 착하며 똑똑하며 부자이고 모두에게서 존경받는 사람들이다.

주말에는 빠짐없이 교회에도 나가고 자선 모임에도 빠지지 않는다.

사회단체에 기부도 한다.

그래서 교회는 그들을 좋아한다.

교회는 예수가 바리새인들을 싫어한 이유가 그들이 하나님을 싫어하고 돈만을 좋아했기 때문이라고 생각한다.

그들은 예수가 단지 부자면서 교회도 나가지 않고 나쁜 짓만 일삼는 바리새인들을 싫어한 것이라 생각한다.

그들이 성실한 교인이었으면 아무런 문제가 없었을 텐데 말이다.

그러나 예수가 싫어한 사람은 바로 모두의 칭찬과 격려와 존경을 한 몸에 받고 있는 겉으로 보면 모범적이기까지 한 바로 그 사람들이다.

그래서 내가 잘못한 것이 무엇이냐고 따지기까지 하는 것이다.

그들은 결코 돈만을 좋아한다고 말하지 않는다.

그것이 나쁜 일이라는 것을 알기 때문이다.

그들은 돈을 좋아하긴 하지만 그래도 하나님을 더 좋아한다고 믿는다.

그러나 그 둘은 결코 둘 다를 조금이라도 같이 좋아할 수는 없다.

왜냐하면 자기가 사랑하는 사람을 적과 조금이라도 나눠 갖기를 원하는 이는 세상에 아무도 없을 것이기 때문이다.

"바리새인들은 돈을 좋아하는 자라, 이 모든 것을 듣고 비웃거늘 예수께서 이르시되, "너희는 사람 앞에서 스스로 옳다 하는 자이나 너희 마음을 하나님께서 아시나니 사람 중에 높임을 받는 그것은 하나님 앞에 미움을 받는 것이니라."(눅 16:14～15)

"한 사람이 두 주인을 섬기지 못할 것이니 혹 이를 미워하며 저를 사랑하거나 혹 이를 중히 여기며 저를 경히 여김이라 너희가 하나님과 재물을 겸하여 섬기지 못하느니라."(마 6:24)

다 이유가 있다 1

시속 120km로 벽을 향해 자동차를 몰던 사람이 벽을 들이받고 죽었다.

그런데 사람은 자기가 잘못한 것은 생각지 않고 이상하게도 벽을 탓한다.

사람에게는 아무런 잘못한 것이 없다고 생각한다.

사람들은 모든 이유를 사람이 아닌 것으로 돌린다.

하지만 잘못한 것은 움직이지 못하는 벽이 아니라 사람이다.

다른 것이 아니라 바로 자기 자신이 자신을 죽인 것이다.

사람이 과속을 해서 가만히 있는 자연을 들이받고 그 자리에서 죽었다.

그러면 사람들은 자기 자신이 아닌 자연을 원망한다.

사람들은 쓰레기와 유독물질로 인해 자연이 죽어가고 있다고 말한다.

사람들이 죽고 사람들이 지옥으로 쫓겨나는 이유가 사단 때문이라고 하고 악마 때문이라고 하고 하나님 때문이라고 한다.

하지만 그 모든 이유를 다른 것에서 찾을 일이 아니다.

사람들이 죽는 것은 다른 이유 때문이 아니라 오직 그들 자신 때문이다.

스스로 움직일 수 없는 자연과 하나님에게 자기를 죽이는 무기를 쥐어주고 방아쇠를 당기고 있는 것이 다름 아닌 바로 그들 자신이기 때문이다.

교회는 모든 땅(사람)이 하나님으로 인해 저주를 받았다고 한다.

그래서 땅에는 아무 희망도 없는 것이라 한다.

그러나 땅이 저주를 받는 것은 그 땅의 주인이 아담이기 때문이다.

땅이 이유 없이 저주를 받은 것이 아니라 주인인 아담이 악하므로 그가 일구는 땅이 그 주인으로 인해 하나님의 저주를 받는 것이다.

"아담에게 이르시되 네가 네 아내의 말을 듣고 내가 너더러 먹지 말라 한 나무 실과를 먹었은즉 땅은 너로 인하여 저주를 받고 너는 종신토록 수고하여야 그 소산을 먹으리라."(창 3:17)

에덴

에덴이란, 예전에는 어디엔가 있다가 하나님에 의해 사라져버린 어느 땅덩어리가 아니라 예전에는 그곳에 천국이 있다고 믿으며 세상 무엇보다 귀하게 여기며 살았는데 눈이 보이기 시작하면서, 몸을 더 중요하게 생각하기 시작하면서 무시하고 멸시하게 된 세상의 중심, 마음 같은 곳이다.

사람처럼 말하고 사람을 모해하는 뱀이 실제로 존재할 수 없듯이 에덴은 실제로 존재하는 공간이 아니라 에덴 안에 있는 모든 것은 눈에 보이지 않는 것을 눈으로 볼 수 있게 만들어놓은 일종의 가상공간이라 할 수 있다.

생명나무도, 선악을 알게 하는 나무의 실과도 다 예전에는 세상 어딘가에 있었지만 이미 오래전에 멸종되어 버린 나무가 아니라 지금도 눈에는 보이지 않지만 아직 살아 있는 사람들 마음 안에 살아 존재하고 있는 나무고 에덴도 아담과 여자가 쫓겨나기 전까지는 존재했지만 이미 오래전에 갈 수 없게 되어 버린 곳이 아니라 보이지는 않지만 아직 하나님을 아는 사람들의 마음속에 살아 존재하고 있는 곳이다. 다만 눈에 보이지 않을 뿐이다.

교회는 지금은 사람들이 모두 에덴에서 쫓겨난 다음이라 다른 곳에는 하나님이 없고 오직 교회를 통해서만 하나님을 알 수 있는 것이라 한다.

그러나 하늘이 교회 안에만 있는 것이 아니듯 하나님도 교회 안에만 존재하는 것이 아니다. 오히려 교회 안에서는 하나님이 보이지 않는다.

강이 에덴에서 끝나는 것이 아니라 에덴에서 발원하여 동산을 적시고 여럿으로 나뉘어 온 땅을 감싸고 흐르듯 하나님도 어느 한 곳에 가야만 만날 수 있는 것이 아니라 온 세상을 휘감고 세상 어디에나 존재하는 것이다.

교회는 에덴과 세상이, 천국과 지상이 별개라 생각한다.

그들은 아담을 만들 때에 들에 초목도 없고 밭에 채소도 나지 않은 것이 그 곳이 이 세상이 아니라 에덴이었기 때문이라 한다. 그들은 그들이 지금 살고 있는 곳은 천국이 아니며 절대 천국이 될 수 없는 곳이라 생각한다.

그러나 천국과 세상은 결코 둘이 아니다.

하늘 안에 땅이 있고 땅 안에 다시 하늘이 있는 것처럼 에덴과 세상이 따로 있는 것이 아니라 세상 안에 에덴이 있는 것이며 천국과 세상이 따로 있는 것이 아니라 세상 안에 천국이 있는 것이며 세상과 에덴이 따로 만들어진 것이 아니라 세상이 만들어지는 과정에서 에덴도 함께 만들어진 것이며 세상과 천국이 따로 만들어진 것이 아니라 세상이 만들어지는 과정에서 천국도 함께 만들어지는 것이다. 그리고 하늘이 땅을 먹이고 땅이 다시 하늘을 먹이는 것처럼 서로가 서로를 통해 호흡하며 함께 사는 것이다.

"강이 에덴에서 발원하여 동산을 적시고 거기서부터 갈라져 네 근원이 되었으니 첫째의 이름은 비손이라 금이 있는 하윌라 온 땅에 둘렸으며…… 내째 강은 유브라데더라."(창 2:10～14)

돕는 배필

뻐꾸기가 뻐꾸기 소리를 내려고 일부러 노력하지 않아도 날 때부터 뻐꾸기의 소리를 낼 수밖에 없고 어머니가 어머니의 소리를 내려고 일부러 노력하지 않아도 어머니가 되는 순간 어머니의 소리를 낼 수밖에 없다.

교회는 아담이 여자의 말을 듣고 실과를 따 먹은 것이라 한다. 성경에 아담이 아내의 말을 듣고 실과를 먹었다고 나와 있기 때문이다.

하지만 아담에게 실과를 따 먹도록 부추긴 아내는 여자가 아니라 뱀이다.

교회의 말을 듣다 보면 여자와 뱀의 이미지가 겹친다. 성경에서는 뱀이 아담을 유혹해 실과를 따 먹게 했다고 되어 있는데 교회에서는 뱀이 아니라 여자가 아담을 유혹해 실과를 따 먹도록 했다고 가르치기 때문이다.

하지만 여자는 결코 뱀이 아니다.

"그 아내 이세벨이 저에게 이르되 왕이 이제 이스라엘 나라를 다스리시나이까. 일어나 식사를 하시고 마음을 즐겁게 하소서. 내가 이스르엘 사람 나봇의 포도원을 왕께 드리리이다 하고……."(왕상 21:7)

교회는 여자가 '돕는 배필'로 합당하지 않다고 한다.

교회는 여자가 아담에게서 멀어져서 뱀에 유혹에 넘어간 것이라 한다.

그러나 여자는 그에게서 한 번도 멀어진 적이 없다.

여자는 하나님이 아담과 언제나 '함께하게 하신' 여자이기 때문이다.

그 스스로가 노력해서 함께해야 하는 것이 아니라 노력하지 않아도 그림자처럼 아담이 가는 곳에 저절로 함께하게 될 수밖에 없는 것이다.

교회는 그것은 불가능한 일이라 한다.

다만 최선을 다해 그 말을 지키기 위해 애쓰기만 하면 된다고 한다.

그러나 하나님이라면 가능하다.

교회는 여자가 좋은 '돕는 배필'이 되지 못한다고 구박하고 여자가 자기 몰래 뱀을 만났다고 헐뜯는다.

사람들은 그가 자기에게 잘못한 여자를 욕하고 있는 것이라 생각한다.

그러나 그가 욕하고 있는 것은 여자가 아니라 하나님이다.

왜냐하면 일하고 있는 것은 여자가 아니라 하나님이기 때문이다.

달이 스스로 빛나는 것이 아니라 태양의 빛이 달에 반사되어 달을 빛나게 만드는 것이듯 여자가 죽도록 노력해서 아담의 좋은 돕는 배필이 되려고 애써야 하는 것이 아니라 하나님이 그녀를 아담과 함께하게 돕는 배필로 만든 것이라면 여자가 죽도록 노력해서 아담과 함께하지 않으면 안 되는 것이 아니라 그녀가 노력하지 않아도 그녀는 아담과 함께할 수밖에 없는 것이다.

"아담이 가로되 **하나님이 주셔서 나와 함께하게 하신** 여자 그가 그 나무 실과를 내게 주므로 내가 먹었나이다."(창 3:12)

다 이유가 있다 2

사람들이 성경에 나온 에덴 이야기를 믿지 못하는 이유는 에덴에 있는 것들이 현재 세상에서는 결코 있을 수 없는 것들이기 때문이고 에덴에서 일어났던 일들도 현실에서는 절대로 일어날 수 없는 일들이기 때문이다.

교회는 아담과 뱀과 여자가 에덴에서는 지금과는 완전 다른 모습이었다고 한다. 그런데 죄로 인해 에덴에서 쫓겨난 후로 그에 대한 벌로 할 수 없는 일도 많아지고 아담과 여자와 뱀이 그들의 의지와 상관없이 불편하기 짝이 없는 지금과 같은 모습의 아담과 여자와 뱀이 되었다고 한다.

하지만 에덴과 세상은 둘이 아니다. 세상이 아무리 돌고 돌아도 변하지 않는 한 가지가 있다면 아무리 노력해도 타고난 역할은 결코 바뀔 수 없다는 것이다. 괜히 아담만이 실과를 먹을 수 있는 것이 아니고 괜히 뱀이 아담에게서만 나오는 게 아니고 괜히 여자가 오직 아담이 있어야만 실과를 먹을 수 있는 게 아니다. 에덴에서는 안 그랬는데 지금 그렇게 된 것이 아니라 에덴에서 그러했기 때문에 지금도 그러할 수밖에 없는 것이다.

에덴에서는 뱀이 아담 아닌 다른 이에게서 와서 아담 아닌 다른 이를 위해서 일했지만 지금은 오직 아담에게서만 나와서 아담을 위해서만 일하고 있는 것이 아니라 에덴에서 아담에게서 나와서 아담을 위해서 일했기 때문에 지금도 그러한 것이고 에덴에서는 아담과 여자가 마음만 먹으면 누구나 아버지가 될 수 있었지만 현실에서는 여자가 더 큰 죄를 지었기 때문에 오직 아담만이 아버지가 될 수 있고 여자는 아버지가 될 수 없게 된 것이 아니라 에덴에서 오직 아담만이 아버지가 될 수 있었기 때문에 현실에서도 여자는 아버지가 되지 못하고 오직 아담만이 아버지가 될 수 있는 것이다.

모두가 아무 상관없는 벌을 받고 있는 것이 아니다. 다 자기가 뿌린 씨앗의 열매를 받는 것이다. 에덴에서는 아무런 제약 없이 자기가 가고 싶은 곳이면 어디든 갈 수 있던 뱀이 쫓겨난 후부터 한순간에 아담 안에서만 살 수 있고 오직 아담 위에서만 기어 다닐 수 있게 된 것이 아니라 에덴에서 그가 아담 안에서 하던 일이 그가 영원히 해야 할 일이 되었고 에덴에서는 혼자 힘으로도 수월하게 실과를 따 먹을 수 있었던 여자가 쫓겨난 후부터 갑자기 남편이 있어야만 남편의 아이만을 제한적으로 낳을 수 있게 된 것이 아니라 에덴에서 그가 아담에게 해준 일이 그가 지금 하는 일이 되었고 에덴에서는 아무 한 일도 없이 여자가 준 실과를 받아먹기만 하던 아담이 갑자기 스스로 뿌리고 기르지 않으면 아무것도 먹지 못하게 된 것이 아니라 에덴에서 그가 하던 일이 바로 지금 그가 하고 있는 일이 된 것이다.

03

또 다른 성경

필요치 않은 것

이미 어느 하나에 완전히 빠져버리고 나면 현명한 판단을 할 수가 없다.

진실을 안다고 생각하는 사람은 더 이상 진실에 대해 관심이 없고 성경에 대해 안다고 생각하는 사람은 더 이상 성경에 대해 관심이 없다. 이미 진실에 눈 막고 성경에 귀 막아버렸기 때문이다.

뱀에 익숙한 사람들은 뱀이 예수라고 생각하기 때문에 그 뱀의 아름다움에 매료되어, 소돔에 익숙한 사람들은 소돔이 예수라고 생각하기 때문에 그 소돔의 아름다움에 매료되어, 베데스다에 익숙한 사람들은 베데스다가 예수라고 생각하기 때문에 그 베데스다의 아름다움에 매료되어, 가이사에 익숙한 사람들은 가이사가 예수라고 생각하기 때문에 그 가이사의 아름다움에 매료되어 진짜 예수가 와도 알아보지 못하고 오히려 죽이려고만 하는 것이다.

그들이 좇아가는 것은 추하고 흉한 것이 아니라 좋고 아름다운 것이다.

나쁜 것이 아니라 오히려 좋은 것이 더 좋은 것의 적이 된다.

교회는 성경을 그들만의 것인 양 사람들에게 가르치고 해석해 준다.

그리고 사람들은 성경의 말을 듣는 것이 아니라 그들의 말만을 듣는다.

그러나 그들 역시 성경을 제대로 이해하고 있는 것이 아니다.

"제자 중 여럿이 듣고 말하되 이 말씀은 어렵도다. 누가 들을 수 있느냐 한 대……."(요 6:60)

"이러므로 제자 중에 많이 물러가고 다시 그와 함께 다니지 아니하더라. 예수께서 12제자에게 이르시되 너희도 가려느냐? 시몬 베드로가 대답하되 주여 영생의 말씀이 계시매 우리가 뉘께로 가오리까?"(요 6:66~68)

그들이 예수가 하는 말을 제대로 이해하지 못하는 것은 그들에게 이미 예수처럼 보이는 다른 종교에 눈이 멀어버렸기 때문이다.

"빛이 어둠에 비취되 어둠이 깨닫지 못하더라(요 1:5)."

사람들은 성경을 아는 데 많은 시간과 돈을 투자한다.

또 성경만으로는 무언가 앞뒤가 안 맞는 부분이 있다고 생각하기 때문에 성경이 다 적지 못한 뒷이야기를 찾아내고 지어내고 만족해한다.

하지만 성경은 성경만으로 충분하다.

오히려 비경이니 외경이니 해설집이니 하며 성경 외의 다른 것을 더한다는 것 자체가 성경에 대한 모독이며 하나님에 대한 범죄가 되는 것이다.

그러한 시도를 한다는 거 자체가 성경에 대해 불신하고 있다는 명백한 증거라고 분명히 성경에는 나와 있다.

성경을 아는 데 있어서 필요한 건 사람이나 지식이나 책이 아니라 성령이라고 하는 사람 마음 안에 있는 작은 하나님이다.

교회는 자신들을 통해서가 아니면 성경을 알기가 어렵다고 한다.

하지만 모든 성경은 이미 마음 안에 있다.

성경은 원본이 아니라 필사본이다.

그리고 원본은 모든 사람의 마음 안에 숨겨져 있는 것이다.

그래서 성경은 눈을 통해 글로 아는 것이 아니라 마음으로 아는 것이다.

"보혜사, 곧 아버지께서 내 이름으로 보내실 성령 그가 너희에게 모든 것을 가르치시고 내가 너희에게 말한 모든 것을 생각나게 하시리라."(요 14:26)

또 다른 성경

다윗 왕이 노쇠하였을 때, 아도니야는 자기가 자기 힘으로 왕이 되려 했다. 모든 일이 아도니야의 뜻대로 되어 가는 듯싶었지만 결국 다윗은 하나님의 뜻대로 솔로몬을 왕으로 세웠고 아도니야는 솔로몬 왕을 두려워하여 제단뿔을 잡고 죄의 용서를 구하게 되는데, 그때 솔로몬은 아도니야에게 만일 선한 사람이 된다면 죽이지 않겠다는 언약을 했다.

하지만 얼마 후 아도니야가 수넴 여자 아비삭을 탐내자 솔로몬은 아도니야를 칼로 쳐 죽이게 했다.

아비삭은 다윗마저 귀하게 여겨 건드리지 않았던 여자였기 때문이다.

솔로몬이 그를 쳐 죽였다는 이야기를 듣고 아도니야와 같이 음모를 꾸몄던 요압도 성전으로 달려가 제단뿔을 잡은 채 두려움에 떨고 있었다.

그리고 솔로몬의 군대 장관 브나야가 그의 앞에 왔을 때 요압은 제단뿔을 잡고 자기가 거기서 죽겠다고 하여 결국 제단뿔을 잡은 채로 칼에 맞아 죽었다는 이야기가 있다.

그런데 아도니야나 요압은 하필 다른 곳이 아닌 제단뿔을 잡았을까?

레위기 4장을 보면, 제사장이 범죄를 저질렀을 때나 이스라엘 온 회중이 죄를 지었을 때에는 향단 뿔에, 족장이 죄를 범했을 때나 평민이 죄를 범했을 때에는 번제단 뿔에 짐승의 피를 손가락으로 찍어서 바르라고 기록되어 있다.

왜냐하면 거기에 죄의 기록이 있었기 때문이다.

"유다의 죄는 금강석 끝 철필로 기록되되, 그들의 마음판과 그들의 단 뿔에 새겨졌거늘……."(렘 17:1)

그래서 아도니아나 요압도 이 단뿔에 피를 묻힐 수만 있다면 비록 죽는다 하더라도 죄가 없어지는 거라고 믿었던 것이다.

하지만 그들은 구원을 받지 못했다. 왜냐하면 단뿔의 피를 묻히는 것보다 더 중요한 것은 먼저 마음에 깨달음이 있어야 하기 때문이다.

"만일 이스라엘 온 회중이 여호와의 금령 중 하나라도 그릇 범하여 허물이 있으나 스스로 깨닫지 못하다가 **그 범한 죄를 깨달으면** 회중은 수송아지를 속죄죄로 드릴찌니……."(레 4:13, 14)

무조건 단뿔에 피만 묻히면 되는 것이 아니라 먼저 자기의 죄를 깨닫고 진심으로 그 죄를 사함받기를 원하는 마음을 가지고 있어야만 하는 것이다.

"유다의 죄는 금강석 끝 철필로 기록되되 그들의 마음판과 그들의 단뿔에 새겨졌거늘……."

죄의 기록은 두 곳에 있다고 되어 있다.

단뿔과 마음판.

단뿔에 기록된 죄는 하나님이 지운다.

하지만 사람의 마음판에 있는 죄를 제할 수 있는 건 자기 자신뿐이다.

성경도 마찬가지다.

성경도 둘이다.

하나는 우리가 흔히 알고 있는 그 성경이고 다른 하나는 각자 마음속에 지니고 있는 성경이다.

하지만 문서로 된 성경과 마음속에 있는 성경은 둘이 아니다.

둘은 완벽하게 일치한다.

그래서 문서로 된 성경을 읽어 본 적이 없는 사람도 성경에 어떤 내용이 쓰여 있을 거라고 짐작하는 일이 가능한 것이다.

자기도 그 복사본을 하나 가지고 있는 셈이니까.

성경은 절대로 사람들에게 생소한 내용이 아니다.

다만 마음속에 있는 성경을 우리가 오랫동안 꺼내 보지 않았기 때문에 먼지에 쌓여 그 내용을 이해하기가 좀 어렵게 느껴질 뿐이다.

"보혜사, 곧 아버지께서 내 이름으로 보내실 성령 그가 너희에게 모든 것을 가르치시고 내가 너희에게 말한 모든 것을 생각나게 하시리라."(요 14:26)

"내가 전한 복음이 사람의 뜻을 따라 된 것이 아니라. 이는 내가 사람에게서 받은 것도 아니요, 배운 것도 아니요, 오직 예수 그리스도의 계시로 말미암은 것이라."(갈 1:11, 12)

마리아는 가짜다 1

교회는 마리아가 처녀라고 한다. 그런 그녀가 아들을 낳았다고 한다.

과연 그럴까.

"……보라 처녀가 잉태하여 아들을 낳으리니, 그 이름을 임마누엘이라 하리라."(이사야 7:14)

물론 성경에서 말하는 처녀란 분명 단순한 의미의 젊은 여자만은 아니다.

그러나 그것이 곧 남자와 잔 적이 없는 여자도 하나님에 의해서라면 아이를 낳을 수도 있다는 뜻도 아니다. 원숭이가 사람이 될 수 없는 것처럼 처녀에게서는 결코 아들이 태어날 수 없기 때문이다.

성경에 나온 처녀가 아들이 낳으리라는 말은 교회의 사기성을 단적으로 보여주는 예이다. 또한 하나님의 면전에 이르러 어떤 식으로 둘러대는가를 이만큼이나 정확하게 가르쳐 주는 예이기도 하다.

교회는 하나님으로 인해 처녀가 아들을 낳을 수 있게 되었다고 한다.

그러나 처녀에게서 아들을 만들어내는 건 하나님이 아니라 교회다.

가인이 아벨을 죽이고 하나님 앞에서 자기는 모르는 일이라고 발뺌한 것처럼, 아론이 그 백성들에게서 모은 금으로 송아지를 만들고는 모세 앞에서 불 속에 던져 넣었더니 저절로 금송아지가 되어 나오더라 하고 둘러댄 것처럼 교회가 뻔뻔스럽게도 자기들이 마리아에게 한 짓을 숨기기 위해 순결한 마리아가 자기들과는 상관없이 하나님으로 인해 아들을 낳은 것이라고 사람들을 속이고 있는 것이다.

“가인이 그 아우 아벨에게 고하니라 그 후 그들이 들에 있을 때에 가인이 그 아우 아벨을 쳐 죽이니라. 여호와께서 가인에게 이르시되 네 아우 아벨이 어디 있느냐 그가 가로되 내가 알지 못하나이다 내가 내 아우를 지키는 자니이까 가라사대 네가 무엇을 하였느냐 네 아우의 핏소리가 땅에서부터 내게 호소하느니라. 땅이 그 입을 벌려 네 손에서부터 네 아우의 피를 받았은즉 네가 땅에서 저주를 받으리니…….”(창 4:8~11)

“모세가 아론에게 이르되 이 백성이 네게 어떻게 하였기에 네가 그들로 중죄에 빠지게 하였느뇨. 아론이 가로되 내 주여 노하지 마소서 이 백성의 악함을 당신이 아나이다. 그들이 내게 말하기를 우리를 위하여 우리를 인도할 신을 만들라 이 모세 곧 우리를 애굽 땅에서 인도하여 낸 사람은 어찌 되었는지 알 수 없노라 하기에 내가 그들에게 이르기를 금이 있는 자는 빼어 내라 한즉 그들이 그것을 내게로 가져왔기로 내가 불에 던졌더니 이 송아지가 나왔나이다.”(창 32:21~24)

마리아는 가짜다 2

교회는 착하고 아름다운 마리아를 사랑하고 순결한 마리아를 사랑한다.

그러나 그들이 사랑하는 마리아는 진짜 마리아가 아니라 가짜다.

그들이 사랑하는 마리아는 그들이 바라는 마리아다.

그들에게 그녀는 순종 그 자체고 순결 그 자체다.

모든 여자의 모범이며 성스러움의 상징이다.

그러나 실제의 마리아는 결혼도 하기 전에 아버지가 누군지도 모를 아이를 가진 여자며 아이의 아버지도 아닌 남자와 결혼한 여자며 그가 가진 아이로 인해 교회로부터 구석으로 쫓기고 몰리는 여자다.

감히 신성한 교회에 맞서는 발칙한 여자고 쫓기고 있는 남루한 여자고 비난받고 있는 못된 여자고 돌 맞고 있는 죽어 마땅한 여자다.

당시에 마리아가 교회가 가장 싫어하고 미워하던 여자였던 것이 이제는 달라져 마리아가 교회로부터 인정받고 존경받고 있는 것이 아니라 지금도 마리아는 교회가 숭배하는 여자가 아니라 그들이 도저히 마리아라고 인정할 수 없는 여자들 속에 존재하는 여자다.

여자들은 모두 마리아를 닮고 싶어 한다.

그러나 그들이 알고 있는 마리아는 진짜 마리아가 아니라 교회의 필요에 의해 만들어진 가짜 마리아다.

예수의 능력

예수는 교회로부터 무슨 일이든 다 할 수 있는 사람으로 추앙받고 있다.

그를 믿으면 천국에 가고 믿지 않으면 지옥에 간다.

교회에게 그는 곧 하나님이다.

그러나 한마디로 말하면 그는 무능력자다.

그 능력은 사실은 그의 것이 아니기 때문이다.

그가 할 수 있는 일은 오직 하나님이 하시고자 하는 일뿐이며 그가 구원할 수 있는 사람 역시 하나님이 구원하고자 하는 이들뿐이다.

그는 거기에 손만 빌려주고 있을 뿐이다.

모세가 원해서 이스라엘에서 태어난 것이 아니고 원해서 이집트의 왕자가 된 것이 아니고 원해서 다시 이스라엘의 구원자가 된 것이 아니듯 예수 역시 그가 원해서 혹은 그의 능력으로 된 일은 아무것도 없다.

갈빗대를 아담 안에서 태어나게 하고 핏덩이인 그를 아담에게서 꺼내어 여자에게로 인도하고 그로 하여금 여자의 구원자가 되게 한 건 모두 그가 아니라 오직 하나님이 하신 일이듯 예수도 마찬가지인 것이다.

"내가 아무것도 스스로 할 수 없노라 듣는 대로 심판하노니 나는 나의 원대로 하려하지 않고 나를 보내신 이의 원대로 하려는 고로 내 심판은 의로우니라."(요 5:30)

"이에 예수께서 가라사대 너희는 인자를 든 후에 내가 그인 줄을 알고 또 내가 스스로 아무것도 하지 아니하고 오직 아버지께서 가르치신 대로 이런 것을 말하는 줄도 알리라."(요 8:28)

교회 vs. 요셉

교회는 아름다운 마리아를 사랑하지만 마리아가 가진 예수까지 사랑하지는 않는다. 그녀만의 사상, 신념, 가치관 같은 것 말이다.

그래서 여자들은 대개 결혼을 위해 예수를 버린다.

예수를 버리고 그들이 바라는 여자가 된다.

그릇된 그들이 바라는 그릇된 여자가 돼서 힘들어한다.

그들이 그녀와 결혼하는 것은 그녀를 사랑하기 때문이 아니다.

그들은 여자가 그들 못지않게 중요하고 가치가 있는 사람이라는 걸 모른다. 결국 그녀는 그녀에게 반한 적도, 그녀를 애타게 쫓아다닌 적도, 그녀를 지켜주고 싶다는 생각을 한 적도 없는 남자와 결혼을 한다.

모두가 다 그렇게 하고 있으니 이상할 것도 없다.

여기 또 하나의 남자와 여자가 있다.

그는 여자를 보는 순간 첫눈에 반한다.

그는 마리아와 결혼하고 싶어 한다.

그녀에게 예수가 있다는 사실을 안 순간 그도 잠시 주춤한다.

그러나 결국 그는 마리아와 함께 예수까지도 받아들인다.

둘은 곧 하나라는 걸 알기 때문이다.

그의 집안에서는 모두 그를 욕했고 그는 지금까지 그에게 우호적이었던 모든 사람들과 등을 돌려야만 했지만 후회하지 않았다.

마리아와 예수를 얻었기 때문이다.

예수는 그의 아들이 아니어도 지키고 키울 만한 가치가 있는 아들이다.

교회는 그들 안에만 예수가 있다고 생각한다.

그들의 밖에서 예수가 태어날 수 있을 거라고는 생각지 않는다.

그러나 예수는 결국 남자 없이 여자에게서 태어난다.

남자가 예수를 버렸기 때문이다.

그래서 그는 하나님의 아들, 사람의 아들, 여자의 아들이라고 불리지만 결코 남자의 아들이라고 불리지는 않는다.

교회는 자기가 더 힘이 세기 때문에 여자는 하찮은 사람이라 생각한다.

여자는 무조건 자기를 중심으로 움직여야 할 사람이라고만 생각한다.

그러나 움직여야 할 사람은 여자가 아니라 교회다.

여자는 하나님처럼 언제나 그 자리에 있어야 한다.

교회는 여자는 결코 하나님일리 없다는 생각에 여자를 죽이려고만 한다.

하지만 종에게 있어서 여자의 위치는 항상 모시는 주인과 동등해야 한다.

여자의 남편이 하나님이면 아내인 여자도 하나님이라는 뜻이다.

여자를 무시하고 지배하기만 하려고 하는 교회는 나쁜 교회다.

남자에게서 여자가 태어나기만 하는 것이 아니라 여자에게서 남자가 태어나기도 하는 것이다. 그래서 여자로부터 거듭나지 못한 남자는 더 이상 생명을 이어갈 수 없고 하나님으로부터 거듭나지 못한 교회 또한 사망이다.

아무리 겉으로는 멋진 남자, 좋은 교회처럼 보인다 하더라도 여자를 하찮게 여기는 남자, 하나님을 모르는 교회는 죽은 남자, 죽은 교회일 뿐이다.

"그러나 주 안에는 남자 없이 여자만 있지 않고 여자 없이 남자만 있지 아니하니라. 여자가 남자에게서 난 것같이 남자도 여자로 말미암아 났으나 모든 것이 하나님에게서 났느니라."(고전 11:11, 12)

화내는 예수

과연 우리가 화려한 보석들이 가득한 백화점의 진열장을 뒤집어엎었다면 사람들은 우리더러 뭐라 할까? 미쳤다고 하지 않을까?

사람들은 화내는 목사, 자기들의 비위를 건드리는 목사는 싫어하고 재미있게 말하는 목사, 웃게 만드는 설교를 하는 목사를 좋아한다.

그런 이들이 보기에 예수는 잘못한 것이 아무것도 없는 이에게 성내는 자며 보석이 가득한 눈부신 진열장을 뒤집어엎는 자로 보일 수도 있다.

교회는 자기들이 아주 훌륭한 일을 하고 있다고 생각한다.

그래서 그들은 그들을 보고 화내는 사람을 이해하지 못한다.

그가 예수라는 생각이 안 들고 나쁜 사람이고 미친 사람이라고 생각한다.

그들이 보기에 그들은 아무런 잘못한 것이 없으며 그들이 진열해 놓은 것은 다 아름답기만 한 것이기 때문이다.

하지만 재앙은 추한 것이 아니라 보석이 가득한 진열장 위에 떨어진다.

교회는 하나님을 위한다며 성전이라는 이름으로 건물을 짓고 설교를 하고 천국에 들여보내줄 양을 팔고 헌금을 받고 사람들을 불러 모은다.

그들은 자신들이 사람들을 위해 좋은 일을 하고 있다고 믿는다.

그러나 사람을 위태롭게 하는 것은 다름 아닌 그들 자신이다.

므비보셋을 살린다고 유모가 한 일이 오히려 므비보셋을 다치게 한 일이 되어버린 것처럼 위험에 처한 사람들을 돕기 위해 교회가 들어서는 게 아니라 돕겠다고 들어선 교회로 인해 비로소 사람이 위험에 처하게 되는 것이다.

"예수께서 성전에 들어가사 성전 안에서 매매하는 모든 자들을 내어 쫓으시며 돈 바꾸는 자들의 상과 비둘기 파는 자들의 의자를 둘러엎으시고 저희에게 이르시되 기록된바 내 집은 기도하는 집이라 일컬음을 받으리라 하였거늘 너희는 강도의 굴혈을 만드는 도다 하시니라."(마 21:12, 13)

"사울의 아들 요나단에게 절뚝발이 아들 하나가 있으니 이름은 므비보셋이라. 전에 사울과 요나단의 죽은 소식이 이스르엘에서 올 때에 그 나이 다섯 살이었는데 그 유모가 안고 도망하더니 급히 도망하므로 아이가 떨어져 절게 되었더라."(삼하 4:4)

세상을 구원하는 것은 능력이 아니라 사랑

사람들은 구원을 얻는 방법을 알기 위해 힘들게 돈을 벌고 공부를 한다.

그리고는 자신이 다른 사람들보다 더 훌륭한 일을 하고 있다고 생각한다.

하지만 사람을 구원할 수 있는 건 오직 사랑뿐이다.

아무리 많은 돈을 벌고 아무리 오랫동안 공부를 해도 돈이나 지식은 사람을 구원할 수 없지만 사랑하는 것과 구원을 얻는 것은 동시에 이루어진다.

한 아이를 두고 각자 자신이 어머니라고 주장하는 두 여인이 있다.

가짜 어머니는 아이가 자기 것이 될 수 없다면 죽이는 쪽을 선택한다.

그런데 지금 교회가 딱 그러고 있다.

진짜 어머니는 어떻게 해서라도 자기 아이를 살리는 쪽을 선택한다.

진짜 어머니의 목적이 사랑이라면 가짜 어머니의 목적은 소유다.

교회는, 예수를 믿으면 천국에 가지만 믿지 않으면 지옥에 간다고들 한다.

하지만 예수는 사람을 결코 심판하지 않는다.

아담이 어떤 여자는 구원하고 어떤 여자는 심판하는 것이 아니라 오직 아담은 여자를 심판하기만 할 뿐이고 예수가 어떤 사람은 구원하고 어떤 사람은 심판하는 것이 아니라 오직 예수는 사람을 구원하기만 할 뿐이다.

예수가 자기를 믿는 이는 구원하고 믿지 않는 이는 심판하는 것이 아니라 그는 오직 구원자일 뿐이고 심판하는 이는 예수가 아닌 다른 이다.

아이의 진짜 어머니가 믿는 아이와 믿지 않는 아이를 나눠서 구원할 것인가 심판할 것인가를 정하는 것이 아니라 진짜 어머니는 오직 구원만 하고 자기를 진짜 어머니라 칭하는 다른 가짜 어머니가 아이를 심판하는 것이고 예수가 믿는 사람과 믿지 않는 사람을 나누어 구원할 것인가 심판할 것인가를 정하는 것이 아니라 예수는 오직 구원만 할 뿐이고 자기를 진짜 예수라 칭하는 다른 가짜 예수가 사람을 심판으로 이끄는 것이다.

예수는 능력이 아니라 사랑이다.

예수는 두 가지의 성격으로 나뉘어져 있다. 에덴의 한가운데에 심어진 우상 같은 가짜 예수와 여자의 한가운데에 심어진 진짜 예수.

그리고 여자를, 세상을 구원하는 예수는 후자다. 여자 밖에, 에덴의 한가운데에 모두가 다 알게 있는 그늘을 넓게 드리운 크고 눈부신 예수가 아니라 여자에게 주어진 여자 안에 숨겨져 있는 예수가 여자를 구원하는 것이다.

에덴의 한가운데에 심어진 예수(아담)는 너무나 완벽해서 실수가 없으며 완벽하게 선과 악을 나누고 한 치의 오차도 없이 죄와 의를 판단한다.

반면, 여자의 한가운데에 숨겨진 예수는 작고 보잘것없지만 자기가 지키는 여자에 대해 심판이 없고 오직 사랑과 용서가 있을 뿐이다. 그와 여자는 둘이 아니기 때문에 여자가 죽으면 그도 죽을 수밖에 없기 때문이다.

에덴의 한가운데에 있는 모두가 바라보는 단 한 사람의 완벽한 예수 앞에서는 아무리 최선을 다해도 누구라도 심판을 벗어날 수 없지만 여자 안에 있는 예수 안에서 여자는 언제나 보호받으며 가만히 있어도 구원이다.

그래서 진짜 예수는 우상이 아니다.

교회는 예수가 천국에 갈 자와 지옥에 갈 자를 나눈다고 하지만 예수는 사람을 오직 구원하는 사람일 뿐 사람을 심판하는 자가 아니다.

그리고 에덴의 한가운데에 심어진 예수는 제 임의대로 살아야 할 이를 죽이거나 죽어야 할 이를 살려주는 것이 아니라 누가 선이고 누가 악인지를 알게 해주는 기준이 될 뿐이다. 좋은 악기의 역할이 그저, 나쁜 연주자를 좋은 연주자로 만들거나 좋은 연주자를 나쁜 연주자로 만드는 것이 아니라 그저 그 기량이 어떤지를 알 수 있게 해주는 게 다인 것처럼.

밖이 아니라 자기 안에 있는 예수가 진짜 예수다.

"사람이 내 말을 듣고 지키지 아니할찌라도 내가 저를 심판하지 아니하노라. 내가 온 것은 세상을 심판하려 함이 아니요, 세상을 구원하려 함이로다. 나를 저버리고 내 말을 받지 아니하는 자를 심판할 이가 있으니 곧 나의 한 그 말이 마지막 날에 저를 심판하리라." (요 12:47, 48)

모두가 똑같다

교회 안에는 여자가 무조건 '순종'해야 할 남자들이 너무 많다.

종갓집 며느리는 '제사'에, 교회 안에 있는 여자는 '순종'에 갇혀 산다.

'제사'만 지내다 죽는 며느리처럼 교회에서는 '순종'만 하다 죽을 판이다.

순종하는 사람은 하난데 순종받아야 할 사람은 수십 수백이다.

종갓집 며느리는 남편의 죽은 서른세 번째 조상에게까지 '제사'를 지내야 하고 교회에서는 하나님의 죽은 서른세 번째 종에게까지 '순종'을 해야 한다.

하나님의 종이니 '순종'해야 한다고 하면 모두가 꼼짝을 못한다. 그렇지 않으면 꼼짝없이 하나님의 뜻에 따르지 않는 나쁜 여자가 되기 때문이다.

하지만 남자가 '순종'해야 할 사람이 '아내' 한 사람뿐이다.

그리고 여자가 '순종'해야 할 사람은 '남편' 한 사람뿐이다.

'아내'가 아닌데도 남자에게 순종을 요구하는 사람이 있다면 그 사람은 강도고 '남편'이 아닌데도 여자에게 순종을 요구하면 그 또한 강도다.

그리고 한쪽이 순종해야 한다면 여자가 남편과 남편의 종에게까지가 아니라 종이 남편과 남편의 '아내'인 여자에게까지 '순종'해야 하는 것이다.

교회 안에서는 세 데나리온과 두 데나리온과 한 데나리온 받은 사람이 있고 자기보다 많은 데나리온을 받은 사람에게는 무조건 순종을 바쳐야 한다.

하지만 사람의 가치는 모두가 똑같이 한 데나리온이다.

다만 더 많은 데나리온을 받아야 한다고 생각하는 사람이 있을 뿐이다.

그리고 그 사람은 벌을 받을 것이다.

삼백 년 전에 태어난 아버지가 백 년 전에 태어난 아버지보다 높고 백 년 전에 태어난 아버지가 지금의 아버지보다 높은 것이 아니라 모든 남자는 다 똑같은 한 데나리온의 가치를 지닌 사람일 뿐이며 그 거꾸로도 마찬가지다.

가령 고층 건물을 생각해보자.

건물에는 많은 아래층과 위층이 있고 항상 아래층은 위층 아래에 있다.

하지만 아버지와 아들처럼 모든 층은 위층이면서 동시에 아래층이다.

그러니 그중에 어느 한 층이 더 특별할 것도 없다.

100년 전에 열아홉과 지금의 열아홉과 100년 후에 열아홉이 결코 다른 나이가 아닌 것처럼 세워놓고 보면 순서가 있는 것처럼 보여도 눕혀놓고 보면 아래층 위에 위층이 아니라 아래층 옆에 위층이 있는 것이다.

따라서 먼저 태어난 것이 나중에 태어난 것보다 더 나은 것이 없고 아래층이라고 해서 더 나을 것도 없고 위층이라 해서 더 못할 것도 없다.

교회는 다른 사람보다 아래쪽에 있는 것이 불행이라고 생각한다.

그래서 자기보다 위에 있는 사람은 끌어내려 자기 아래 두려 하고 자기보다 아래 있는 사람에게는 자기 자리를 뺏기지 않으려고 싸운다.

그들은 먼저 자리를 잡았다는 이유만으로 다음 사람의 주인이 되려 한다.

그들은 단지 먼저 자리를 잡았다는 이유만으로 존경받으려 한다. 그리고 그들이 준 것 이상을 그들이 준 사람에게서 돌려받으려 한다.

그러나 그들이 받아야 할 것은 이전 사람에게 준 것도 없이 이미 받았고 그들 또한 다음 사람에게 아무것도 바라는 것 없이 줄 수 있어야 한다.

도보여행을 하는 중에 잠자는 위치로 어떤 사람과 싸움이 난 적이 있다.

방도 넓은데, 그 사람이 제일 먼저 들어가 한쪽 벽 쪽으로 발을 붙이고 제일 좋은 자리를 잡더니 다른 사람들도 다 그쪽에서만 자라는 것이다.

하지만 그쪽 남은 공간은 중간에 운동기구들이 있어서 자기에 불편했다.

게다가 그 방의 반대편 벽 쪽에 공간이 많이 남아 있었다.

그런데 불편하더라도 모두가 자기가 자는 쪽에서만 자야 한다는 것이다.

그래서 왜 그래야 하느냐고 했더니 자기가 다른 사람보다 아래쪽에서 자면 재수가 없어지니 자기 머리 위쪽으로는 아무도 자서는 안 된다는 것이다.

그냥 자기가 자는 곳이 가장 높은 곳이다 생각하면 그만이련만 말도 안 되는 미신을 여행지에서까지 고집하는 것을 보면서 어찌나 화가 나던지.

내가 윗사람이라는 생각에 아랫사람을 괴롭히는 사람은 없었으면 좋겠다.

사람의 위치는 누구의 위이기만 한 것도, 아래이기만 한 것도 아니다.

서열은 가짜다. 다만 누구의 옆자리가 있을 뿐이다.

서로가 서로의 윗사람이면서 동시에 아랫사람이기도 해야 하는 것이다.

"천국은 마치 품군을 얻어 포도원에 들여보내려고 이른 아침에 나간 집 주인과 같으니 저가 하루 한 데나리온씩 품군들과 약속하여 포도원에 들여보내고 또 제 삼시에 나가 보니 장터에 놀고 섰는 사람들이 또 있는지라. 저희에게 이르되 너희도 포도원에 들어가라 내가 너희에게 상당하게 주리라 하니 저희가 가고 제 육시와 제 구시에 또 나가 그와 같이 하고 제 십일 시에도 나가 보니 섰는 사람들이 또 있는지라 가로되 너희는 어찌하여 종일토록 놀고 여기 섰느뇨 가로되 우리를 품군으로 쓰는 이가 없음이니이다. 가로되 너희도 포도원에 들어가라 하니라 저물매 포도원 주인이 청지기에게 이르되 품군들을 불러 나중 온 자로부터 시작하여 먼저 온 자까지 삯을 주라 하니 제 십일 시에 온 자들이 와서 한 데나리온씩을 받거늘 먼저 온 자들이 와서 더 받을 줄 알았더니 저희도 한 데나리온씩 받은지라 받은 후 집 주인을 원망하여 가로되 나중 온 이 사람들은 한 시간만 일하였거늘 저희를 종일 수고와 더위를 견딘 우리와 같게 하였나이다. 주인이 그중의 한 사람에게 대답하여 가로되 친구여 내가 네게 잘못한 것이 없노라. 네가 나와 한 데나리온의 약속을 하지 아니하였느냐 네 것이나 가지고 가라 나중 온 이 사람에게 너와 같이 주는 것이 내 뜻이니라 내 것을 가지고 내 뜻대로 할 것이 아니냐 내가 선하므로 네가 악하게 보느냐."(마 20:1~15)

예수를 섬기는 자, 사망

예수를 알게 되는 순간은 사랑을 알게 되는 순간과 겹친다.

사랑을 알기 전의 사람과 사랑을 알게 된 사람은 전혀 다른 사람이다.

그리고 사랑을 알지 못하면 사람은 구원을 받을 수 없다.

사랑이 알지 못하는 사람은 살아있는 사람이라 할 수 없기 때문이다.

교회는 모든 종교에 대해 우상숭배라며 비난한다.

하지만 그 우상숭배 속에는 예수도 포함됨이 마땅하다.

교회는 다른 종교를 우상숭배다 아니다 하고 트집을 잡을 입장이 못 된다.

대상만 다를 뿐 교회도 그들과 똑같은 일을 하고 있기 때문이다.

그려지거나 만들어진 십자가나 예수나 성모의 그림 혹은 조각을 진지하고도 극진하게 경배, 찬송, 찬양, 더하면 더했지 결코 덜하지는 않을 것이다.

그들은 예수는 우상이 아니라고 생각한다.

하지만 교회의 눈에 예수가 예뻐 보이듯 다른 이들의 눈에는 다 제각각 그 섬기는 것들이 예뻐 보이고 값이 있어 보이게 마련이다.

예수는 '선'이고 '의'지만 사람들이 절하고 따르는 예수의 초상화와 예수를 본떠서 만든 상은 '악'이고 '죄'다.

그림도 십자가도 목상도 석상도 동상도 다 가짜다.

사람들에 의해 만들어진 예수는 다 가짜다.

그들은 예수만은 다르다고 한다.

다른 이들은 다 우상이고 그들을 섬기는 것은 무조건 우상숭배지만 예수는 우상이 아니고 예수를 섬기는 것은 우상숭배가 아니라고 한다.

하지만 일방적으로 사랑하되 짝사랑인 사람과 아닌 사람이 따로 있는 것이 아니라 한 사람이 다른 사람을 일방적으로 사랑하면 그 대상이 누구든 그것은 모두 짝사랑이 되는 것이고 일방적으로 섬기되 우상인 사람과 우상이 아닌 사람이 따로 있는 것이 아니라 많은 사람들이 일방적으로 한 사람만을 섬기면 그 대상이 누구든 그것은 모두 우상숭배가 되는 것이다.

자고새 앞에, 뻐꾸기 새끼지만 키워줘도 될 뻐꾸기와 절대로 키워줘서는 안 될 뻐꾸기가 따로 있는 것이 아니라 뻐꾸기라면 그 아무도 키우지 말아야 하는 것처럼 부처니까, 예수니까 우상이 아닌 것이 아니라 많은 사람들이 어느 한 사람만을 일방적으로 높이고 삼기면 그가 곧 우상이 되는 것이다.

어리석은 씨앗은 꽃 없이도 영원히 살 수 있을 거라 생각하고 어리석은 아들은 아버지 없이도 영원히 살 수 있을 거라 생각하고 어리석은 남자는 자신이 여자가 없이도 영원히 살 수 있을 거라 생각하고 어리석은 사람은 자신이 하나님이 없이도 영원히 살 수 있을 거라 생각한다.

어리석은 꽃은 씨앗으로 인해 자신이 죽는 것이라 생각하고 씨앗 없이 혼자만 살려 하고 어리석은 아버지는 아들로 인해 자신이 죽는다고 생각하고 아들 없이 혼자만 살려 하고 어리석은 남자는 여자로 인해 자신이 죽는다고 생각하고 여자 없이 혼자만 살려 하고 어리석은 사람은 하나님으로 인해 자신이 죽는다고 생각하고 하나님 없이 혼자만 살려 한다.

하지만 꽃은 씨앗 없이 꽃이 될 수 없고 남자는 여자 없이 될 수 없고 아들은 아버지 없이 될 수 없고 사람은 하나님이 없이 사람이 될 수 없다.

꽃이 있으려면 씨앗이, 남자가 있으려면 여자가, 아들이 있으려면 아버지가, 사람이 있으려면 하나님이, 그리고 삶이 있으려면 죽음이 있어야 한다.

한쪽은 옳고 한쪽은 틀린 것이 아니라 둘 다 소중한 것이기 때문이다.

씨앗은 자기를 낳아준 꽃을 떠나면 자기도 죽는 줄 알고 꽃이 죽은 다음에도 섬기려 하고 아들은 자기를 낳아준 아버지를 떠나면 자기도 죽는 줄 알고 죽은 다음에도 아버지를 섬기려 하고 제자는 자기를 가르친 스승을 떠나면 자기도 죽는 줄 알고 스승이 죽은 다음에도 스승을 섬기려 한다.

하지만 씨앗이 꽃이 되기 위해서는 먼저 태어난 꽃을 떠나야 하고 아들이 아버지가 되기 위해서는 먼저 그 낳아준 아버지를 떠나야만 하고 제자가 다시 스승으로 성장하기 위해서는 그 태어난 스승을 떠나야만 한다.

씨앗을 낳아준 건 꽃이지만 씨앗이 끝까지 그 꽃을 떠나지 못하면 또한 그 꽃이 씨앗을 죽이는 독이 되는 것이고 아들을 낳아준 건 아버지지만 아들이 끝까지 그 아버지를 떠나지 못하면 또한 그 아버지가 아들을 죽이는 독이 되는 것이고 제자를 낳아준 건 스승이지만 제자가 끝까지 그 스승을 떠나지 못하면 또한 그 스승이 제자를 죽이는 독이 되는 것이다.

“나 외에는 위하는 신들을 네게 있게 말찌니라. 너는 자기를 위하여 새긴 우상을 만들지 말고 위로 하늘에 있는 것이나 아래로 땅에 있는 것이나 땅 밑 물속에 있는 것의 아무 형상이든지 만들지 말며 그것들에 절하지 말며 그것들을 섬기지 말라. 나 여호와 너의 하나님은 질투하는 하나님인즉 나를 미워하는 자의 죄를 갚되 아비로부터 아들에게로 삼사대에 이르게 하거니와 나를 사랑하고 내 계명을 지키는 자에게는 천대까지 은혜를 베푸느니라.”(신 5:7～10)

“사람마다 우준하고 무식하도다. 금장색마다 자기의 조각한 신상으로 인하여 수치를 당하나니 이는 그 부어 만든 우상은 거짓 것이요, 그 속에 생기가 없음이라. 그것들은 헛것이요, 망령되이 만든 것인즉 징벌하실 때에 멸망할 것이나 야곱의 분깃은 이 같지 아니하시니 그는 만물의 조성자요, 이스라엘은 그 산업의 지파라, 그 이름은 만군의 여호와시니라.”(렘 10:14～16)

“화 있을찐저, 시온에서 안일한 자와 사마리아 산에서 마음이 든든한 자 곧 열국 중 우승하여 유명하므로 이스라엘 족속이 따르는 자들이여! 너희는 갈레에 건너가고 또 블레셋 사람의 가드로 내려가 보라. 그곳들이 이 나라들보다 나으냐? 그 토지가 너희 토지보다 넓으냐? 너희는 흉한 날이 멀다 하여 강포한 자리로 가까와지게 하고 상아 상에 누우며 침상에서 기지개 켜며 양떼에서 어린 양과 우리에서 송아지를 취하여 먹고 비파에 맞추어 헛된 노래를 지절거리며 **다윗처럼 자기를 위하여 악기를 제조하며 대접으로 포도주를 마시며** 귀한 기름을 몸에 바르면서 요셉의 환난을 인하여는 근심치 아니하는 자로다. 그러므로 저희가 이제는 사로잡히는 자 중에 앞서 사로잡히리니 기지개 켜는 자의 떠드는 소리가 그치리라."(암 6:1～7)

"저희 우상은 은과 금이요, 사람의 수공물이라. 입이 있어도 말하지 못하며, 눈이 있어도 보지 못하며, 귀가 있어도 듣지 못하며, 코가 있어도 냄새 맡지 못하며, 손이 있어도 만지지 못하며, 발이 있어도 걷지 못하며, 목구멍으로 소리도 못하느니라. 우상을 만드는 자와 그것을 의지하는 자가 다 그와 같으리로다."(시 115:4～8)

"너희는 가서 내가 긍휼을 원하고 제사를 원치 아니하노라 하신 뜻이 무엇인지 배우라. 내가 의인을 부르러 온 것이 아니요, 죄인을 부르러 왔노라 하시니라."(마 9:13)

"인자가 온 것은 **섬김을 받으려 함이 아니라** 도리어 섬기려 하고 자기 목숨을 많은 사람의 대속물로 주려 함이니라."(마 20:28)

"예수께서 이르시되 너희는 사람 앞에서 스스로 옳다 하는 자이나 너희 마음을 하나님께서 아시나니 **사람 중에 높임을 받는 그것은 하나님 앞에 미움을 받는 것이니라**."(눅 16:15)

다른 색채

아버지가 집 나간 아들의 먼 나라에 가서 아들을 끌고 올 수는 없고 예수가 타락한 이들의 교회에 가서 구원할 이를 끌고 올 수도 없는 일이다. 아버지의 집은 먼 나라가 아니고 예수의 집은 교회가 아니기 때문이다.

예수는 교회라는 권력과 타협하지 않았다. 예수가 그러한 선한 일을 하면서도, 십자가에 못 박히게 된 원인은 바로 그들과 뜻을 달리했기 때문이다.

예수가 서기관과 제사장들의 종교 안에 들어가서 그들을 변화시키는 일을 할 수도 있지 않았을까 하고 의문을 가지는 이들도 있을 것이다.

'예수가 정말 하나님의 아들이라면 서기관이나 대제사장, 바리새인과 같은 사람들도 변화시켜 하나님에게로 돌아오게 할 수 있을 것이 아니냐.'

하고 말이다.

물론 예수가 죽은 자를 살리고 보리떡 다섯 개로 오천 명을 먹이는 능력을 행하면서 그 당시의 권력을 지닌 이들, 곧 종교인들, 서기관, 바리새인, 대제사장들과도 자연스럽게 녹아들었다면, 예수는 죽지도 않고 굉장히 인기가 많았을 것이고, 영화를 누리며, 대접을 받았을지도 모른다.

하지만 예수는 교회와 친해질 수 없다. 교회는 하나님을 싫어하고 하나님도 교회를 싫어하기 때문에 그도 교회에 가면 안 되는 것이다.

예수는 예수 맘대로 일하지 않는다. 사람을 구원하는 건 예수지만 그가 어디를 가고 누구를 구원할지를 정하는 건 그가 아니라 하나님이다. 예수는 그저 '하나님이 내민 손'과 같은 존재이기 때문이다.

그래서 예수가 구원할 수 있는 이는 처음부터 이쪽 사람이거나 저쪽 사람이긴 하지만 진심으로 이쪽으로 건너오고 싶어 하는 이들 뿐이고 예수가 저쪽으로 건너가서 일할 수는 없는 것이다. 예수가 아무나 정하여 구원받기에 합당한 사람을 만드는 것이 아니라 구원받기에 합당한 사람만을 구원하는 것이다. 선악을 알게 하는 나무의 실과가 모두를 다 죽이는 것이 아니라 마땅히 죽어야 할 사람을 죽였던 거처럼, 하인에게 달란트를 맡기고 떠났던 주인이 없는 이에게서는 가지고 있는 것마저 빼앗고 있는 이에게는 오히려 더욱 풍족하게 더해 주었던 것처럼.

예수가 예수라고 불릴 수 있었던 건 교회와 섞이지 않았기 때문이다. 교회면 교회, 하나님이면 하나님, 둘 다를 가질 수는 없는 것이다.

예수가 그들과 대적한 건 그들이 하나님은 믿지 않고 바알이나 아세라 같은 어만 신을 섬겼기 때문이 아니다. 분명히 그들도 하나님을 섬기고 하나님께 제사를 드리는 사람들이었지만, 그들이 섬기는 하나님은 하나님이 아니라 이름만 하나님인 자기를 위한 거짓 하나님(동명이인)이었기 때문이다.

옛날에 두 아내를 가진 남자가 있었는데 어느 날 대머리가 되었더란다.

왜냐하면 젊은 아내는 계속해서 남자의 흰머리만을 뽑았고 나이 많은 아내는 계속해서 남자의 검은머리만을 뽑았기 때문이다.

젊은 아내가 흰머리를 뽑는 건 흰머리를 뽑고 싶어서가 아니라 본능적으로 흰머리가 눈에 거슬리기 때문이며 늙은 아내가 검은머리를 뽑는 건 검은머리를 뽑고 싶어서가 아니라 본능적으로 검은머리가 거슬리기 때문이다.

교회도 마찬가지다. 교회는 누구나 다 진심으로 예수를 기다리고 있는 것처럼 말한다. 다시는 예수를 죽이지 않을 거라고 큰소리친다.

하지만 다시 예수가 나타난다 해도 교회는 여전히 예수를 죽일 것이다. 왜냐하면 그들이 자기들이 뭘 잘못하고 있는지도 모르니까.

교회의 눈에 보이는 예수는 항상 하찮다.

그리고 그들에게는 이미 왕이 있다.

누구도 대항 못 할, 세상을 쥐고 흔드는 왕이 있다.

게다가 왕은 이름뿐이요, 왕이 누릴 수 있는 모든 권리는 교회가 가졌다.

이미 권력의 달콤함에 제대로 취해 있는 사람들이다.

그런데 그들이 과연 예수에게 자기 자리와 재산을 내어줄 수 있을까?

교회는 이스라엘 사람들이 예수를 죽인 이유를 모른다.

하지만 그들이 예수를 죽인 것은 그가 거슬렸기 때문이다.

그들은 하나님의 적이 하나님을 믿지 않는 사람들이라 생각한다.

그러나 하나님의 적은, 듣도 보도 못한 이방의 신을 섬기는 이들이 아니라 다름 아닌 하나님을 섬긴다는 사람들이다.

하나님의 적은 누가 보아도 확연하게 하나님이 아니라고 생각되는 그런 것들이 아니라 가짜 하나님, 하나님이 아니지만 가장 하나님처럼 보이는 하나님이다. 그 당시의 교회가 섬기던, 그리고 지금의 교회가 아울러 섬기고 있는 하나님 같아 보이지만 하나님이 아닌 가장 위험한 하나님.

“그러므로 너희가 선지자 다니엘의 말한바 멸망의 가증한 것이 거룩한 곳에 선 것을 보거든 (읽는 자는 깨달을찐저).”(마 24:15)

교회는 자기들은 결코 예수를 죽이지 않을 것이라 한다.

그러나 그들이 예수를 죽이는 건 예수를 죽이고 싶어서가 아니라 본능적으로 예수가 거슬리기 때문이다.

바라바를 바라바라 생각하고 살리는 것이 아니라 바라바가 곧 예수라고 생각하기 때문에 살리는 것이며 예수를 예수라고 생각하고 죽이는 것이 아니라 예수를 바라바라고 생각하기 때문에 죽일 수밖에 없는 것이다.

왜냐하면 그들이 보기에는 그들의 편이 아닌 예수는 결코 예수일리가 없기 때문에.

“보라! 너희 왕이로다. 저희가 소리지르되 없이 하소서! 없이 하소서! 저를 십자가에 못 박게 하소서! 빌라도가 가로되 내가 너희 왕을 못 박으랴? 대제사장들(교회)이 대답하되 가이사 외에는 우리에게 왕이 없나이다 하니 이에 예수를 십자가에 못 박히게 저희에게 넘겨 주니라.(요 19:14～16)

이미 끝난 일

교회는 예수가 이스라엘에 살았던 사람이라고 한다.

그러나 예수는 모든 사람들 안에 있다.

다만 성경은 하나의 예를 보여주고 있을 뿐이다.

교회는 예수가 2000여 년 전에 태어났다고 한다.

그러나 예수는 태어나기 전에도 이미 있었다.

다만 사람들이 그 사실을 알지 못하고 있었을 뿐이다.

씨앗이 땅 속에 있을 때는 알지 못하다가 땅 위에 싹이 올라오면 그 때서야 그 존재를 알게 되듯이 오랫동안 땅(사람) 속에 숨어 있던 예수가 2000여 년 전에야 비로소 밖으로 그 모습을 드러낸 것이다.

교회는 사람은 다 죄인이라고 한다.

그러나 죄는 이미 죽었다.

하나님은 늦는 법이 없기 때문이다.

비가 있기 전에 먼저 방주가 준비되듯 아들이 있기 전에 먼저 아버지가 준비되듯 사람은 태어나기 전부터, 그리고 세상이 만들어지기 전부터 이미 죄로부터 보호받고 있었던 것이다.

"내가 네 허물을 빽빽한 구름의 사라짐같이, 네 죄를 안개의 사라짐같이 도말하였으니 너는 내게로 돌아오라 내가 너를 구속하였음이니라."(사 44:22)

거기엔 예수가 없다

사람들은 예수를 만나기 위해 교회에 간다. 그러나 거기엔 예수가 없다.

사람들은 예수를 만나기 위해 이스라엘로 간다.

그러나 거기서 그들이 만날 수 있는 건 죽은 예수뿐이다.

그들이 찾는 예수는 이스라엘에 없다.

진짜 예수는 교회에만 있는 것이 아니고 이스라엘에만 있는 것이 아니다.

이스라엘의 예수는 그저 모든 예수의 표본일 뿐이다.

이스라엘은 특정 지역을 나타내는 말이 아니라 하나님을 믿는 모든 사람을 가리키는 말이다. 한 사람, 한 사람이 하나의 나라가 되는 것이다. 그리고 이스라엘 안에 사는 예수가 이스라엘을 구원하듯 하나님을 믿는 사람들 안에 사는 예수가 하나님을 믿는 사람들을 구원하는 것이다.

예수는 과거의 사람이 아니라 사람 안에 남겨진 하나님이고 사랑이다.

그래서 사랑을 알기 전에는 구원을 받지 못하며 사랑을 믿으면 구원이고 사랑이 곧 길이고 사랑이 곧 진리고 사랑이 곧 생명이 되는 것이다.

"소경된 바리새인아, 너는 먼저 안을 깨끗이 하라. 그리면 겉도 깨끗하리라."(마 23:26)

"또 여기 있다 저기 있다고도 못하리니 하나님의 나라는 너희 안에 있느니라."(눅 17:21)

"곧 내가 저희 안에, 아버지께서 내 안에 계셔 저희로 온전함을 이루어 하나가 되게 하려 함은 아버지께서 나를 보내신 것과 또 나를 사랑하심같이 저희도 사랑하신 것을 세상으로 하여금 알게 하려 함이로소이다."(요 17:23)

잘못된 정보

교회는 예수가 태어나기 전에 살았던 사람은 다 지옥에 갈 수밖에 없었는데 예수가 태어나서 다시 사람이 천국에 갈 수 있게 된 것이라 한다.

그들은 돌고 있는 쪽은 지구가 아니라 태양이라 우긴다.

교회와 지구의 입장에서만 보면 분명 그렇다.

그러나 돌고 있는 것은 태양이 아니라 지구다.

또 그들은 돌고 있는 쪽이 사람이 아니라 하나님이라 우긴다.

교회와 사람의 입장에서만 보면 분영 그렇다.

그러나 역시 돌고 있는 것은 하나님이 아니라 사람이다.

변함없이 한자리에 붙박여 있는 고향의 고목처럼, 집 나간 아들을 기다리는 어머니처럼 돌아오라, 돌아오라, 목 아프게 부르고 있지 않은가.

한자리에 깊이 뿌리내리고 등 하나 들고 서 있지 않은가.

사람들은 늘 아직 오지 않은 예수를 기다린다.

그러나 예수는 아직 오지 않은 것이 아니다. 사람보다 먼저 와 있다. 다만 사람이 보고 싶은 것만 보느라 예수를 보지 못할 뿐이다.

아들에게 필요한 아버지가 아들보다 먼저 만들어지는 것처럼 사람을 만들고 오랜 시간이 지나고 나서야 예수가 만들어진 것이 아니라 사람을 만들기 이전에 이미 예수는 만들어진 존재이기 때문이다.

다만 사람이 보지 못하고 있을 뿐이다.

아담을 보느라고 말이다.

교회는 오랫동안 하나님이 그에게로 돌아가는 길을 막아놓았기 때문에 사람이 돌아갈 수가 없었던 것이라 한다.

그러나 사람이 하나님에게 돌아갈 수 없었던 이유는 하나님이 돌아오지 못하게 해서가 아니라 그가 아담에게 붙들려 있었기 때문이다.

하나님이 사람을 미워하고 싫어해서 사람이 하나님에게로 돌아갈 수 없었던 것이 아니라 사람(여자)이 죄(아담)를 더 좋아해서 하나님에게 돌아가지 않은 것이며 예수가 없어서 볼 수 없었던 것이 아니라 사람의 시선이 하나님이 아니라 아담을 향하고 있었기 때문에 하나님이 보이지 않고 처음부터 하나님의 손에서 빛나고 있었던 등 또한 보이지 않았던 것이다.

"만군의 여호와가 이르노라. 너희 열조의 날로부터 너희가 나의 규례를 떠나 지키지 아니하였도다. 그런즉 내게로 돌아오라. 그리하면 나도 너희에게로 돌아가리라 하였더니 너희가 이르기를 우리가 어떻게 하여야 돌아가리이까 하도다. 사람이 어찌 하나님의 것을 도적질하겠느냐. 그러나 너희는 나의 것을 도적질하고도 말하기를 우리가 어떻게 주의 것을 도적질하였나이까 하도다. 이는 곧 십일조와 헌물이라. 너희 곧 온 나라가 나의 것을 도적질하였으므로 너희가 저주를 받았느니라."(말 4:7~9)

모두 사기다

교회는 사람에게는 선함은 없고 오직 악하기만 하다고 한다.

그리고 사람들은 보이는 겉만 보고 그들의 말에 동감한다.

하지만 악할 수 있다면 선할 수도 있고 선할 수 없다면 악할 수도 없다.

어떤 사람들은 자기가 결코 악하지 않다는 건 안다.

그러나 선하지 않다는 건 인정하고 싶어 하지 않는다.

그래서 자기가 한 선한 일에 대해 자랑을 늘어놓는다.

자기가 얼마나 좋은 일을 많이 했는지를 자랑삼는다.

또 어떤 사람들은 자기가 결코 선하지 않다는 건 안다.

하지만 악하지 않다는 건 인정하고 싶어 하지 않는다.

오히려 자기가 한 악한 일에 대해 자랑을 늘어놓는다.

자기가 얼마나 나쁜 짓을 많이 했는지를 자랑삼는다.

한쪽은 선한 것이, 한쪽은 악한 것이 더 크다고 생각한다.

그러나 사람은 선도 아니지만 악도 아니다.

다만 그것들을 담는 그릇에 불과하다.

어느 임금이 씨앗을 나누어주며 가장 크고 예쁜 꽃을 가져오는 신하에게 상을 주겠다고 말했고 때가 되어 모두가 경쟁이라도 하듯 크고 예쁜 꽃 화분을 들고 왔는데 단 한 사람만이 빈 화분을 들고 울고 있다. 다른 이들이 모두 그 신하를 나무랐다.

임금이 주신 씨앗을 열심히 가꾸지 않은 것이 아니냐고 말이다.

그러나 오히려 상을 탄 사람은 다름 아닌 아무 꽃도 없이 빈 화분을 들고 울고 있던 사람이다.

왜냐하면 그 씨앗은 싹이 나지 않는 씨앗이었기 때문이다.

사람도 마찬가지다.

사람들은 자기 능력으로 악을 행하고 선을 행하는 것이라 생각한다.

그러나 파란 꽃이든 빨간 꽃이든 신하들이 들고 있는 꽃이 다 가짜이듯 선한 꽃이 사람의 것이 아니라면 악한 꽃도 다 사람의 것이 아니다.

종교라는 것도 모두 그 꽃 같은 것이다.

교회는 자기들은 다르다고 한다.

그러나 그래서 그들이 더 위험하다.

모두가 다 자기가 심은 꽃이 가장 크고 아름답다고 자랑하지만 하나님이 보기에는 하나도 보고 싶지 않은 가짜 꽃.

모든 종교는 다 사기다.

"사울과 백성이 아각과 그 양과 소의 가장 좋은 것 또는 기름진 것과 어린 양과 모든 좋은 것을 남기고 진멸키를 즐겨 아니하고 가치 없고 낮은 것은 진멸하니라."(삼상 15:9)

"불의로 치부하는 자는 자고새가 낳지 아니한 알을 품음 같아서 그 중년에 그것이 떠나겠고 필경은 어리석은 자가 되리라."(렘 17:11)

버려지는 아이

교회가 여자들을 건드린다. 그것이 죄라는 의식도 없이.

하지만 알게 건드리는 것이 아니라 모르게 건드린다.

그들은 눈에 띄지 않게 여자와 관계를 맺고 사람들 앞에서는 그 여자를 만난 적도 없는 사람인 것처럼 연극을 한다.

그에게 여자는 단지 그들의 노리갯감일 뿐이다.

그리고 여자가 아이를 가졌지만 그는 모르는 일이라고 한다.

그래서 하루에도 수백, 수천의 아버지 없는 아이들이 태어나고 죽는다.

아이에 대한 책임은 모두 여지없이, 남자가 아닌 여자의 몫이 된다.

교회는 그들과 엮이고 싶어 하지 않는다.

명예에 치명적이기 때문이다.

그래서 그들을 모른다고 하고 자기와는 상관도 없는 사람들이라 한다.

'마리아가 낳은 아이는 남자와는 아무런 상관도 없다.'

'사이비 이단도 교회와는 아무런 상관도 없다.'

늘 그렇게 빠져나간다.

하지만 뱀이 아담과 아무런 상관이 없는 것처럼 보여도 결국은 아담에게서 나온 족속이듯 아무리 아닌 척하고 부정하려 해도 교회가 그들이 그렇게도 이단이라며 비난하는 모든 잘못된 종교의 머리고 씨앗임은 분명하다.

잘못된 것이 하나도 없는 아담에게서 잘못된 뱀이 태어나는 것이 아니라 잘못된 아담에게서 잘못된 뱀이 태어나는 것이듯 잘못된 것이 하나도 없는 종교에서 잘못된 사이비 이단이 태어나는 것이 아니라 이미 종교라는 본체가 잘못된 것이기 때문에 잘못된 사이비 이단이 태어나는 것이기 때문이다.

그들은 성경을 사람의 상식으로 이해하려 해서는 안 된다고 하지만 정작 이해할 수 없는 것은 성경이나 하나님이 아니라 교회와 기독교다.

그들은 2000년 전에 마리아가 낳은 아이는 남자 없이 태어난 사람이라고 우긴다. 그것을 아무런 의심도 없이 믿어야 진정한 믿음이라 한다.

하지만 마리아가 아닌 자기 딸이나 아내가 자신이 없는 사이에 남자 없이 아이를 낳았다고 말한다면 그 누구도 그 말을 믿을 이는 없을 것이다.

세상 어디에도 아버지가 없이 태어난 사람은 존재하지 않는다.

다만 책임지지 않는 아버지가 있을 뿐이다.

모든 것은 바라는 대로다

성경은 한 여자(사람)를 차지하기 위해 선(하나님)과 악(아담), 두 남자가 벌이는 싸움이다. 혹은 한 여자가 둘 중에 하나를 선택해야 하는 게임이다.

어리석은 이는 쫓겨날 것이고 현명한 이는 남을 것이다.

여자가 '선'을 택하면 살 것이고 '악'을 택하면 죽을 것이다.

한 번의 게임이 끝났다 하더라도 또 다른 여자가 태어나면 처음 게임의 결과와 상관없이 다시 게임은 시작되고 늘 같은 결과가 나오라는 법도 없다.

쫓겨나는 것은 심판이고 남는 것은 구원이다.

물은 돌고 돈다.

에덴도 마찬가지다.

그곳은 이미 지나가 버린 과거가 아니다.

돌고 돈다.

지금은 에덴 이후가 아니라 아직 에덴을 떠나기 전이다.

아직 살아 있는 사람에게는 아직 심판도 이루어지지 않았다.

적어도 아직 살아 있는 사람들에게는 말이다.

어느 쪽을 선택할 것인가.

아담(죽어야 할 남자)을 선택하면 죽고 아담을 선택하지 않으면 산다.

모든 것은 바라는 대로다.

"그러므로 아이들 중에 남자는 다 죽이고 남자와 동침하여 사내를 안 여자는 다 죽이고 남자와 동침하지 아니하여 사내를 알지 못하는 여자들은 다 너희를 위하여 살려둘 것이니라."(민 31:17, 18)

사람과 하나님은 둘이 아니다

하나님은, 남자를 위해 모든 일을 다 하지만 자기 모습을 드러낼 수도 없고 자기 몫을 주장해서도 안 되는 여자 같고 유령 같은 존재다.

교회의 하나님은 감히 그들과 함께 살 수 있는 존재가 아니고 눈으로 볼 수도 없고 손으로 만질 수도 없고 살아서는 만날 수조차 없는 존재다.

그들의 하나님은 그들에게 언제나 제3자다.

그들은 입으로는 살아 있는 하나님이라고 하지만 그들은 한 번도 하나님을 본 적이 없다. 하나님은 결코 그들과 함께 살 수 없다고 생각하기 때문이다.

그러나 하나님은 손으로 만져지며 눈으로 볼 수 있는 살아 있는 존재다.

그들의 남편과 아내가 바로 하나님이기 때문이다.

아담을 만들었지만 그에 의해 버려진 아내, 그가 곧 하나님이며 하와를 만들었지만 그녀에 의해 버려진 남편, 그가 또 하나님이 되는 것이다.

교회는 사람 안에 하나님이 있다고 말하는 사람들을 비웃는다.

사람처럼 작은 그릇에 어찌 하나님을 다 담을 수 있느냐는 것이다.

그리고 그것이 무슨 심각한 결함이라도 되는 듯 호들갑을 떤다.

그러나 본질을 아는 데 필요한 것은 수량이 아니다.

바닷물이 짜다는 것을 알기 위해 모든 바닷물을 다 맛보아야만 하는 것이 아니라 단 한 모금만으로도 바닷물의 성분을 알 수 있듯이 하나님이 어떤 분인지 알기 위해 반드시 하나님만 한 그릇을 준비해야만 하는 것이 아니라 아주 작은 그릇 하나만 있으면 되는 것이다.

교회는 남자와 비교하여 여자를, 하늘과 비교하여 땅을 무시한다.

하늘에 비하면 땅은 아무것도 아니다, 그렇게.

그러나 땅과 하늘은 경쟁관계가 아니라 협력관계다.

땅은 하늘을 비추는 거울이고 하늘을 담는 그릇이다.

그들은 하나님과 사람의 경계가 분명하게 나눈다.

하나님은 사람이 될 수 없고 사람은 결코 하나님이 될 수 없다.

그러나 하나님과 사람이 완전히 다른 존재가 아니라 하늘이 땅을 감싸고 있고 그 안에서 다시 하늘인 사람이 땅에 기대어 사는 것처럼 하나님이 사람을 감싸고 있고 그 안에서 다시 하나님이 사람에 기대어 사는 것이다.

남자와 여자가 완전히 다른 존재가 아니라 남자 안에 여자가 살고 그 여자 안에 다시 남자가 사는 것처럼 사람과 하나님도 그런 존재다. 하나님 안에 사람이 살고 그 사람 안에 다시 하나님이 사는 것이다.

보이지 않는 것과 보이는 것이 따로 있는 것이 아니라 보이지 않는 것 속에 보이는 것이 살고 그 보이는 것 속에 다시 보이지 않는 것이 사는 것이고 하늘과 사람이 각각 다른 존재가 아니라 하늘 안에 사람이 살고 그 사람 안에 하늘이 다시 사는 것처럼 하나님과 사람이 완전히 다른 존재가 아니라 하나님 안에 사람이 살고 사람 안에 다시 하나님이 사는 것이다.

"유대인들이 다시 돌을 들어 치려하거늘 예수께서 대답하시되 내가 아버지께로 말미암아 여러 가지 선한 일을 너희에게 보였거늘 그 중에 어떤 일로 나를 돌로 치려하느냐 유대인들이 대답하되 선한 일을 인하여 우리가 너를 돌로 치려는 것이 아니라 참람함을 인함이니 네가 사람이 되어 자칭 하나님이라 함이로라. 예수께서 가라사대 너희 율법에 기록한바 내가 너희를 신이라 하였노라 하지 아니하였느냐 성경은 폐하지 못하나니 하나님의 말씀을 받은 사람들을 신이라 하셨거든 하물며 아버지께서 거룩하게 하사 세상에 보내신 자가 나는 하나님 아들이라 하는 것으로 너희가 어찌 참람하다 하느냐 만일 내가 내 아버지의 일을 행치 아니하거든 나를 믿지 말려니와 내가 행하거든 나를 믿지 아니할지라도 그 일은 믿으라 그러면 너희가 아버지께서 내 안에 계시고 내가 아버지 안에 있음을 깨달아 알리라 하신대.(요 10:31～38)

아들이 아니라 남편

여자는 남편을 스스로 선택하지 않고 남이 정해주는 대로 결혼하고는 아들이 태어나면 사랑이 남편에게서 자기가 낳은 아들로 넘어간다. 자기가 낳지 않은 남편은 자기 것이 아니고 자기가 낳은 아들만이 영원히 자기 것이라 생각하기 때문이다. 그래서 남편보다 아들 중심으로 삶을 산다.

교회에서도 마찬가지다. 부부는 그들 자신만으로는 아무 의미가 없고 단지 아들을 키우기 위한 종, 하나님을 섬기기 위한 종에 불과하다.

그들은 부부간의 사랑은 진짜 사랑이 아니며 저급한 것이고 오직 부모 자식 간의 사랑만이 진짜 사랑이라 한다. 그래서 남편도 아내도 모두 자기 인생을 버리고 오직 아들을, 하나님을 위해서만 살라고 한다. 다른 곳에는 어디에도 하나님이 없으며 그들이 믿는 종교, 그들이 지은 건물 안에만 하나님이 있는 것이라 한다. 하지만 교회 안에만 있는 하나님은 가짜다.

하늘이 건물 안에만 있는 것이 아니라 세상 어디에나 다 있고 누구나 다 볼 수 있는 곳인 것처럼 하나님도 교회가 만든 건물 안에만 있는 분이 아니라 세상 어디에나 다 있고 누구나 다 볼 수 있는 분인 것이다.

가정의 중심은 항상 부부가 되어야 한다.

결혼한 여자에게 가장 중요한 사람은 언제나 남편이어야 하고 결혼한 남자에게 중요한 사람 역시 언제나 아내여야만 한다.

딸이 딸을 낳은 아버지의 소유가 아닌 것처럼 아들도 아들을 낳은 여자의 소유가 아니라 나중에 아들이 결혼하게 될 여자의 소유이기 때문이다.

여자는 맘에 들지 않는 남편 대신 아들에게서 구원을 얻고자 한다.

하지만 여자를 구원해줄 사람은 아들이 아니라 오직 남편뿐이다.

첫 단추는 반드시 첫 번째 단춧구멍에만 끼워야지 맘에 들지 않는다고 두 번째 단춧구멍에 끼우면 안 되듯이 남편이 마음에 들지 않는다면 자기를 구원해줄 수 있는 다른 남편을 찾아야할 일이지 절대로 남편 대신 아들을 남편 삼아서는 안 된다. 아들은 결코 남편이 될 수 없기 때문이다.

여자는 남편을 대충 구하고 그에게는 희망을 두지 않는다.

하지만 아들이 아무리 귀해도 그는 여자의 첫 번째가 될 수 없다.

여자에게서 태어난 어떤 아들, 어떤 종교도 여자를 구원할 수 없다.

아들은 언젠가 부모를 떠나 날아가야 할 뻐꾸기일 뿐이다.

나았으니 나를 구원해라, 길렀으니 떠나지 말고 내게 효도해라 가르치고 다그칠 것이 아니라 때가 되면 '너는 내 것이 아니니 떠나라.' 해야 한다.

왜냐하면 사람을 구원하는 하나님은 그들에게서 태어나고 그들이 키운 핏줄 속의 하나님이 아니라 그들이 낳지도 않고 기르지도 않았지만 그들 옆에 항상 있으면서 언제가 그의 반쪽이 되어 줄 또 하나의 하나님이기 때문이다.

"하나님이 모세에게 이르시되 나는 스스로 있는 자니라. 또 이르시되 너는 이스라엘 자손에게 이같이 이르기를 스스로 있는 자가 나를 너희에게 보내셨다 하라."(출 3:14)

"네가 낳은 모든 아들 중에 너를 인도할 자가 없고 너의 양육한 모든 아들 중에 그 손으로 너를 이끌 자도 없도다."(사 51:18)

"여호와께서 아브람에게 이르시되 너는 너의 본토 친척 **아비 집을 떠나** 내가 네게 지시할 **땅(여자)으로 가라.**"(창 12:1)

"딸이여 듣고 생각하고 귀를 기울일지어다. 네 백성과 아비 집을 잊어버릴찌어다."(시 45:10)

유월절

애굽은 천국 같은 곳, 술과 음식과 노래가 끊이지 않았고 잔치 같은 나날이 계속되고 있었고 사람들은 아름다웠으며 서로를 많이 사랑하고 있었다.

그들은 아무도 그것을 타락이라 생각지 않았다.

그들에게 그것은 분명 축제였다.

누군가에게 밥을 먹이며 돈을 건네며 술을 따르며 몸을 바치며 그렇게 구원을 약속받고 있었던 것이다.

하지만 구원은 그들의 것이 아니라 이스라엘 사람들의 것이었다.

그들이 맛있는 음식과 술과 여자에 취해 있을 때 이스라엘 사람들은 문에 양의 피를 바르고 말없이 피를 바르기 위해 잡은 양고기를 뜯어먹고 있었다.

그것으로 오랜 시간 광야를 헤쳐 나갈 힘을 얻는 것이다.

이스라엘 사람들은 하나님께서 내리신 지시에 순종했다.

애굽의 사람들은 애굽에 돈이 있고 애굽에 출세가 있고 명예가 있고 애굽에 행복이 있고 애굽에 천국이 있다고 믿었다.

하지만 이스라엘 사람들은 신속하고도 철저하게 그곳을 떠날 준비를 했다.

곧 그곳에 죽음이 닥칠 것이기 때문이다.

그들은 애굽을 돌아보아서는 안 되었다.

소돔을 도망치던 롯의 아내가 소돔을 돌아보다 소금 기둥이 되었듯이 그들도 애굽이 아쉬워 뒤돌아본다면 결국 죽고 말 것이기 때문이다.

타락한 애굽과의 관계를 완전히 끊었다는 증거로 바깥에서 한창인 축제에 끼어 신나게 먹고 마시는 다른 사람들과 달리 양(죄)이 죽었음을 알리는 피의 표적을 그들의 집에 칠해야 했으며, 자신과 아내와 친구들과 어울려 노느라 아직 집에 들어오지 않은 자녀들을 집안으로 불러들여야만 했다.

이스라엘 사람들이 그들의 자녀들을 애굽 사람들로부터 떼어놓기를 게을리 했거나, 양(죄)을 잡았지만 그 피를 문설주에 바르지 않았거나, 그 고기를 먹지 않았거나, 집안 사람 중에 그 밤에 아직 들어오지 않은 사람이 있었다면 그들은 애굽인의 하나로 간주되어 보호를 받지 못했을 것이다.

나오세요, 나오세요, 하며 그 밤에 애굽 사람들은 이스라엘 사람들을 밖으로 끌어내려 한다. 그래서 새로운 신을 믿으라 사람들을 유혹한다.

하지만 그들은 밖에서가 아니라 안에서 구원받는 사람들이었다.

적어도 사자가 애굽의 전역을 휩쓸고 지나가는 동안에는 철저하게 애굽으로부터 자기와 자기의 집을 분리시켜 두어야만 했던 것이다.

애굽 사람들이 평소와 다름없이 술에 취해 곯아떨어질 때쯤 홀연히 죽음의 사자가 급습했고 그 밤에 애굽에는 커다란 통곡소리가 있었다.

그들은 귀담아 듣지 않았지만 예언된 바대로 그 나라의 모든 집의 "모든 처음 난 것, 즉 위에 앉은 바로의 장자로부터 옥에 갇힌 사람의 장자까지와 생축의 처음 난 것"(출 12:29~33)이 사자에 의해 죽임을 당했기 때문이다.

바로는 자기가 한때 "여호와가 누구건대 내가 그 말을 듣고 이스라엘을 보내겠느냐. 나는 여호와를 알지 못하니 이스라엘도 보내지 아니하리라." 하고 외쳤던 일을 회상했다. 결국 하늘을 두려워하지 않던 그의 교만은 땅에 떨어졌고 무서운 마음이 들어 그들을 놓아 보내 주지 않으면 안 되게 되었다.

왕의 모사들과 백성들도 '이러다간 우리도 다 죽은 자가 되겠다.' 하고 이스라엘 사람들에게 그 지경에서 속히 떠날 것을 간청하였다.

이스라엘 사람들은 애굽의 사람들이 그들을 재촉하여 그 지경에서 속히 보내려 하므로 채 발효되지 못한 반죽 담은 그릇을 옷에 싸서 어깨에 메었고 애굽 사람들에게 약간의 은금 패물과 의복도 얻을 수가 있었다.

교회는 '피를 칠하기만 하면 (안에서는 어떻게 살아도) 구원'이라고 말하지만 구원을 받는 것은 피를 칠하기 때문이 아니라 죽은 양의 고기를 먹고 그 피를 보고 있기 때문이다. 입과 눈에 들어가는 것이 곧 자기를 삼키는 것이다. 롯의 아내가 소돔을 향해 뒤돌아본 순간 소금기둥이 되고만 것처럼.

"그 밤에 그 고기를 불에 구워 무교병과 쓴 나물과 아울러 먹되 날로나 물에 삶아서나 먹지 말고 그 머리와 정강이와 내장을 다 불에 구워 먹고 아침까지 남겨두지 말며 남은 것은 곧 소화하라 너희는 그것을 이렇게 먹을찌니 허리에 띠를 띠고 발에 신을 신고 손에 지팡이를 잡고 급히 먹으라. 이것이 여호와의 유월절이니라."(출 12:8~11)

교회는 피를 칠한 집 안에 머무는 일이 마냥 즐거운 일인 것처럼 웃고 떠들지만 그건 결코 말처럼 그렇게 쉬운 일이 아니다.

그들은 그다지 기분 좋은 일을 하고 있는 것이 아니다.

그들이 만약 내일도 다시 양이 필요할지도 모른다는 생각이 조금이라도 있다면 결코 양을 죽일 수 없을 것이고 내일도 다시 밖에서 술렁이는 그 사람들과 어울려 놀고 싶은 마음이 조금이라도 있다면 결코 문 밖에 끔찍한 피를 칠할 수 없을 것이다. 또한, 평소에 술이 든 음식을 조금이라도 즐기던 사람이라면 누룩이 들어 있지 않은 빵이 입에 맞지 않았을 것이고 달콤한 향신료에 길들여져 있던 사람이라면 쓴 나물을 삼키기가 힘들었을 것이다.

교회는 예수를 믿는 사람과 믿지 않는 사람이 별 차이가 없다 한다.

그런데 단지 예수를 믿는다는 이유만으로 구원을 받는다는 것이다.

그러나 애굽의 한가운데에서 이스라엘 사람의 집은 새하얀 성막과 같다.

덥고 따가운 모래바람과, 불덩어리처럼 타오르는 태양과, 동물을 잡아먹는 무서운 식물과 독밖에 남아 있지 않은 갑각류와 파충류와 피에 굶주린 맹수들이 판을 치는 사막의 한가운데에서 그들과는 결코 닮지 않은, 사막에서는 보기 드문 새하얀 색채의 세마포 휘장을 두른 성막과 같아야 하는 것이다.

유월절의 뜻은 사망이 '비껴간' 날이라는 뜻이다.

사망이 비껴가기 위해서는 '죄'가 적어야 하는 것이 아니라 없어야 하고 집을 떠나 거리에 나가 있지 않아야 하며 애굽사람이 아니어야 한다.

애굽에 사는 사람들은 애굽을 떠나는 일이 불가능하며 그들에게는 애굽이 천국이고 그들이 살 만한 땅은 오직 애굽밖에 없다고 생각한다.

그들은 죄를 짓지 않을 수는 없지만 그저 최선을 다해 죄를 짓지 않으려고 노력하기만 하면 구원을 얻을 수 있다고 믿는다.

애굽을 떠나야만 구원을 얻을 수 있는 것이 아니라 애굽을 떠나지 않아도 착하게만 살면 구원을 얻을 수 있다고 믿는다.

그러나 유월절은 경계가 분명한 날이다.

피 안과 피 밖, 애굽과 이스라엘을 한 치의 오차도 없이 갈라놓는다. 이스라엘 사람이라 하더라도 피 안에 있지 않고 애굽을 떠나지 않으면 사망이다.

교회는 죄 속에 빠져 사는 사람을 예수가 구원하는 것이라 한다.

하지만 하나님이 바다에 빠져 죽지 않으려고 안간힘을 다해 허우적대는 애굽의 군사들을 구원하는 것이 아니라 바다 한가운데로 난 길을 통해 안전하게 애굽을 빠져나가는 사람을 구원하는 것처럼 하나님이 애굽(죄)에 빠져 죽지 않으려고 안간힘을 다해 허우적대는 사람들을 구원하는 것이 아니라 애굽에서 완전히 빠져나온 이스라엘 사람들만을 구원하는 것이다.

문 좀 열어달라고 집집마다 찾아다니는 사람들이 있다. 하지만 구원은 밖이 아니라 안에서 이루어지는 것이다. 문 안으로 쳐들어오는 것 중에 교회는 괜찮고 다른 것은 안 되는 것이 아니라 그 어떤 것도 문 안으로 들어와서는 안 되기는 마찬가지다. 그러니 너와 상관없이 누구를 믿어야만 구원을 얻을 수 있다며 누군가 문을 두드리며 열어달라고 하거든 그가 누구든 굳게 잠그고 결코 열어주지 마라. 그들이 바로 죽음의 사자이기 때문이다. 자기들이 죽음의 사자인지도 모르고 날뛰는 죽음의 사자이기 때문이다.

"내가 애굽 땅을 칠 때에 그 피가 너희의 거하는 집에 있어서 너희를 위하여 표적이 될지라. 내가 피를 볼 때에 너희를 넘어가리니 재앙이 너희에게 내려 멸하지 아니하리라."(출 12:13)

04

가인과 아벨 이야기

두 사람

아담은 큰아들인 가인을 아끼고 사랑했다.

모든 면이 자기를 닮았기 때문이다.

가인 역시 아버지를 사랑하고 존경했다.

사람들도 모두 가인을 칭찬했다.

"부지런하지."

"착하지."

"잘생겼지."

"아담을 꼭 빼닮았다니까."

모두들 칭찬 일색이었다.

언젠가는 가인이 아담의 뒤를 이을 것이 분명했다.

그러니 그에게 잘 보여서 나쁠 것이 없지 않은가.

하지만 아벨을 좋아하는 사람은 없었다.

"지 아버지를 싫어한다네, 글쎄."

"하고 다니는 꼴은 또 어떻고."

"산에서 생활하니 그렇지."

"집 놔두고 뭐 하는 짓인지 몰라."

"아주 망나니야."

가인은 자신이 아담의 아들인 것이 자랑스러웠다. 그를 존경하고 사랑한다. 아담보다 아름답고 능력 있고 강한 사람을 본 일이 없기 때문이다.

그래서 그에게서 농사짓는 법, 말하는 법, 행동하는 법, 자기를 꾸미는 법, 착하게 보이는 법, 사람들을 다스리는 법 같은 모든 것들을 배운다.

그러나 아벨은 그가 자기 아버지라 할지라도 아담의 아들인 것을 하나도 자랑스러워하지 않았다. 오히려 그를 부끄럽게 생각한다. 그에게서 멀어지려 한다. 그가 보기에 아담이 하는 일은 결코 옳은 일이 아니었기 때문이다.

그래서 집을 떠나 들에 나아가 양을 기르는 것이다.

가인은 아담을 자랑스러워했고 떠나고 싶어 하지 않았으며 아벨은 아담에게서 태어난 것을 부끄러워했고 아담에게서 도망치려 했다.

결국 아벨은 그들에게서 따돌림을 당할 수밖에 없었던 것이다.

두 사람이 하나님에게 바칠 제물을 준비한다고 했을 때 사람들은 당연히 하나님이 가인의 제물을 더 좋아할 것이라 생각했다.

가인도 하나님이 자기가 준비한 것을 더 기뻐하리라 생각했다.

그러나 하나님이 기뻐한 쪽은 가인이 아니라 아벨의 제물이었다.

하나님이 기뻐하는 것은 아담을 사랑하고 자랑스럽게 생각하는 가인이 아니라 아담을 미워하고 부끄럽게 생각하는 아벨이었기 때문이다.

사람들은 하나님이 아담을 사랑한다고 생각한다.

하지만 아담은 하나님이 사랑하는 이가 아니라 미워하는 이다.

하나님이 가인이 아니라 아벨의 제물을 받은 것은 아담을 사랑하고 아담의 아들임을 자랑스러워하는 가인의 제물이 아니라 아담을 사랑하지 않고 아담의 아들임을 부끄러워하는 아벨의 제물을 받은 것이다.

"두 사람이 기도하러 성전에 올라가니 하나는 바리새인이요 하나는 세리라 바리새인은 서서 따로 기도하여 가로되 하나님이여 나는 다른 사람들 곧 토색, 불의, 간음을 하는 자들과 같지 아니하고 이 세리와도 같지 아니함을 감사하나이다 나는 이레에 두 번씩 금식하고 또 소득의 십일조를 드리나이다 하고 세리는 멀리 서서 감히 눈을 들어 하늘을 우러러 보지도 못하고 다만 가슴을 치며 가로되 하나님이여 불쌍히 여기옵소서 나는 죄인이로소이다 하였느니라 내가 너희에게 이르노니 이 사람이 저보다 의롭다 하심을 받고 집에 내려갔느니라 무릇 자기를 높이는 자는 낮아지고 자기를 낮추는 자는 높아지리라 하시니라."(눅 18:10～14)

한 마리 양

교회는 사람들을 향하여 요구하는 것이 많다.

가인처럼 더 많은 것을 바칠 것을 요구한다.

그러나 구원을 받기 위해서 많은 것이 필요한 것은 아니다.

필요한 것은 오직 단 한 마리의 양이다.

오직 한 마리 양만 죽이면 된다.

한 마리 양만 따라가면 된다.

사람들이 죽는 것도 죽여야 할 한 마리 양을 죽이지 않았기 때문이고 사람들이 사는 것 또한 죽여서는 안 될 한 마리 양을 죽이지 않았기 때문이다.

살기 위해 많은 것들이 필요한 것이 아니라 죽이지 않으면 내가 죽을 수밖에 없는 죽이기는 너무나 아까운 아름다운 한 마리 양을 죽이고 대신 나를 살게 할 한 마리 양을 죽이지 않고 따라가면 된다.

양이 어디를 가고 무얼 먹어야 할지를 가르쳐줄 필요는 없다.

이미 정해져 있기 때문이다.

두 가지 방법

가인과 아벨은 천국에서 쫓겨난 아담의 아들들이다.

그리고 그들이 쫓겨난 곳은 사막이다.

하나님은 비도 내려 주지 않았다.

가인은 사람들과 함께 각종 향기로운 과일과 채소를 가꿨다.

가인이 보기 좋은 산물을 만들어내기 위해 선택한 것은 독이다.

그는 백 리도 더 떨어진 먼 곳에서부터 물을 끌어와 비를 뿌렸다.

산보다 높이 담을 쌓고 독한 약을 뿌려 병해충은 얼씬도 못하게 했다.

조금이라도 상한 식물이 보이면 당장에 뽑아 없애버렸다.

가인의 식물들은 가장 싱싱하고 보기 좋게 자랐다.

가인은 사막의 한가운데에 천국을 만들었다.

그는 그것이 하나님이 기뻐하는 모습이라고 생각했다.

그리고 그가 만들어낸 것을 가지고 하나님 앞으로 갔다.

하나님이 그것을 보고 그를 다시 천국으로 받아들여 주기를 바라면서.

그러나 하나님은 그의 제물을 받지 않았다.

하나님은 그가 바친 것들의 겉모습이 아닌 진짜 모습을 보았기 때문이다.

아벨은 쓸쓸히 양을 키웠다.

아벨의 환경도 열악하긴 마찬가지였다.

거긴 사막이고 몇 달간 비도 내리지 않았다.

그런데 양들은 풀만 먹겠다고 우기는 것이다.

그러나 아벨은 상황을 핑계로 풀이 아닌 다른 걸 억지로 먹이지 않았다.

그들은 자기들이 먹을 것을 스스로 정했다.

그리고 아벨은 그저 풀이 있는 곳으로 그들을 인도해 갈 뿐이다.

그는 그들의 상전이 아니라 아랫사람이었던 것이다.

결국 그도 그들을 이끌고 하나님 앞으로 갔다.

그가 그들을 이끌고 하나님 앞으로 나아간 건 하나님에게 자기가 한 일을 자랑하기 위해서가 아니라 양들을 배불리 먹이기 위해서다.

거기에 풀이 있었으니까, 그들의 유일한 먹잇감.

그리고 하나님은 기꺼이 아벨과 굶주린 양들을 받아들였다.

가인은 하나님을 찾아 헤맸지만 아벨에겐 이미 하나님이 있었다.

그래서 하나님은 가인이 아니라 아벨의 제물만을 받았다.

가인의 식물들은 가인이 주는 것이라면 뭐든 다 먹는다.

그렇지 않으면 가인이 싫어하기 때문이다.

그들은 가인이 가라는 대로 가고 먹으라는 대로 먹는다.

그들은 구원받지 않은 이들이다.

아벨의 사람들도 아벨이 이끄는 대로 따라가는 건 마찬가지다.

그러나 그들은 그들이 먹지 말아야 할 것들은 입에도 대지 않는다.

그들이 무얼 먹어야 하는지를 분명히 알고 있기 때문이다.

그들은 이미 구원받은 이들이다.

천국이란 그런 것이다.

아벨에게만

천국은 결코 가인은 갈 수 없는 곳이다.

그래서 가인은 아벨을 죽였다.

천국에 가기 위해서다.

그리고 많은 사람들에게 이미 아벨이 죽고 없으니 이제 자기만 따라오면 누구라도 천국에 갈 수 있다고 떠들어댔다.

아벨을 없애기만 하면 자기가 아벨 대신 천국으로 돌아갈 수 있을 거라고 믿었던 것이다.

그러나 그는 어떠한 방법으로도 천국으로 돌아갈 수 없다.

천국에 들어갈 수 있는 사람은 오직 아벨뿐이기 때문이다.

교회는, 아벨이 죽었기 때문에 이제는 가인도 천국에 갈 수 있다 한다.

그러나 천국으로 들어갈 수 있는 사람은 오로지 아벨뿐이다.

왜냐하면 그것은 아벨에게만 열려 있는 문이기 때문이다.

죽은 것은 아벨이 아니라 살아 있는 가인이 이미 죽은 것이다.

양을 바치는 자

하나님은 아담에게 하나님의 양을 잠시 맡기고 여행을 떠났다.

하지만 아담은 하나님이 잠시 맡긴 양과 초원을 영원히 차지하기 위해 하나님에 맞서 싸우다가 실패하자 달아났다. 그리고 그 아들들만이라도 다시 하나님의 땅으로 돌아갈 수 있기를 바라며 제물을 준비하도록 시켰다.

하나님은 그런 그들에게 죄를 짓고 달아난 아담을 바칠 것을 요구했다.

하지만 그들은 그들의 아버지인 아담을 바칠 수는 없었다.

가인은 그 일은 절대로 할 수 없는 일이라고 결론을 내렸다.

그래서 하나님의 말을 진지하게 생각하지 않았다.

그냥 최선을 다해 자기가 농사지은 것을 바치면 될 것이라 생각했다.

아벨 역시 하나님의 요구를 그대로 들어줄 수는 없었다.

아담은 그의 아버지이기도 했기 때문이다.

하지만 반드시 그래야 한다는 사실은 알고 있었다.

가인은 열심히 농사를 지어 그중에 좋은 것들로 하나님에게 바칠 제물을 준비했다. 하지만 아벨은 아무것도 준비하지 않았다. 죄를 지은 아담이 아닌 다른 어떤 것도 아무런 의미가 없다는 것을 알았기 때문이다.

하나님에게 제물을 바치기로 한 날, 가인은 아담 대신 자기 땅에서 난 가장 좋은 산물들을 가져다 바쳤고 아벨은 아담을 대신해서 자기가 기르던 양에게서 제일 먼저 태어난 첫 새끼와 그 기름을 바쳤다.

그리고 하나님은 가인의 자랑거리가 아닌 아벨의 희생물을 받았다.

가인과 아벨처럼 일본과 독일은 똑같은 전범의 후예다.

하지만 일본은 아버지의 죄를 욕하고 미워하기는커녕 미화하기 급급하며 착한 척만 하고 독일은 아버지의 죄를 욕하고 미워하며 반성하는 모습을 보여준다. 과연 그들 중 누구의 제물을 하나님이 받을까?

아담의 죄가 무언지 모르는 사람들이 보기에는 가인의 제물이 더 훌륭하고 좋았지만 하나님은 아벨의 제물만을 받고 가인의 제물을 받지 않았다.

왜냐하면 그들의 죄가 무엇인지 오직 아벨만이 알고 있었기 때문이다.

이미 끝난 일

성경에 므비보셋이라는 사람이 나온다.

그는 다윗의 원수인 사울의 손자다.

사울 왕이 지금 왕이 된 다윗에게 얼마나 못된 짓을 하였는지는 온 나라가 다 아는 일이고 보니 므비보셋의 장래는 더욱 암담할 수밖에 없다.

다윗이 쳐들어오고 므비보셋은 아직 어리다.

유모는 다윗이 그를 죽일 거라고 믿는다.

그래서 그의 유모는 그를 데리고 다윗을 피해 달아난다.

그리고 정신없이 도망치다 다리를 다쳐 절뚝발이가 된다.

그러나 그는 사울의 손자이기도 하지만 요나단의 아들이기도 하다.

요나단은 사울의 아들이긴 하지만 아버지와 같지 않아서 다윗의 목숨을 구해준 은인이며 둘도 없는 친구다.

다윗은 그로 인해 그에게 은혜를 베풀고 싶어 한다.

유모의 손에 이끌려 도망가지 않아도 되었던 것이다.

교회는 므비보셋이 죽을 수밖에 없는 사람이라 한다.

사울(죄)의 후손이기 때문에 말이다.

그러나 사울은 이미 죽었다.

그리고 그에게는 이미 요나단이 있다.

아벨도 마찬가지다.

교회가 보기에 아벨은 그저 범죄자의 아들일 뿐이다.

그러나 므비보셋에게 사울이 이미 죽은 자이고 그가 태어나기도 전에 이미 요나단이 있었듯이 아벨은 이미 구원받은 자다.

하나님 앞에 나아가기 전에도 말이다.

다만 하나님은 그걸 확인해줄 뿐이다.

"사울의 아들 요나단에게 절뚝발이 아들 하나가 있으니 이름은 므비보셋이라 전에 사울과 요나단의 죽은 소식이 이스르엘에서 올 때에 그 나이 다섯 살이었는데 그 유모가 안고 도망하더니 급히 도망하므로 아이가 떨어져 절게 되었더라."(삼하 4:4).

"다윗이 가로되 사울의 집에 오히려 남은 사람이 있느냐 내가 요나단을 인하여 그 사람에게 은총을 베풀리라 하니라 사울의 종 하나가 있으니 그 이름은 시바라 저를 다윗의 앞으로 부르매 왕이 저에게 묻되 네가 시바냐 가로되 종이 그로소이다 왕이 가로되 사울의 집에 남은 사람이 없느냐 내가 그 사람에게 하나님의 은총을 베풀고자 하노라 시바가 왕께 고하되 요나단의 아들 하나가 있는데 절뚝발이니이다 왕이 저에게 묻되 그가 어디 있느냐 시바가 왕에게 고하되 로드발 암미엘의 아들 마길의 집에 있나이다 다윗 왕이 사람을 보내어 로드발 암미엘의 아들 마길의 집에서 저를 데려오니 사울의 손자 요나단의 아들 므비보셋이 다윗에게 나아와서 엎드려 절하매 다윗이 가로되 므비보셋이여 하니 대답하되 주의 종이 여기 있나이다 다윗이 가로되 무서워 말라 내가 반드시 네 아비 요나단을 인하여 네게 은총을 베풀리라 내가 네 조부 사울의 밭을 다 네게 도로 주겠고 또 너는 항상 내 상에서 먹을지니라 저가 절하여 가로되 이 종이 무엇이관대 왕께서 죽은 개 같은 나를 돌아보시나이까 왕이 사울의 사환 시바를 불러서 이르되 사울과 그 온 집에 속한 것은 내가 다 네 주인의 아들에게 주었노니 너와 네 아들들과 네 종들은 저를 위하여 밭을 갈고 거두어 네 주인의 아들을 공궤하라 그러나 네 주인의 아들 므비보셋은 항상 내 상에서 먹으리라 하니라 시바는 아들이 열다섯이요 종이 스물이라 시바가 왕께 고하되 내 주 왕께서 온갖 일을 종에게 명하신 대로 종이 준행하겠나이다 하니라. 므비보셋은 왕자 중 하나처럼 왕의 상에서 먹으니라 므비보셋에게 젊은 아들 하나가 있으니 이름은 미가더라 무릇 시바의 집에 거하는 자들은 므비보셋의 종이 되니라 므비보셋이 항상 왕의 상에서 먹으므로 예루살렘에 거하니라. 그는 두 발이 다 절뚝이더라."(삼하 9:1～13)

하나님의 뜻

가인, 에서, 압살롬, 아도니아, 유다, 모두들 그들에게 매료되어 있다. 그들은 겉으로 보기에 잘생기고 친절하며 화려하고 아름답기 때문이다.

하지만 화려하고 아름다운 것들에는 반드시 독이 있다.

그들은 하나님(사랑)을 필요로 하지 않는다.

그들 스스로가 완벽하다고 생각하기 때문이다.

그래서 하나님의 뜻은 언제나 부족한 아벨이다.

자기의 나약함으로 인해 리브가에게 의지할 수밖에 없었던 야곱 말이다.

교회는 자기들이 사람들에게 얼마나 착한 일을 많이 하고 많은 밥과 국을 주고 있는가를 자랑한다. 그리고 사람들이 교회가 선하다고 믿기 시작하는 것도 아마 그들이 밥과 국을 나누어주는 것을 보게 된 후부터일 것이다.

하지만 그들이 선한가 악한가를 결정하는 건 그들이 밥이나 국을 주느냐 주지 않느냐가 아니라 그들이 하나님이냐 아니냐, 그들이 유괴범이냐 아니냐다. 아이를 유괴하더라도 아이에게 아이스크림을 사주는 것은 좋은 일이라고 말할 수 있는가? 착하다는 것은, 선하다는 것은 그들이 아이에게 아이스크림을 사주느냐 사주지 않느냐로 정해지는 것이 아니라 그들이 유괴범이냐 아니냐, 그들이 하나님의 뜻을 따르느냐 아니냐로 정해지는 것이다. 그들이 좋은 사람들이라면 그들이 주는 밥도 좋은 밥이지만 그들이 나쁜 사람들이라면 그들이 아무리 좋은 밥을 주어도 그 밥은 나쁜 밥이다. 먹으면 죽는 밥이다.

그들이 전하려는 것이 선이라면 그들이 주는 밥도 따라 선이 되지만 그들이 전하려는 것이 악이라면 그들이 주는 밥도 따라 악이 되는 것이다.

사람들은 교회가 나눠주는 밥을 먹으면서 그 교회가 훌륭하다고 한다.

하지만 교회가 사람들에게 나눠주는 밥은 자기들의 옳지 못한 사상을 사람들로 하여금 좋아하게끔 하기 위해 던지는 약간의 미끼에 불과하다.

그들의 친절은 더 큰돈을 빼앗기 위해 초반에 잃어주는 푼돈이고 더 큰 물고기를 잡기 위해 낚시 끝에 끼운 떡밥이고 아이들을 유괴하기 위해 유괴범이 아이들에게 주는 달콤한 아이스크림이고 더 완벽하게 사람들을 속이기 위해 흘린 실속 없는 진실이고 음흉한 목적을 숨긴 순수하지 못한 친절이다.

그들은 가난한 사람들을 위하는 척 웃으며 사람들에게 다가가지만 결과적으로는 사람들에게 밥을 주는 대신 그들의 영혼을 훔쳐가고 있는 것이다.

"제자 중 하나로서 예수를 잡아 줄 가룟 유다가 말하되 이 향유를 어찌하여 삼백데나리온에 팔아 가난한 자들에게 주지 아니하였느냐 하니 이렇게 말함은 가난한 자들을 생각함이 아니요 저는 도적이라 돈궤를 맡고 거기 넣는 것을 훔쳐감이러라."(요 12:4~6)

이삭이 나이 많아 눈이 어두워 잘 보지 못하더니 맏아들 에서를 불러 가로되

“**내** 아들아!”

하매 그가 가로되

“**내**가 여기 있나이다.”

하니 이삭이 가로되

“**내**가 늙어 어느날 죽을는지 알지 못하노니 그런즉 네 기구 곧 전통과 활을 가지고 들에 가서 **나**를 위하여 사냥하여 **나**의 즐기는 별미를 만들어 **내**게로 가져다가 먹게 하여 **나**로 죽기 전에 **내** 마음껏 네게 축복하게 하라.”

이삭이 그 아들 에서에게 말할 때에 리브가가 들었더니 에서가 사냥하여 오려고 들로 나가매 리브가가 그 아들 야곱에게 일러 가로되

“네 부친이 네 형 에서에게 말씀하시는 것을 내가 들으니 이르시기를 나를 위하여 사냥하여 가져다가 별미를 만들어 나로 먹게 하여 죽기 전에 여호와 앞에서 네게 축복하게 하라 하셨으니 그런 즉 내 아들아 내 말을 좇아 내가 네게 명하는 대로 염소떼에 가서 거기서 염소의 좋은 새끼를 내게로 가져오면 내가 그것으로 네 부친을 위하여 그 즐기시는 별미를 만들리니 네가 그것을 네 부친께 드려서 그로 죽으시기 전에 네게 축복하기 위하여 잡수시게 하라.”(창 27:1～10)

05

롯 이야기

진리는 숫자가 아니다

소돔에는 똑똑한 사람들이 많았지만 아무도 천사를 알아보지 못했다.

하나님의 진노를 알아차리지 못했다.

그들에겐 이미 오랫동안 믿어온 그들을 구원해줄 종교가 있기 때문이다.

그들은 그들이 믿는 종교의 지도자들의 말만을 믿었다.

그러나 롯은 달랐다.

그는 비록 소돔에 들어와 있긴 하지만 그들이 믿는 종교를 믿지 않았다.

그것이 하나님과는 아무런 상관이 없다는 것을 알았기 때문이다.

교회는 자기들이 믿는 종교가 옳다고 다른 사람들에게 이야기할 때 종교가 존재한 시간과 그 종교를 믿는 신도의 숫자를 이야기하고 그중에서 얼마나 유명하고 높은 사람이 포함되어 있는지를 이야기한다. 그 사람들이 바보가 아닌데 그렇게 많은 사람들과 그렇게 훌륭한 사람들이 그렇게 오랫동안 그 종교를 믿는 것이 그것이 곧 진리이기 때문이라는 것이다.

그러나 진리는 시간도 아니며 숫자는 더더욱 아니다.

왜냐하면 노아 단 한 사람을 제외한 노아이전의 세상과 롯을 제외한 소돔이 하루아침에 망하듯 아무리 많은 시간 동안 이어져 내려오고 아무리 많은 사람이 믿는다 할지라도 잘못된 것은 결국 잘못된 것일 뿐이기 때문이다.

반복

"하나님이 내게 말해 주었다. 이제 곧 이곳은 멸망할 것이다." 하고 노아가 말했을 때 사람들은 모두가 그의 말을 믿지 않았다.

미쳤다고 생각했고 어리석다고 생각했다.

그들이 노아의 말을 믿지 않았던 건 그들은 교회에서 사람은 오직 교회와 성경을 통해서만 하나님을 만날 수 있고 하나님의 말을 들을 수 있을 뿐 하나님을 직접 만날 수 없고 이야기를 나눌 수도 없다고 배웠기 때문이다.

그래서 교회도 다니지 않고 성경도 많이 읽지 않은 노아가 하나님을 직접 만났다고 했을 때 그들은 그 말을 믿지 않았다. 성경은 그렇게 이야기하지 않는데 노아가 성경을 모르기 때문에 그런 이야기를 하는 것이라 생각했다.

그들은 자기들이 무엇을 잘못하고 있는지를 몰랐다.

눈앞에 하나님이 있어도 그 하나님이 무슨 이야기를 해도 하나님은 오직 교회와 성경 안에만 있다는 교회의 말만 믿고 자기 눈앞에 있는 하나님은 하나님이 아니라고 생각했다. 그래서 그가 바른 말을 해줘도 교회에서 하는 말과 다른 말을 한다며 오히려 그를 죽이려 했다.

그러나 그로 인해 그들은 모두 죽었다.

소돔에 하나님의 천사들이 찾아왔을 때 소돔 안에 있는 모든 사람들은 아무도 그들이 하나님의 천사라 생각하지 않았다. 그들도 교회에서 하나님이나 천사는 오로지 교회 안과 성경 안에서만 만날 수 있고 직접 만날 수는 없다고 배웠기 때문에 눈앞에 있는 천사는 결코 천사가 아니고 자신들을 천국에 갈 수 있게 해줄 유일한 곳인 소돔에서 자기들을 쫓아내려는 사단이라고 생각했던 것이다. 그래서 오히려 그가 자기들이 틀렸다고 말하자 죽이려 했다.

하지만 롯만이 소돔이 잘못됐다는 것을 알고 그들을 대접한 것이다.

소돔이 멸망할 것이라는 천사의 말을 듣고 가족을 이끌고 뒤도 돌아보지 않고 소돔을 떠나는 롯의 모습을 사람들은 이상하게만 생각했을 것이다. 왜냐하면 그들이 보기에는 소돔이 곧 천국이었기 때문이다.

그들이 다니는 소돔의 교회에서는 소돔 안에 머물러야만 천국에 갈 수 있고 소돔을 떠나면 지옥에 가게 된다고 가르쳤을 것이다.

하지만 롯에게 소돔은 이미 죽은 도시였다.

당장은 너무나 활발하게 살아 움직이는 것처럼 보이지만 그들은 이미 타락할 대로 타락해서 더 이상 아무 희망도 보이지 않았기 때문이다.

지금도 마찬가지다.

교회에 다니는 사람들은 성경에서 노아는 하나님을 만나고 롯은 하나님을 만났지만 지금은 그때와 달라서 사람은 오직 교회와 성경 안에서만 하나님을 만날 수 있을 뿐 하나님을 직접 만날 수는 없는 것이라 생각한다. 그래서 교회가 아니라 하나님과 직접 만나라고 말하면 교회에서 하는 말과 다르기 때문에 그건 잘못된 것이라 한다.

그들은 노아와 롯의 이야기를 보고 그들도 그와 같이 구원받기를 원하지만 정작 그 시대에 그들이 살았다면 그들도 노아와 롯을 비웃었을 것이다. 하나님을 어떻게 직접 만나고 천사를 어떻게 직접 만나느냐 하면서 말이다.

그러나 그러다 죽는 거다.

왜냐하면 성경에서 구원받는 몇 안 되는 사람은 모두 목사를 믿고 하나님을 교회와 성경 안에서 만난 기독교를 믿는 사람들이 아니라 하나님을 직접 만나서 이야기 나눈 사람들이기 때문이다.

한 가지 차이점

교회 안에는 온갖 살아 있는 짐승들이 다 있다. 반드시 참석해야 하는 예배와 토를 달아서는 안 되는 설교와 교회를 늘리고 관리하는 데 필요한 허드렛일과 천국에 가기 위해 자발적으로 바쳐야 하는 십일조, 감사헌금, 건축헌금, 작정 헌금, 선교헌금 등등 이름도 다양한 각종 헌금과.

교회는 그 모든 짐승들을 죽이지도 않을뿐더러 모두 깨어 있게 놔둔다.

그 안에서는 짐승들이 오롯이, 철저히 사람의 주인노릇을 한다.

그들은 입을 벌려 사람들에게 끊임없이 먹을 것을 달라고 요구한다.

작은 초식 동물에서부터 사나운 맹수까지. 먹어치우는 분량, 내놓는 배설물, 요구한 것이 충족되지 않으면 부리는 난동이 장난이 아니다. 무섭다.

그리고 그 모든 것은 사람이 감당해야 할 몫이다.

싫다고 잠시라도 게으름을 부리면 성난 짐승들에게 잡아먹히고 말 것이다.

뛰쳐나온 사자를 우리 안에 가두고 산처럼 쌓인 코끼리의 똥을 치우고.

말로는 하나님을 섬긴다고 하지만 사자가 그들의 주인이고 코끼리가 그들의 하나님이다.

정신적인 정조뿐만 아니라 신체적인 정조까지 하나님이 아니라 모두 그들이 가져간다.

교회는 그것이 당연하다고 한다.

오히려 그렇게 하지 못하는 사람들을 힐책하고 비난한다.

교회는 자기들의 방주가 노아의 방주와 같다고 말한다.

그러나 그들의 방주와 노아의 방주에는 분명한 차이점이 한 가지 있다.

바로 노아의 방주 안에는 깨어 있는 짐승들이 하나도 없다는 것이다.

노아의 방주 안에 있는 사람들은 짐승들을 섬기는 일을 하지 않는다.

물론 노아의 방주 안에도 짐승들은 많이 있다.

하지만 방주 안에 있는 엄청나게 많은 동물들을 먹이고 돌보는 일은 사람의 힘으로 해낼 수 있는 일도 아닐뿐더러 해야 할 일도 아니다.

왜냐하면 그 안에 있는 사람들을 괴롭게 할 사나운 동물들이 하나도 남아 있지 않도록 하나님이 모두 잠재워 버렸기 때문이다.

"아담이 돕는 배필이 없으므로 여호와 하나님이 아담을 **깊이 잠들게 하시니** 잠들매 그가 그 갈빗대 하나를 취하고 살로 대신 채우시고 여호와 하나님이 아담에게서 취하신 그 갈빗대로 여자를 만드시고 그를 아담에게로 이끌어 오시니……."(창 2:21, 23)

"예수께서 일어나사 여자 외에 아무도 없는 것을 보시고 이르시되 여자여 너를 고소하던 그들이 어디 있느냐, 너를 정죄한 자가 없느냐? 대답하되 **주여 없나이다**. 예수께서 가라사대 나도 너를 정죄하지 아니하노니 다시는 죄를 범치 말라 하시니라."(요 8:10, 11)

떠나는 자

롯은 떠돌이 나그네다. 한 곳에 머물지 않고 언제든 어디든 갈 수 있다.

그는 소돔에 들어왔던 것처럼 언제든 다시 소돔을 나갈 수도 있다.

그러나 소돔 사람들은 영원히 소돔에 살아야 할 사람들이었다.

그들은 소돔이 멸망한다는 걸 알고도 소돔을 떠날 마음이 없었다.

그것이 악인 줄 알면서도 그들은 그곳을 떠나려 하지 않았다.

그들은 그들이 살기 위해서는 그들이 달라지지 않고 소돔에 찾아온 두 천사를 자기들처럼 만들기만 하면 된다고 생각했다.

그들이 자기들과 같아지면 소돔을 없앨 수 없을 것이라 믿었기 때문이다.

그래서 그 두 사람과 관계를 맺으려 했던 것이다.

좋아서가 아니라 자기들처럼 만들기 위해서.

그러나 롯은 달랐다.

롯이 구원받은 건 떠날 수 있었기 때문이다.

죽은 자가 살리라 하는 말은 죽은 자는 어느 쪽에도 속해 있지 않기 때문에 올바른 판단을 할 수 있고 그래서 살 수 있다는 말이 아닌가 싶다.

떠나야 할 때 떠나야 할 곳에서 떠날 수 있게 해주니까 말이다.

교회는 떠나지 않고도 구원받을 수 있는 방법을 가르쳐준다.

교회는 사람은 모두 죄인이라 한다.

그리고 한번 죄인이 되면 다시는 의인이 될 수 없다고 한다.

한번 소돔에 들어오면 다시는 소돔을 떠날 수 없다 한다.

그러나 사람은 언제든 죄인도 의인이 될 수 있고 언제든지 떠날 수 있다.

그리고 구원은 떠나야 할 곳에서 떠나는 자의 것이다.

그가 다른 점

사람들에게 방주(세상)를 만드는 일은 사치다.

그들은 당장 먹고살기 바쁘다. 나 하나 구원하는 것에 바쁘다.

방주(세상)를 만드는 일은 하루아침에 이루어지는 일이 아니다.

당장에 밥이나 옷이나 돈이 생기는 일도 아니다.

우선은 배고프고 우선은 헐벗을 수밖에 없다.

사람들은 노아가 방주(세상)를 완벽하게 만드는 일을 어리석게 생각한다.

세상을 더 나은 쪽으로 바꾸려는 노력을 무모하다고 생각한다.

더 큰 꿈을 꾸는 이를 어리석게 생각한다.

그러나 밥이나 옷이나 돈이 생기는 일보다 더 중요한 일이 세상에는 있다.

오랜 시간이 걸리더라도 결국은 해내지 않으면 안 되는 일이 있다.

사람들은 방주를 만드는 것은 사람이 할 수 있는 일이 아니라고 생각한다. 그저 그들은 나를 구원하는 것이 곧 내가 구원받는 길이라고 생각한다.

그러니 나 하나만 잘하면 그만이라고 생각한다.

하지만 완벽한 방주를 만드는 일은 다른 그 어떤 일보다 중요하다.

내 힘만으로는 퍼붓는 비를 끝까지 막을 수 없지만 방주가 있다면 내가 빗속에서 죽지 않도록 방주가 모든 비를 모두 다 막아줄 것이기 때문이다.

"너희는 먼저 그의 나라와 그의 의를 구하라. 그리하면 이 모든 것을 너희에게 더하시리라."(마 6:33)

06

예수의 일화

물로 만든 포도주

갈릴리 가나에 혼인이 있어 예수의 어머니도 거기 계시고 예수와 그 제자들도 혼인에 청함을 받았더니 포도주가 모자란지라.

예수의 어머니가 예수에게 이르되

"저희에게 포도주(기쁨)가 없다."

하니 예수께서 가라사대

"여자여, 나와 무슨 상관이 있나이까? 내 때가 아직 이르지 못하였나이다."

그 어머니가 하인에게 이르되

"너희에게 무슨 말씀을 하시든지 그대로 하라."

하니라.

거기 유대인의 결례를 따라 두세 통 드는 돌항아리 여섯이 놓였는지라.

예수께서 저희에게 이르시되

"항아리에 물을 채우라."

하신즉 아구까지 채우니

"이제는 떠서 연회장에게 갖다 주라."

하시매 갖다 주었더니 연회장은 물(하나님)로 된 포도주(기쁨)를 맛보고 어디서 났는지 알지 못하되 물 떠온 하인들은 알더라.

연회장이 신랑을 불러 말하되

"사람마다 먼저 좋은 포도주를 내고 취한 후에 낮은 것을 내거늘, 그대는 지금까지 좋은 포도주를 감추어 두었도다."

하니라.(요 2:1~10)

여자가 예수에게 말했다.

"저희에게 더 이상 포도주가 없다."

그에게는 능력이 있었다.

그러나 그는 아무 일도 할 수 없었다.

무시당하고 있었기 때문이다.

"나와 무슨 상관이 있나이까? 내 때가 아직 이르지 못하였나이다."

그래서 여자가 하인에게 말했다.

"너희에게 무슨 말씀을 하시든지 그대로 하라."

예수에게 절대적인 권력을 쥐어준 것이다.

가나(모두가 주목하는 대도시가 아니라 갈릴리 북쪽의 변방에 위치한 아주 작은 마을)에 혼인 잔치가 있었는데 여자(하나님)가 거기에 있었고 그의 아들인 예수도 아울러 청함을 받았다.

사람들은 아무 어려움 없이 즐겁게 마시고 기쁨에 취해 있었다.

그때까지 그들에게 여자나 예수는 그다지 중요한 사람이 아니었다.

그러다가 포도주가 떨어졌고 사람들은 당황했다.

예수의 어머니가 한쪽 구석에 앉아 있던 예수에게 말했다.

"저희에게 포도주(기쁨)가 없다."

예수가 포도주를 만들기 전에도 사람들은 포도주를 마시고 있었다.

그들은 자신들이 아주 좋은 포도주를 마시고 있다고 생각하고 있었다.

그런데 예수가 만들어준 포도주를 맛본 후 그들의 생각은 바뀌었다.

예수가 주는 포도주(기쁨)를 알기 전에도 사람들은 저마다 좋은 포도주라고 생각되는 포도주(기쁨)에 취해 있었다.

귀를 즐겁게 하는 음악과 눈을 즐겁게 하는 수집품, 장신구, 술과 온갖 놀이, 세상은 믿기만 하면 구원을 얻을 수 있다는 온갖 종교들로 넘쳐난다.

그러나 그것은 시간이 지날수록 머리만 아프게 할 뿐이었다.

그들은 거기에서 온전한 포도주(기쁨)를 찾지 못했다.

그들은 예수가 만든 포도주가 아주 특별한 것이라고 생각했다.

머리 아픈 것이 말끔히 가셨으니까 말이다.

하지만 예수는 하인들에게 그저 빈 항아리에 물만 가득 채우라고 했다.

오로지 물뿐이다.

다른 아무것도 더하지 않았다.

그러나 거기에 예수가 들어서면 물이 곧 포도주(기쁨)가 되는 것이다.

교회는 여자의 존재를 무시한다.

그들이 보기에는 여자가 한 일은 아무것도 없는 것처럼 보이기 때문이다.

하지만 그 모든 일의 시작에 여자가 있다.

그리고 여자의 말에는 능력이 있다.

그들의 눈에는 오직 예수밖에 보이지 않는다.

그러나 예수 이전에 여자가 있다.

거기에 여자가 없었다면, 여자가 그를 끌어들이지 않았다면, 여자가 하인들을 그에게 보내지 않았다면, 그리고 하인들로 하여금 그의 말에 절대적으로 복종하도록 만들지 않았다면 기적은 결코 일어나지 않았을 것이기 때문이다.

이것뿐이라고 여겨졌던 포도주가 떨어진 후에 들이부어지는 진짜 포도주, 잔치가 끝났다고 생각되는 순간에 비로소 시작되는 잔치, 이것이 여자(하나님)의 허락과 지지에 힘입어 예수가 행한 첫 번째 기적이다.

백부장의 하인

예수께서 가버나움에 들어가시니 한 백부장이 나아와 간구하여 가로되

"주여, 내 하인이 중풍병으로 집에 누워 몹시 괴로워하나이다."

가라사대,

"내가 가서 고쳐주리라."

백부장이 대답하여 가로되

"주여, 내 집에 들어오심을 나는 감당치 못하겠사오니 다만 말씀으로만 하옵소서. 그러면 내 하인이 낫겠삽나이다. 나도 남의 수하에 있는 사람이요, 내 아래도 군사가 있으니 이더러 가라 하면 가고 저더러 오라 하면 오고 내 종더러 이것을 하라 하면 하나이다."

예수께서 들으시고 기이히 여겨 좇는 자들에게 이르시되

"내가 진실로 너희에게 이르노니 이스라엘 중 아무에게서도 이만 한 **믿음**을 만나보지 못하였노라. 또 너희에게 이르노니 동서로부터 많은 사람이 이르러 아브라함과 이삭과 야곱과 함께 천국에 앉으려니와 나라의 본 자손들은 바깥 어두운 데 쫓겨나 거기서 울며 이를 갊이 있으리라."

예수께서 백부장에게 이르시되

"가라. 네 **믿은 대로** 될찌어다."

하시니 그 시로 하인이 나으니라.(마 8:5~13)

백부장은 높은 권세가 있음에도 겸손했다.

당시 하인이란 주의의 소유물이었다. 하나의 도구였다. 그런 하인 하나가 병들어 괴로워한다고 예수에게 찾아와 자기를 낮추고 간청하는 백부장은 사랑이 많은 사람이었다.

대단한 권력의 소유자이면서 도구나 다름없는 일개 하인의 생명까지도 소중히 여기는 자상한 주인인 것이다.

사람들은 조그만 권세를 가져도 교만하기가 쉽다. 그러나 이 백부장은 "나도 남의 수하에 있는 사람이요, 내 아래도 군사가 있으니"라며 예수 앞에서 겸손했다. 예수만이 하인의 병을 고쳐줄 수 있는 사람이었기 때문이다.

그리고 백부장은 예수를 믿었다.

예수를 아주 철저히 믿었다. 말씀만으로도 집에 있는 하인이 나을 것을 믿었다. 예수의 보증을 서고 있는 것이다. 마치 이미 오래전부터 예수에 대해 알고 있던 사람처럼 말이다.

성경을 보면 "예수께서 들으시고 기이히 여겨……"라고 되어 있다.

백부장은 사람을 넘어선다.

그는 로마의 장군이면서도 유대인들을 사랑하고 그들을 위하여 회당을 지어준 이다.

어마어마한 권력을 지니고 있으면서도 자기 집에 있는 수많은 하인 중의 하나의 병을 고쳐주기 위해 자기를 낮추는 사랑이 많은 주인이다.

'백부장처럼 믿어야 하고.'

'백부장처럼 겸손해야 하고.'

'백부장처럼 자기의 아랫사람을 사랑해야 하고…….'

교회의 설교는 늘 이렇다.

그들에겐 사랑이 의무다.

하고 싶지 않아도 그렇게 해야만 하는 것이다.

하지만 순서가 틀렸다.

전원을 켜기 전에는 아무리 채널을 돌려도 화면을 볼 수 없는 것처럼 겸손해야지 하며 겸손하고 믿어야지 하며 믿고 사랑해야지 하며 사랑하고, 그렇게 해서 구원을 받게 되는 것이 아니라 먼저 마음에 하나님이 살아나면 애쓰지 않아도 저절로 겸손한 마음과 믿음과 사랑이 살아난다.

즉, 그런 마음을 갖겠다고 애쓰면 저절로 백부장이 되는 것이 아니라 백부장이 되면 저절로 그런 마음을 갖게 되는 것이다.

사람들의 노력에 의해 세상이 하나님이 보기에 좋은 세상이 되는 것이 아니라 하나님이 다시 세상에 찾아오기만 하면 애쓰지 않아도 세상이 제 위치를 찾아가게 되는 것이다.

물이 맑아지면 저절로 깨끗한 상태를 유지할 수 있게 되듯이.

그리고 예수가 사람들에게 말하려는 건 백부장처럼 겸손하고 사랑이 많으며 훌륭한 믿음을 가지라는 것이 아니라 그의 하인이 어떻게 다시 살게 되었는가 하는 것이다.

하인이 구원을 받은 건 그가 뭘 잘해서가 아니라 백부장의 소유였기 때문이다.

그의 노력이 아니라 주인의 사랑이 하인을 살리는 것이다.

하나님의 사랑이 사람을 살리는 것처럼.

"사랑은 여기 있으니 우리가 하나님을 사랑한 것이 아니요, 오직 하나님이 우리를 사랑하사 우리 죄를 위하여 화목제로 그 아들을 보내셨음이니라."(요일 4:10)

열 사람의 문등병자

예수께서 예루살렘으로 가실 때에 사마리아와 갈릴리 사이로 지나가시다가 한 촌에 들어가시니 문등병자 열 명이 예수를 만나 멀리 서서 소리를 높여 가로되

"예수 선생님이여, 우리를 긍휼히 여기소서!"

하거늘 보시고 가라사대

"가서 제사장들에게 너희 몸을 보이라."

하셨더니 저희가 가다가 깨끗함을 받은지라.

그중의 하나가 자기의 나은 것을 보고 큰 소리로 '**하나님께 영광**'을 돌리며 돌아와 예수의 발아래 엎드리어 사례하니 저는 사마리아인이라.

예수께서 대답하여 가라사대

"열 사람이 다 깨끗함을 받지 아니하였느냐. 그 아홉은 어디 있느냐. 이 이방인 외에는 **하나님께 영광**을 돌리러 돌아온 자가 없느냐."

하시고 그에게 이르시되

"가라. 네 **믿음**이 너를 구원하였느니라."

하시더라.

바리새인들이

"하나님의 나라가 어느 때에 임하나이까?"

묻거늘 예수께서 대답하여 가라사대

"하나님의 나라는 볼 수 있게 임하는 것이 아니요, 또 여기 있다 저기 있다고도 못하리니 하나님의 나라는 너희 안에 있느니라."

하시니라.(눅 17:11～21)

문둥병자 열 사람이 함께 예수에게 왔고 이후에 그들은 모두 낳았다.

그러나 병이 나았다는 것을 알았을 때, 아홉 사람은 전통대로 제사장을 향해 가던 길을 계속 걸어갔고 오직 한 사람만이 다른 사람들의 비난과 비웃음을 뒤로한 채 방향을 바꿔 오던 길을 다시 거슬러서 예수에게 돌아갔다.

모든 사람이 예수를 만났지만 단 한 사람만이 방향을 바꾼 것이다.

그리고 그는 영원한 구원을 받는다.

그가 구원을 받은 것은 방향을 바꾸었기 때문이다.

모든 아담은 쫓겨났고 소돔 사람들은 모두 죽었다.

그리고 그 속에서 구원을 받은 이는 단 한 사람뿐이다.

교회가 가르쳐주는 건 여기까지다.

하지만 정작 중요한 건 '누가'가 아니라 '왜'다. 즉, 누가 쫓겨났으며 누가 죽었는가가 아니라 왜 쫓겨나고 왜 죽었는가 하는 것을 이해할 수 있을 때 비로소 구원을 얻을 수가 있는 것이다.

이 이야기에 등장하는 나머지 아홉 사람의 심각성을 알겠는가.

그들에게 옳고 그름은 이미 중요한 것이 아니다.

그들은 언제나 아홉 명이 있는 쪽을 선택한다.

그들과 함께 있기 위해 술을 마시고 그들과 함께 있기 위해 밤에 나서며 범죄자가 되며 그들과 함께 있기 위해 죽기도 한다.

그리고 구원받았다고 생각한다.

그러나 진실로 구원을 얻기 위해서는 본질이 무엇인지를 알아야 한다.

그들은 자기들이 틀렸다고 생각지 않는다.

그들은 한 사람이 틀렸고 아홉 사람이 맞았다고 생각한다.

그것이 당연하다고 생각한다.

거기에 아홉 명이 있기 때문이다.

그들은 한 사람이라는 것을, 다른 모든 사람들에게 인정받지 못한다는 것을 곧 그것이 틀렸다는 증거라고 생각한다.

그러나 한 사람이 구원을 받는 것은 나머지 아홉 사람으로부터 빠져나와 방향을 바꿔 본래 가야 할 곳으로 갔기 때문이다.

롯이 소돔에 휘말리지 않고 자기 자신을 지켰던 것처럼, 한 사람만이 다른 사람들이 모두 가는 길을 함께 가지 않고 자기 앞에 가고 있는 아홉 명에게서 등을 돌려 오던 길을 다시 갔던 것처럼 진정으로 구원을 얻고 싶다면 정말 옳은 일이 무엇인가를 깨닫고 그 때까지의 모든 잘못된 것으로부터 등을 돌릴 수 있어야 하는 것이다.

한 여자의 향유

예수께서 베다니 문둥이 시몬의 집에 계실 때에 한 여자가 매우 귀한 향유 한 옥합을 가지고 나아와서 식사하시는 예수의 머리에 부으니 제자들이 보고 분하여 가로되

"무슨 의사로 이것을 허비하느뇨? 이것을 많은 값에 팔아 가난한 자들에게 줄 수 있었겠도다."

하거늘 예수께서 아시고 저희에게 이르시되

"너희가 어찌하여 이 여자를 괴롭게 하느냐? 저가 좋은 일을 하였느니라. 가난한 자들은 항상 너희와 함께 있거니와 나는 항상 함께 있지 아니하리라. 이 여자가 내 몸에 향유를 부은 것은 내 장사를 위하여 함이니라. 내가 진실로 너희에게 이르노니 온 천하에 어디서든지 이 복음이 전파되는 곳에는 이 여자의 행한 일도 말하여 저를 기념하리라."

하시니라.(마 26:6~13)

예수를 미끼로 다른 사람을 부리려는 자가 있다.

예수를 통해 장사를 하려는 이가 있다.

그들은, 나는 너희보다 예수와 가까우니 너는 내 말을 들어야 하고 내게 돈을 바쳐야 하고 그렇지 않으면 예수에 의해 심판 날에 지옥에 떨어지게 될 거라거나 하며 사람들이 예수에게 직접 나아가는 걸 막는다.

마치 그들이 예수를 소유하기라도 한 것처럼.

하지만 예수는 누구의 소유도 아닐뿐더러 이미 어느 한 사람이 아니다.

예수는 사람들에게 먹히어지는 떡이며 불을 머금고 있는 심지다.

그는 사람이 아니라 사람을 이루는 가장 중요한 구성성분이다.

교회도 찬송가를 부르고 그들도 예수를 부르짖는다.

교회에서는 늘 찬송가가 울려 퍼진다.

교회는 늘 큰 소리로 예수를 부르짖고 다닌다.

그들은 그들이 부르는 찬송가가 하나님을 기쁘게 할 것이라 생각한다.

하지만 진정한 찬송은 교회(가인)의 입에서 불리어지는 수백 가지 찬송가가 아니라 순결한 어린아이의 맥박소리로 충분하며 예수를 진심으로 아끼고 사랑하는 이는 교회가 아니라 그의 어머니(하나님)다. 교회의 찬송은 세상의 눈을 속이려는 수단이 될 뿐이고 교회의 부르짖음은 하나님이 아니라 오로지 자기를 즐겁게 할 뿐이다.

"때에 사람들이 예수의 안수하고 기도하심을 바라고 어린아이들을 데리고 오매 제자들이 꾸짖거늘 예수께서 가라사대 어린아이들을 용납하고 내게 오는 것을 금하지 말라. 천국이 이런 자의 것이니라 하시고……."(마 19:13, 14)

우물가에서 만난 여자

예수가 사마리아에 있는 수가라 하는 동네에 이르렀는데 거기에는 야곱의 우물에 있는 곳이기도 하다.

예수가 거기서 잠시 쉬다가 물 길러 오는 사마리아 여자를 보고 자신에게 물을 좀 달라 하고 청하였다.

여자는 예수에게 물을 떠주고 싶긴 했지만 그 부탁을 거절하였다.

그가 유대인이었기 때문이다.

"어찌 유대인이 사마리아인에게 말을 거시나이까?"

그때까지 유대인과 사마리아인은 말도 나누지 않는 사이였기 때문이다.

"네가 나를 몰랐다. 네가 만일 하나님의 선물과 또 네게 물 좀 달라 하는 이가 누구인 줄 알았더면 네가 그에게 구하였을 것이요, 그가 네게 생수를 주었으리라."

여자가 다시 물었다.

"여기엔 물 길을 그릇도 없고 이 우물은 깊은데 어디서 이 생수를 얻겠삽나이까? 우리 조상 야곱이 이 우물을 주었고 또 여기서 자기와 자기 아들들과 짐승이 다 먹었으니 당신이 야곱보다 크니이까?"

유대인과 사마리아인이 서로 화친할 방법도 없거니와 그 앙금이 깊은데 당신이 무슨 수로 화친을 이루겠는가, 법으로 정하여 누구도 어찌하지 못하는 일을 당신이라고 어떻게 할 수 있겠는가 하고 묻는 것이다.

그러자 예수가 대답했다.

"이 물(가짜 하나님)을 먹는 자마다 다시 목마르려니와 내가 주는 물(참 하나님)을 먹는 자는 영원히 목마르지 아니하리니 나의 주는 물은 그 속에서 영생하도록 솟아나는 샘물이 되리라."

여자가 가로되

"주여, 이런 물(하나님)을 내게 주사 목마르지도 않고 또 여기 물 길러 오지도 않게 하옵소서."

가라사대

"가서 네 남편(너를 구원해줄 종교)을 불러오라."

여자가 대답하여 가로되

"나는 남편이 없나이다."

하니 예수께서 가라사대

"네가 남편이 없다 하는 말이 옳도다. 네가 남편 다섯이 있었으나 지금 있는 자는 네 남편이 아니니 네 말이 참되도다."

"주여, 내가 보니 선지자로소이다. 우리 조상들은 이 산에서 예배하였는데 당신들의 말은 예배할 곳이 예루살렘에 있다 하더이다. 둘 중에 누구의 말이 옳으니이까?"

예수께서 대답하기를

"여자여, 내 말을 믿으라. 그도 저도 아니고 이 산에서도 말고 예루살렘에서도 말고 너희가 아버지께 예배할 때가 있으리라. 너희는 알지 못하는 것을 예배하고 우리는 아는 것을 예배하노니 이는 구원이 유대인에게서 남이니라. 아버지께 참으로 예배하는 자들은 신령과 진정으로 예배할 때가 오나니, 곧 이 때라 아버지께서는 이렇게 자기에게 예배하는 이를 찾으시느니라. 하나님은 영이시니 예배하는 자가 신령과 진정으로 예배할찌니라."

여자가 다시 가로되

"메시아, 곧 그리스도라 하는 이가 오실 줄을 내가 아노니 그가 오시면 모든 것을 우리에게 고하시리이다."

예수께서 이르시되

"네게 말하는 내가 그로라."

하시니라.(요 4:13~26)

사람들에게는 저마다 섬기는 남편(종교)이 하나씩 있다. 남편이 없는 여자는 이상한 여자라고 생각한다. 그들의 남편은 모두 그럴듯한 장점과 매력을 가지고 있다. 그래서 그들은 그 남편이 자신들을 구원해줄 것이라 믿는다.

그러나 그들이 믿는 남편은 그들을 구원해주지 못한다.

단 한 사람도 말이다.

왜냐하면 남편에게 가장 중요한 것은 그들을 섬기는 여자가 아니라 바로 자기 자신이기 때문이다. 그들은 결코 여자를 사랑하지 않는다.

여자들은 여자가 결혼을 여러 번 했다고 하면 무조건 천박한 여자라고 생각한다. 한 번만 한 것을 자랑스럽게 생각한다. 설령 맞고 살아도 말이다.

물론 결혼을 한 번만 할 수 있다면 그보다 더 좋은 일은 없다.

하지만 결혼을 한 번만 했다고 해서 꼭 좋은 여자인 것만도 아니고 여러 번 했다고 해서 꼭 나쁜 여자인 것만도 아니다. 왜냐하면 중요한 것은 결혼을 몇 번 했는가 하는 것이 아니라 남편이 진심으로 자기를 사랑하고 있는가 하는 것이기 때문이다. 아니라면 그 결혼은 의미가 없는 것이다.

여기 아름다운 한 여자가 있다.

그녀에게는 남편이 다섯이나 있었고 지금도 함께 살고 있는 남편이 있다.

그녀에게는 법적으로 다섯 명의 남편이 있는 셈이다.

그러나 그녀는 그들 모두를 자기 남편이라고 인정하지 않는다.

그들이 자기를 구원해줄 수 없는 사람들이라는 걸 알기 때문이다.

그들 중 어느 누구도 자신을 사랑하지 않은 것을 알기 때문이다.

그녀는 착한 여자는 아니라 할지라도 현명한 여자다.

그녀 주변의 얌전하고 정숙한 여자들은 모두들 그녀를 비웃고 조롱한다.

그들은 여자가 결혼할 수 있는 것은 일생에 오직 한 번뿐이라고 생각한다.

설령 결혼한 남편이 맘에 들지 않더라도 한번 결혼한 여자는 다시는 다른 사람과 결혼해서는 안 되고 그냥 그 안에서 죽어야만 한다고 생각한다.

다른 여자들은 한번 결혼했으면 남자가 자기를 사랑해 주지 않고 행복하게 해주지 않고 구원해 주지 않아도 팔자라고 생각하고 그냥 참으며 산다.

'저 남자는 (잘생겼으니까, 돈이 많으니까, 힘이 세니까, 지위가 높으니까, 나에게는 너무 과분한 상대니까) 그냥 살자' 혹은 '아이가 있으니까, 어차피 누구를 만나도 그놈이 그놈이니까.' 하며 바람을 피워도 그냥 참으며 산다.

그러나 그녀는 다르다. 그녀는 그렇게 살지 못한다.

그녀는 진심으로 남편을 사랑한다.

그리고 그에게 최선을 다한다.

그러나 그 남자가 자기를 사랑해 주지 않고 행복하게 해주지 못하고 구원해주지 못할 사람이라면 그 남자를 떠나야 한다고 생각한다. 왜냐하면 그녀가 결혼하는 이유는 행복해지고 구원받고 사랑받기 위해서이기 때문이다.

그녀는 그러한 이유로 첫 번째 남편과 이혼을 한다.

그리고 두 번째, 세 번째, 네 번째 남편과도 같은 과정을 거쳐 결혼을 하고 같은 이유로 이혼을 한다. 그러다 보니 결혼을 다섯 번이나 하고 남편이 다섯이나 된 것이다. 그리고 그녀는 지금 다섯 번째 남편과 살고 있다.

그런데 그 역시 다른 여자가 있다.

그래서 여자는 집에 있는 남자 역시 자기의 남편은 아니라고 생각한다.

그래서 그는 집에 있는 남자마저 부정한다.

"나는 남편이 없나이다."

사람들은 남의 종교는 우상인데 나의 종교는 우상이 아니라고 생각하고 예전에 믿던 종교는 우상이지만 지금 믿는 종교는 아니라고 생각한다.

하지만 우상이 아닌 종교는 세상에 없다.

그들이 여자를 행복하게 해주려는 목적으로 존재하지 않는다면 아무리 잘나고 멋있어도 여자의 남편이 될 자격이 있는 사람들은 아니기 때문이다.

이미 떠난 남편, 못난 남편 부정하는 것은 쉬운 일이다.

사람들은 예전에 믿던 종교와 남들이 믿는 종교에 대해서만 나쁘다 한다. 그리고 자기가 지금 믿는 종교는 정말 사람을 구원해줄 종교라 생각한다.

하지만 가장 먼저 부정해야 할 사람은 이미 헤어진 예전의 남편이 아니라 바로 지금 여자가 정신 못 차리고 쫓아다니는 남편이다. 어렵지만 가장 먼저 언급되어야 할 사실은 이미 싫증난 물건, 추하고 못난 남편, 한때 자기가 미쳐 있던 종교가 아니라 지금 자기가 가장 아끼는 물건, 잘나고 똑똑한 남편, 지금 자기가 빠져 있는 종교, 하지만 나를 행복하게 해주는 것이 그들이 사는 목적이 아닌 종교를 내려놓을 수 있어야만 하는 것이다.

교회는 진짜 남편을 찾으려고 하는 여자를 어리석다고 한다.

그래서 더 이상 어리석은 짓은 하지 말라고 한다.

하지만 여자는 남편을 찾아야만 한다.

왜냐하면 남편만이 오직 여자를 구원해줄 수 있기 때문이다.

간음 중에 잡힌 여자 1

남자와 여자가 함께 간음하지만 처벌은 여자만 받는다.

그의 앞에 죽을 수밖에 없는 여자가 있다.

아니, 여자 앞에 그가 있다.

여자가 죽으면 그도 죽는다.

그리고 그들의 앞에도 동시에 여자가 있다.

같은 여자다.

여자를 중심으로 그와 그들이 있는 것이다.

그곳에 여자를 던져놓은 것은 그들이다.

그들은 여자는 자기들과는 아무런 상관이 없는 사람인 줄 안다.

그래서 그들은 여자를 죽이려고 혈안이 되어 있다.

교회는 이야기의 모든 초점을 여자에 맞추려 한다.

싸움의 한가운데에 여자가 있기 때문이다.

하지만 여자의 역할은 아무것도 없다.

그래서 여자를 빼도 이야기는 그다지 달라지지 않는다.

왜냐하면 그들이 정말 죽이려는 이는 여자가 아니라 예수이기 때문이다.

여자는 그저 예수를 치기 위한 미끼에 불과하다.

여자는 움직이지 않는다.

고개를 들지도 않는다.

여자는 말이 없다.

죽여 달라는 말도 없고 살려 달라는 말도 하지 않는다.

사실 거기에는 여자가 없다.

그게 여자다.

서기관들과 바리새인들은 여자를 치는 것이 아니라 예수를 치려고 거기에 온 것이고 예수는 여자를 살리는 것이 아니라 자기를 살려야 할 상황에 있는 것이며 그들이 돌을 내려놓는 것은 여자에게서 내려놓는 것이 아니라 예수에게서 돌을 내려놓는 것이며 동시에 그들 자신에게서 내려놓는 것이다.

그들이 돌로 치고 싶어 하는 건 여자가 아니라 예수이고 그들이 돌을 들고 있는 것 또한 여자를 죽이기 위해서가 아니라 예수를 죽이기 위해서다.

교회는 자기들은 여자에게 나쁜 짓을 한 적이 없다고 한다.

하지만 여자를 지켜주지 않는 사람이 곧 공격하는 사람이다.

언제나 교회의 일이란 둘 중에 하나다.

여자를 중심에 두고 그를 공격하거나 아니면 지켜주거나.

간음 중에 잡힌 여자 2

실과를 따 먹었다고 하나님 앞에 붙들려온 여자와 간음을 했다고 예수 앞에 붙들려온 여자가 둘이 아니다. 아담에 의해 붙들려왔던 여자가 교회에 의해 다시 붙들려와 있다. 그들은 예수 앞에서 그녀가 한 나쁜 짓에 대해서 말하려 한다. 그리고 어떠한 벌을 받아야 할지도.

그러나 그녀는 여전히 아무것도 할 수 없는 사람이다.

여전히 끌려다니고 있을 뿐 스스로 움직이고 있지 않은 것이다.

그녀는 불의의 사내와 간음을 했다.

그러나 먼저 손짓을 한 건 그녀가 아니라 그 사내다.

예수 앞에 올 때도 마찬가지다.

스스로 온 것이 아니라 서기관들과 바리새인들에 의해 끌려온 것이다.

교회는 그녀에게 모든 죄를 다 뒤집어씌운다. 그녀가 간음했다고 한다.

그러나 그녀는 간음을 한 것이 아니라 강간을 당한 것이다.

만약 남자가 그들에 의해 여자보다 먼저 죽임을 당했다면 그들이 간음을 한 것이 맞다. 하지만 그들이 그녀를 건드린 남자는 놔두고 여자에게만 죄를 묻는다면 그녀는 간음을 한 것이 아니라 강간을 당한 것이 맞다.

만일 남자가 도망을 가지 않고 여자와 함께 예수 앞에 끌려왔다면 그들이 간음을 한 것이 맞다. 하지만 남자가 여자만 넘기고 자기는 혼자 도망을 갔다면 그녀는 간음을 한 것이 아니라 강간을 당한 것이 맞다.

그럴 경우, 그녀는 죄인이 아니라 피해자다.

그녀에게는 힘이 없다. 모든 권력을 남자들이 가지고 있기 때문이다.

그녀는 스스로 걸을 수조차 없는 사람이다.

예수 앞에 스스로 나아 올 수 없는 사람이고 남자에게 먼저 다가갈 수 있는 사람도 아니다. 그녀는 먼저 말을 할 수 있는 사람도 아니다.

그녀는 그저 듣고만 있다.

말할 수 있는 사람은 그녀가 아니다. 그들이다. 그리고 예수다.

그녀는 놀아난 사내만을 원망한다. 그놈만이 나쁜 놈이라고 생각한다. 자기를 예수 앞에 끌고 온 사람들은 하나같이 훌륭한 사람이라고 생각한다.

그러나 그들은 결국 그녀와 간음한 사내와 한편이다.

그들은 모든 죄를, 모든 책임을 그녀에게 뒤집어씌운다.

그녀는 그들은 그와 아무 상관도 없는 사람들이라고 생각한다.

그러나 그들이 그는 붙잡지 않고 그녀 한 사람만을 예수 앞에 내세우는 이유는 그녀와 간음한 놈이 누구인지 몰라서가 아니다. 한편이기 때문이다.

뱀과 아담은 한편이다. 그와 그들도 한편이다.

여자를 뱀 앞에, 실과 앞에 세우는 것이 아담인 것처럼 그녀를 그 앞에 세우고 예수 앞에 세우는 것도 다른 이가 아닌 바로 그들이기 때문이다.

<참고> "서기관들과 바리새인들이 간음 중에 잡힌 여자를 끌고 와서 가운데 세우고 예수께 말하되 선생이여 이 여자가 간음 하다가

현장에서 잡혔나이다 모세는 율법에 이러한 여자를 돌로 치라 명하였거니와 선생은 어떻게 말하겠나이까 저희가 이렇게 말함은 고소할 조건을 얻고자 하여 예수를 시험함이러라 예수께서 몸을 굽히사 손가락으로 땅에 쓰시니 저희가 묻기를 마지 아니하는지라 이에 일어나 가라사되 너희 중에 죄 없는 자가 먼저 돌로 치라 하시고 다시 몸을 굽히사 손가락으로 땅에 쓰시니 저희가 이 말씀을 듣고 양심의 가책을 받아 어른으로 시작하여 젊은이까지 하나씩 하나씩 나가고 오직 예수와 그 가운데 섰는 여자만 남았더라 예수께서 일어나사 여자 외에 아무도 없는 것을 보시고 이르시되 여자여 너를 고소하던 그들이 어디 있느냐 너를 정죄한 자가 없느냐 대답하되 주여 없나이다 예수께서 가라사대 나도 너를 정죄하지 아니하노니 가서 다시는 죄를 범치 말라 하시니라.(요 8:3～11)

바리새인과 사두개인의 누룩

예수 안에 떡도 함께 있었는데 그들은 그걸 보지 못했다. 자기들의 형편이나 눈에 보이는 상황들, 그런 것들에 의해 예수가 밀리고 있는 것이다.

예수가 "삼가 바리새인과 사두개인들의 누룩과 헤롯의 누룩을 주의하라."고 하자 제자들은 "이는 우리에게 떡이 없음이로다." 하며 예수가 자기들이 떡을 준비하지 못한 것을 탓하고 있는 거라고 생각한다.

평소에는 하나님만 있으면 되는 것처럼 떠벌리지만 막상 가지고 있는 것이 떨어지면 자기가 뭔가를 해야만 자기들에게 필요한 것을 얻을 수 있을 거라 생각하는 것이다.

하지만 떡을 얻기 위해서는 자기들이 뭔가를 하지 않으면 안 된다는 생각, 그게 바로 바리새인과 사두개인의 누룩이다.

"내가 무리를 불쌍히 여기노라. 저희가 나와 함께 있은 지 이미 사흘이매 먹을 것이 없도다. 만일 내가 저희를 굶겨 집으로 보내면 길에서 기진하리라. 그중에는 멀리서 온 사람도 있느니라."

빈 들, 아무것도 보이지 않는 광야, 바다 한가운데.

사람들은 배가 고팠고 갈 길은 멀었다.

그래서 예수가 사람들에게 떡을 나누어준 것이다.

그들을 안전하게 집에 돌아갈 수 있도록 하기 위해.

예수가 사람들에게 떡을 나누어준 건 그 떡으로 자기가 떠받들림을 당하기 위해서가 아니라 그들을 배불리 먹여 그들이 떠나온 집과 남편(하나님)에게로 다시 안전하게 돌려보내기 위해서다.

물론 예수가 주는 떡은 고마운 존재다. 하지만 떡이 사람을 배부르게 하는 게 아니다. 떡은 아무 의지도 힘도 없기 때문이다.

떡이 사람을 배부르게 하는 게 아니라 사람들에게 떡을 준 예수가 사람을 배부르게 하는 것이고 예수가 사람을 구원하는 것이 아니라 사람들에게 예수를 준 하나님이 사람을 구원하는 것이다. 겉으로 보이는 건 떡이지만 떡이 아니라 떡을 통해 예수가 일하는 것이고 겉으로 보이는 건 예수지만 예수가 아니라 예수를 통해 하나님이 일하는 것이다.

그들은 예수를 모른다

쪽지에 적혀 있는 사람을 먼저 데려오는 사람이 이기는 게임이 있었다.

모든 이의 쪽지가 다 같은 것이 아니라 어떤 이의 쪽지는 동네 이장님을 모셔오라고 되어 있고 어떤 이는 교장선생님을 모셔 오라고 되어 있다.

이장님을 모셔 오라 하면 이장님을 찾아서 모셔 와야 하고 교장선생님을 모셔 오라 하면 기어이 교장 선생님을 찾아서 모셔 와야 한다.

그러려면 먼저 이장님이 어디에 있으며 어떻게 생겼는지를 알아야 하고 교장 선생님이 어디에 있으며 어떻게 생겼는지를 정확히 알아야 한다.

오늘날 많은 사람들이 예수를 믿는다 하고 안다 하고 만났다 한다.

하지만 과연 하나님이 준 쪽지에 예수를 데려와라 하고 적혀 있다면 과연 예수를 제대로 찾아 하나님 앞에 데리고 올 수 있는 사람이 몇이나 될까?

예수를 데려가는 사람에게 구원이 주어진다면 구원을 얻기 위해서는 가장 먼저 예수도 그들을 알아야 하고 그들도 예수가 누구인지부터 알아야 한다.

그들은 친절한 사람, 정직한 사람, 착한 사람인 것처럼 보인다.

모든 사람들이 그들의 겉모습만을 보고 그들을 존경하고 칭찬한다.

그들은 모두 자기들이 구원받았다고 생각한다.

그들은 그들이 한 번도 본 적 없는 2000년 전에 죽은 이스라엘의 왕자만을 예수라고 생각한다. 그리고 그가 아닌 다른 모든 예수를 죽인다.

그리고 그들이 섬기는 2000년 전 예수를 예수라고 하나님 앞에 데려간다.

산 예수는 죽이고 죽은 송장을 꼬까옷 입혀서 화장도 시켜서 데려간다.

그리고는 받을 구원을 생각하며 좋아한다.

하지만 그들이 데려가고 있는 예수는 진짜 예수가 아니다.

그러니 그들은 결코 구원받을 수 없다.

그들에게는 예수가 존재했던 시대와 장소 구분이 분명하다.

그들에게 예수는 2000년 전에 이스라엘에서 살던 사람일 뿐이다.

그리고 그들은 그에게 경배하며 용서를 구한다.

그들이 본 적도, 만난 적도 없는 사람에게 말이다.

그리고는 구원받았다고 생각한다.

그들의 회개는 처절하기까지 하다.

울고불고 밤 세워 기도를 하고는 그들의 죄가 용서받았다고 믿는다.

그러나 그들이 용서를 빌어야 할 사람은 저놈이 아니라 이놈이다.

그들이 예수일 리가 없다고 생각하고 무심코 죽이는 그 사람 말이다.

<참고>거짓 선지자들을 삼가라 양의 옷을 입고 너희에게 나아오나 속에는 노략질하는 이리라. 그의 열매로 그들을 알찌니 가시나무에서 포도를, 또는 엉겅퀴에서 무화과를 따겠느냐. 이와 같이 좋은 나무마다 아름다운 열매를 맺고 못된 나무가 나쁜 열매를 맺나니 좋은 나무가 나쁜 열매를 맺을 수 없고 못된 나무가 아름다운 열매를 맺을 수 없느니라.

아름다운 열매를 맺지 아니하는 나무마다 찍혀 불에 던지우느니라.

이러므로 그의 열매로 그들을 알리라.

나더러 주여, 주여 하는 자마다 천국에 다 들어갈 것이 아니요, 다만 하늘에 계신 내 아버지의 뜻대로 행하는 자라야 들어가리라.

그날에 많은 사람이 나더러 이르되,

"주여, 주여! 우리가 주의 이름으로 선지자 노릇하며 주의 이름으로 귀신을 쫓아내며 주의 이름으로 많은 권능을 행치 아니하였나이까?"
하리니 그 때에 내가 저희에게 밝히 말하되,

"내가 **너희를 도무지 알지 못하니** 불법을 행하는 자들아, 내게서 떠나가라."
하리라. 그러므로 누구든지 나의 이 말을 듣고 행하는 자는 그 집을 반석 위에 지은 지혜로운 사람 같으리니 비가 내리고 창수가 나고 바람이 불어 그 집에 부딪히되 무너지지 아니하나니 이는 주초를 반석 위에 놓은 연고요.

나의 이 말을 듣고 행치 아니하는 자는 그 집을 모래 위에 지은 어리석은 사람 같으리니 비가 내리고 창수가 나고 바람이 불어 그 집에 부딪히매 무너져 그 무너짐이 심하니라.(마 7:15～27)

부활 논쟁

교회는 사람의 생각은 온통 악한 것뿐이라 한다. 그래서 사람들이 자기 생각을 버리고 교회의 생각을 받아들이는 것만이 살길이라 한다.

그러나 그것은 자고새가 자기 알이 아닌 뻐꾸기 알을 키우는 것과 같다.

자고새는 자고새에 의해서만 다시 부활할 수 있는 거다.

뻐꾸기는 자기 알을 다른 새를 이용하여 키우는 새다.

그리고 뻐꾸기 새끼를 키우는 새 중에 하나가 자고새다.

새끼에 대한 애정이 남다른 자고새의 습성을 이용하는 것이다.

뻐꾸기는 알을 낳은 자고새의 둥지를 유심히 살펴보다가 어미 새가 잠시 자리를 비운 사이 그중 하나를 버리고 거기에 자기의 알을 하나 낳아둔다.

신기하게 뻐꾸기는 알을 키우게 될 새의 알과 흡사하게 생긴 알을 낳기 때문에 자고새는 그 알이 뻐꾸기의 알이라는 사실을 알아차리지 못한다.

새끼 뻐꾸기는 자고새의 알보다 하루나 이틀쯤 먼저 태어난다.

그리고 본능적으로 그 튼튼한 발과 등을 이용하여 둥지 안의 아직 부화되지 않은 자고새의 알들을 모두 둥지 밖으로 밀쳐 내어 땅에 떨어뜨린다.

결국 자고새의 알들은 뻐꾸기 새끼에 의해 다 죽게 되고 자고새 둥지를 자고새가 아닌 뻐꾸기 새끼가 혼자 독차지하게 되는 것이다.

그러면 자고새는 뻐꾸기 새끼에게 저당 잡힌 인생을 살게 된다.

자고새의 능력으로는 감당하기 힘들 만큼 엄청난 식욕을 가지고 있는 새끼 뻐꾸기를 먹이기 위해 자고새 부모는 쉴 새 없이 먹이를 물어다 나른다. 고약한 냄새로 인해 뱀과 같은 천적으로부터 새끼가 공격받지 않게 하기 위해 그 배설물은 분비되는 대로 입으로 받아내어 멀리 갖다 버린다.

하지만 다 자란 새끼는 진짜 어미뻐꾸기를 향해 날아가 버린다.

결국 자고새에게는 황폐해진 빈 둥지만이 남게 되는 것이다.

교회 역시 여자의 넋을 빼놓을 만한 외모와 재능을 가졌다.

타고나기를 그렇게 타고났다.

그리고 그런 외모와 능력으로 모두의 사랑을 받기에 충분한 외모와 목소리와 상냥한 눈웃음을 가졌다.

게다가 주체할 수 없는 식욕으로 바락바락 밥 달라고 소리를 질러댄다.

뻐꾸기 새끼가 자고새 앞에서 온전한 자고새 새끼 노릇을 하듯이 영락없이 여자의 남편 노릇을 하는 것이다.

그래서 여자들은, 신도들은 자고새가 뻐꾸기 새끼에게 속듯이 그에게 속아 그들에게 자기의 모든 것을 바친다.

그렇게 해야만 천국에 갈 수 있다니까, 구원을 얻을 수 있다니까.

그러나 그들은 그녀를 구원해줄 남편이 아니다.

왜냐하면 그들은 자고새가 아니라 뻐꾸기의 새끼이기 때문이다.

그들은 이미 자고새는 자고새가 아니며 자고새는 더 이상 천국이 아니라 지옥이고 뻐꾸기 새끼만이 진짜 자고새고 천국이 될 수 있다고 생각한다.

그래서 뻐꾸기 새끼가 자고새의 새끼를 죽이는 것은 당연하고 어미 자고새가 뻐꾸기 새끼만을 위해서 사는 것이 천국에 가는 길이라고 가르친다.

그러나 자고새에게 지옥은 자고새가 아니라 뻐꾸기다.

교회는 이곳은 지옥이며 이곳에서의 삶은 아무것도 아니며 그녀가 받아야 할 벌을 충분히 받은 다음에야 비로소 천국에 돌아갈 수 있다고 한다.

그들은 여자에게 모두 버리고 오직 교회를 위해서만 살 것을 요구한다.

그래야만 천국에 갈 수 있고, 그래야만 구원을 얻을 수 있다고 가르친다.

그러나 자고새를 구원하는 것은 뻐꾸기 새끼가 아니라 자고새 새끼다.

이곳에서 죽을힘을 다해 키워놓은 뻐꾸기 새끼가 나중에 죽어서 자고새 새끼가 되는 것이 아니라 죽어서도 살아서도 자고새는 결국 자고새의 어미여야 하는 것처럼 천국은 이미 그녀 안에 있는 것이기 때문이다.

교회는 이곳에서의 결혼은 아무 소용도 없는 일이라 생각한다.

성경에 천국에서는 시집도 장가도 가지 않는다는 말이 있기 때문이다.

그러나 이 세상과 천국은 둘이 아니다.

천국에서는 시집도 가지 않고 장가도 가지 않는 것은 그것이 나쁜 일이기 때문에 이 세상에서만 허용되는 것이 아니라 이 세상에서의 남편이 곧 천국에서도 남편이며 이 세상에서의 아내가 천국에서도 아내이기 때문이다.

죽은 자가 살아나는 것이 아니라 산 자가 살아나는 것이며 남편이 없는 사람이 죽어서 남편을 만나는 것이 아니라 살아서 남편이 있는 사람이 죽어서도 남편이 있는 것이고 살아서 천국에 가는 사람이 죽어서도 가는 것이다.

"불의로 치부하는 자는 자고새가 낳지 아니한 알을 품음 같아서 그 중년에 그것이 떠나겠고 필경은 어리석은 자가 되리라."(렘 17:11)

<참고>부활이 없다 하는 사두개인들이 예수께 와서 물어 가로되 "선생님이여 모세가 우리에게 써 주기를 사람의 형이 자식이 없이 아내를 두고 죽거든 그 동생이 그 아내를 취하여 형을 위하여 후사를 세울찌니라 하였나이다. 칠형제가 있었는데 맏이 아내를 취하였다가 후사가 없이 죽고 둘째도 그 여자를 취하였다가 후사가 없이 죽고 세째도 그렇게 하여 일곱이 다 후사가 없었고 최후에 여자도 죽었나이다. 일곱 사람이 다 그를 아내로 취하였으니 부활을 당하여 저희가 살아날 때에 그 중의 뉘 아내가 되리이까?"

예수께서 가라사대

"너희가 성경도 하나님의 능력도 알지 못하므로 오해함이 아니냐. 사람이 죽은 자 가운데서 살아날 때에는 장가도 아니 가고 시집도 아니 가고 하늘에 있는 천사들과 같으니라. 죽은 자의 살아난다는 것을 의논할찐대 너희가 모세의 책 중 가시나무떨기에 관한 글에 하나님께서 모세에게 이르시되 나는 아브라함의 하나님이요, 이삭의 하나님이요, 야곱의 하나님이로라, 하신 말씀을 읽어보지 못하였느냐? 하나님은 죽은 자의 하나님이 아니요, 산 자의 하나님이시라. 너희가 크게 오해하였도다."

하시니라.(막 12:18~27)

베데스다

예루살렘에 있는 양문 옆에 베데스다라는 연못이 있는데 그 옆에는 다섯 개의 여관이라고 있고 이 여관에는 나그네가 아니라 소경, 절뚝발이, 혈기 마른 자 등 병을 고치기 위해서 온 수많은 병자들로 가득 차 있었다.

천사가 가끔 연못에 내려와 물을 움직이게 하는데 물이 움직인 후에 가장 먼저 연못에 들어간 사람은 어떤 병에 걸렸든지 다 고침을 받을 수 있다는 말이 전해져 내려오기 때문이다.

베데스다가 양문 옆에 있었다는 것은 병을 고칠 수 있다는 소문이 나기 전까지 양들이 물을 먹던 아주 평화로운 곳이었다는 뜻이다. 그런데 병을 고쳐준다는 소문이 나고부터 병자들과 장사치의 차지가 되어 버린 것이다.

거기에 38년 된 병자가 끼어 있었다. 38년 동안 그는 끊임없이 베데스다를 향해 뛰어들었다. 하지만 그는 여전히 병을 고치지 못했다.

그리고 38년이 지나고서야 마침내 깨달았다.

베데스다에서는 1등만이 병을 고칠 수 있는데 자기는 결코 베데스다에 1등으로 들어갈 수 없다는 사실을, 그래서 베데스다에서는 결코 자기 병이 나을 수 없다는 것을 38년이라는 시간을 낭비한 후에야 겨우 알게 된 것이다.

이제 그에겐 더 이상 아무런 힘도, 희망도 남아 있지 않다.

그는 더 이상 다른 이들처럼 베데스다만을 바라보고 있지 않는다.

그에게 밥 주고 옷 주는 이들에 대해 고마워하지도 않는다.

병을 낫게 해주지 않는데 무슨 소용이란 말인가.

모두들 그런 그를 나쁜 사람, 어리석은 사람이라 생각한다.

하지만 예수는 베데스다에 미쳐서 다른 것에는 아무 관심도 없는, 여전히 베데스다에 대한 희망이 살아 있는 사람들이 아니라 살아 있어도 산 것이 아닌 그에게 다가간다. 아직 베데스다에 미련을 못 버린 사람이 아닌 더 이상 그곳에 아무런 기대도, 희망도 남아 있지 않은 죽은 그에게 말이다.

예수가 38년 된 병자에게 물었다.

"네가 낫고자 하느냐?"

이에 병자가 대답하였다.

"주여, 물이 동할 때에 나를 못에 넣어 줄 사람이 없어 내가 가는 동안에 다른 사람이 먼저 내려가나이다."

이에 예수가 말했다.

"일어나라, 네 자리를 들고 걸어가라."

병자는 자기가 낫지 못하는 이유가 베데스다에 자기를 못에 넣어 줄 사람이 없기 때문이라고 생각했다. 하지만 그가 낫기 위해서 필요한 것은 바로 그 자신이다. 아담을 죽이는 것이 여자나 여자를 그에게 준 하나님이 아니라 바로 그 자신이듯 그를 낫게 할 수 있는 이도 베데스다 연못이나 그를 그 연못에 넣어줄 다른 어떤 사람이 아니라 바로 그 자신인 것이다.

베데스다는 잘못 돌아가고 있는 세상의 축소판이다.

물이 동할 때 천사가 내려와서 병을 고쳐주거나 하는 일 따위는 일어나지 않는다. 베데스다는 가짜다. 다급한 마음에 붙드는 허상이다.

그건 단지 병자들을 상대로 장사하는 이들이 돈벌이수단으로 꾸며낸 기적, 혹은 그런 이야기가 있다더라 하는 과장된 '전설'에 불과

한 것이다. 그래서 정작 아픈 사람에게는 영원히 '언젠가'로 끝날 수밖에 없는. 왜냐하면 정말 심각하게 아픈 사람은 절대로 일등으로 물에 뛰어들 수가 없는 거니까.

병을 고쳐주는 것은 베데스다가 아니다.

아픈 사람이 제사장에게 가서 병이 낫게 되는 것이 아니라 나은 사람이 나았다는 것을 제사장에게서 확인만 받는 것처럼, 물에 들어간 사람이 구원을 받는 것이 아니라 구원받은 사람이 물에 들어가서 확인만 받는 것이다.

예수가 물었다.

"네가 낫고자 하느냐?"

이에 병자가 대답하였다.

"주여, 물이 동할 때에 나를 못에 넣어줄 사람이 없어 내가 가는 동안에 다른 사람이 먼저 내려가나이다."

이에 예수가 말했다.

"일어나 네 자리를 들고 걸어가라."

그리고 그 사람이 곧 나아서 자리를 들고 걸어갔다.

그가 일어서서 걸을 수 있다는 것은 무조건 기쁜 일인데 유대인들은 그 일을 옳다고 여기지 않는다.

"안식일이 끝나지 않았는데 네가 자리를 들고 가는 것이 옳지 않다."

예전 같았으면 그는 무조건 그들의 말이 옳다고 믿었을 것이다.

그러나 이제 그는 그들의 말을 듣지 않는다.

그의 꿈은 걷는 것이고 이제 그는 걸을 수 있게 되었기 때문이다.

"나를 낫게 한 그가 자리를 들고 걸어가라 하더라."

그들은 눈앞에 예수가 있는데도 아직 예수가 오지 않았다고 생각한다.

그래서 병자들은 병자로, 죄인들은 여전히 죄인으로 있어야 한다고 한다.

그리고 그가 오기 전까지는 할 수 있는 일은 아무것도 없다 한다.

그래서 숨 쉬는 일까지도 예수가 오기 전까지는 보류다.

그들은 예수가 올 때까지 병들어 있어야 하고 구원받아서는 안 된다.

하지만 병 고침을 받아야 할 때가 따로 있는 것이 아니라 고쳐줄 수 있는 한 가장 빨리 고쳐주는 것이 좋고 구원받아야 할 때가 따로 있는 것이 아니라 구원해줄 수 있는 한 가장 빨리 구원해주는 것이 좋은 것이다.

"또 가라사대 안식일은 사람을 위하여 있는 것이요, 사람이 안식일을 위하여 있는 것이 아니니 이러므로 인자는 안식일에도 주인이니라."(막 2:27, 28)

"모세가 너희에게 할례를 주었으니(그러나 할례는 모세에게서 난 것이 아니요 조상들에게서 난 것이라) 그러므로 너희가 안식일에도 사람에게 할례를 주느니라. 모세의 율법을 폐하지 아니하려고 사람이 안식일에도 할례를 받는 일이 있거든 내가 안식일에 사람의 전신을 건전케 한 것으로 너희가 나를 노여워하느냐?"(요 7:22, 23)

예수가 병자에게 물었다.

"네가 낫고자 하느냐?"

그가 대답했다.

"주여, 물이 동할 때에 나를 못에 넣어줄 사람이 없어 내가 가는 동안에 다른 사람이 먼저 내려가나이다."

이에 예수가 말했다.

"일어나 네 자리를 들고 걸어가라."

말을 들은 그 사람이 곧 나아서 자리를 들고 걸어갔다.

"사는 게 괴로우십니까?"

혹은, "낫고자 하십니까?"

누구라도 '네'라고 대답할 수 있는 질문이다.

하지만 그는 '네'라고 대답하지 않는다.

왜냐하면 '네'라고 대답하면 그 때부터 귀찮아지니까.

그들이 그다음에 할 말도 그는 알고 있다.

"아직 그 약을 안 먹어서다. 그 약을 먹기만 하면 다 고쳐질 거다."

혹은,

"아직 그분을 못 만나서다. 그분을 만나기만 하면 다 해결될 거다."

그렇게 해서 엉뚱한 곳으로 끌려간 적이 한두 번이 아니다.

하지만 아무 소용이 없었다. 이제 그는 속지 않는다.

그래서 귀찮은 그가 한 단계 앞서간다.

"주여, 물이 동할 때에 나를 못에 넣어줄 사람이 없어 내가 가는 동안에 다른 사람이 먼저 내려가나이다."

지금까지 그에게 접근한 다른 사람들을 생각하면 아주 현명한 대답이다.

하지만 예수는 그에게 접근한 다른 사람들과 다르다.

"일어나 네 자리를 들고 걸어가라."

그는 자기에게는 아무런 힘도 가지지 않은 사람이라고 생각했다.

그래서 일어서지도 걷지도 못하는.

하지만 그의 병은 그가 생각했던 만큼 심각한 것이 아니었다.

얼마든지 일어서고 걸어 다닐 수도 있었던 것이다.

스스로의 힘으로도 얼마든지 일어나고 걸을 수 있다는 사실을 알고 조금만 용기를 낼 수 있다면 말이다.

나아서 일어나는 게 아니라 일어나서 걷다보면 몸이 나아지는 거다.

병자는 아무것도 할 수 없는 사람이 아니라 약간 부족한 사람일 뿐이고 아무것도 가지지 못한 사람이 아니라 조금 덜 가진 사람일 뿐이다.

그는 일어나지 못하는 사람이 아니라 멋지게 일어나지 못할 바에야 아예 일어나지 않는 게 더 낫다고, 걸어가지 못하는 사람이 아니라 남보다 빨리 걸어가지 못할 바에야 아예 걸어가지 않는 게 더 낫다고 생각하는 사람이다.

하지만 예쁘게 일어나거나 빨리 걸어가거나 하지 않아도 된다.

그저 일어날 수만 있다면 걸을 수만 있다면 그걸로 충분한 거다.

예수가 그걸 알게 해준 거다.

예루살렘에 있는 양문 곁에 히브리말로 베데스다라 하는 못이 있는데 거기 행각 다섯이 있고 그 안에 많은 병자, 소경, 설눅발이, 열기 마른 자들이 누워 있었는데 거기 삼십 팔년 된 병자도 있었다.

예수께서 그 누운 것을 보시고 병이 오랜 줄 아시고 그에게 물었다.

"네가 낫고자 하느냐?"

그가 대답하였다.

"주여, 물이 동할 때에 나를 못에 넣어줄 사람이 없어 내가 가는 동안에 다른 사람이 먼저 내려가나이다."

중풍이다. 반신불수다. 전신마비다. 교회는 이 병자의 병명에 대해 여러 가지 추측을 내 놓는다. 눈에 보이는 심각성과 38년이라는 숫자에 속아서 전혀 돌이킬 수 없는 지경의, 즉 누구도 고칠 수 없는 불치의 병 중에 하나일 것이 틀림이 없다고 미리 단정지어 버리는 것이다. 하지만 예수는 그렇게 생각하지 않았다. 예수가 그에게 말을 건 건 그의 병이 심각했기 때문이 아니라 그가 절대 있지 말아야 할 곳에, 떠나야 할 곳에 있었기 때문이다.

그의 병명은 그저 숫자일 뿐이다. 삼십팔 년이 더 심각한 게 아니다. 1년이나 삼십팔 년이나 다를 게 없다. 그리고 그건 그의 병이 그다지 심각하지 않았다는 뜻이기도 하다. 왜냐하면 그가 앓고 있는 병이 불치의 병이었다면 38년이 될 때까지 버티지도 못했을 것이고 일어설 수도 걸을 수도 없는 상태였다면, 병을 고침 받기 위해서는 연못을 향해 걷기도 뛰기도 해야 할 베데스다 앞에 놓여 있을 이유도 없었을 테니까.

그리고 정말 위험한 건 겉으로만 아픈 삼십팔 년 된 병자가 아니라 겉으로는 아무렇지 않지만 속으로 아파서 일 분 만에도 죽을 수 있는 사람이니까.

예수가 물었다.

"네가 낫고자 하느냐?"

그가 대답하였다.

"주여, 물이 동할 때에 나를 못에 넣어줄 사람이 없어 내가 가는 동안에 다른 사람이 먼저 내려가나이다."

하지만 이건 "네가 낫고자 하느냐"의 대답이 아니다.

하나님이 아담에게 "네가 먹었느냐" 하고 물었고 아담은 "네"라고 대답해야 옳았지만 그렇게 하지 않았다.

병자 역시 예수가 그에게 “네가 낫고자 하느냐” 하고 물었을 때 그는 단지 “네”라고 대답해야 옳았지만 그렇게 말하지를 않았다.

왜냐하면 그가 생각하는 나을 수 없는 다른 이유가 있었기 때문이다.

마치 아담이 생각하는 실과를 먹은 다른 범인이 있었던 것처럼.

“네가 먹었느냐? 아담이 가로되 하나님이 주셔서 나와 함께하게 하신 여자 그가 그 나무 실과를 내게 주므로 내가 먹었나이다.”(창 3:11, 12)

“네가 낫고자 하느냐? 병자가 대답하되 주여, 나를 못에 넣어줄 사람이 없어 내가 가는 동안에 다른 사람이 먼저 내려가나이다.”(요 5:6, 7)

예수가 물었다.

“네가 낫고자 하느냐?”

병자가 답했다.

“주여, 물이 동할 때에 나를 못에 넣어줄 사람이 없어 내가 가는 동안에 다른 사람이 먼저 내려가나이다.”

다시 예수가 말했다.

“일어나 네 자리를 들고 걸어가라.”

그리고 그 사람은 곧 나아서 자리를 들고 걸어갔다.

아담은 자기가 실과를 따 먹은 탓을 하나님에 속해 있는 여자에게 돌렸고 병자는 자기가 낫지 못한 탓을 베데스다에 속해 있는 사람에게 돌렸다.

아담이 자기는 실과를 따 먹기를 원치 않았지만 하나님과 하나님에 속해 있는 여자가 자기에게 실과를 내밀었기 때문에 먹을 수밖에 없었다고 말했던 거처럼 병자 역시 자기는 낫고 싶었지만 베데스다와 베데스다에 속해 있는 사람이 자기를 도와주지 않아서 아파 있을 수밖에 없었다는 것이다.

하지만 아담이 하나님이나 하나님에 속해 있는 여자가 자기에게 해를 끼쳤다고 원망하는 것이나 병자가 베데스다와 베데스다에 속해 있는 사람이 자기를 도와주지 않았다고 투덜대는 것은 결코 옳은 일이 아니다.

왜냐하면 하나님과 하나님에 속해 있는 사람이 악한 세력이 아니듯 베데스다와 베데스다에 속해 있는 사람 역시 결코 선한 세력이 아니기 때문이다.

그가 낫고 낫지 않고는 다른 사람들이 아니라 그 자신 때문이다.

그의 병명은 치명적인 불치병이 아니라 그저 "나약함", "의기소침", "약간 모자람", "베데스다를 떠나면 죽을 것 같은 두려움"이다.

예수가 그걸 일깨워준 것이다.

"일어나 네 자리를 들고 걸어가라."

"모세가 여호와께 고하되 주여, 나는 본래 말에 능치 못한 자라, 주께서 주의 종에게 명하신 후에도 그러하니 나는 입이 뻣뻣하고 혀가 둔한 자니이다. 여호와께서 그에게 이르시되 누가 사람의 입을 지었느뇨. 누가 귀머거리나 눈 밝은 자나 소경이 되게 하였느뇨. 나 여호와가 아니뇨. 이제 가라. 내가 네 입과 함께 있어서 할 말을 가

르치리라.”(출 4:10, 11)

베데스다 안에 있는 사람들은 베데스다가 세상의 중심인 줄 안다. 그리고 베데스다에 무슨 대단한 기적이라도 숨어 있는 줄 안다.

하지만 세상의 중심은 베데스다가 아니다.

베데스다는 나을 수 없는 사람을 낫게 해주는 것이 아니다.

베데스다는 실체가 아니라 허상이기 때문이다.

교회에 매달리는 사람들도 마찬가지다.

그들은 보이지도 않고 본 적도 없는 가짜 예수만 바라보느라 정작 그들 뒤에 와 있는 진짜 예수는 못 보는 사람들이다.

그들이 교회에 매달리는 건 그들이 정말 걸을 수 없는 사람이기 때문이 아니라 그들이 이미 걸을 수 있는 사람이라는 것을 모르기 때문이다.

교회는 ‘자리’로 사람들을 겁준다.

그 ‘자리’를 떠나면 병을 고칠 수 없고 구원을 받지 못할 거라고 겁준다.

그들에게 가장 중요한 것은 사람이 아니라 ‘자리’다.

하지만 ‘자리’가 사람의 주인인 것이 아니라 ‘사람’이 ‘자리’의 중심이 되어야 하는 것이다. 그 ‘자리’에 없으면 병 고침을 받을 수 없고 그 ‘자리’에 있어야만 병 고침을 받을 수 있는 것이 아니라 사람이 병자가 아니기 위해서는 먼저 그 ‘자리’를 자기 마음대로 들고 다닐 수 있어야만 하는 것이다.

“예수께서 일어나사 여자 외에 아무도 없는 것을 보시고 이르시되 여자여 너를 고소하던 그들이 어디 있느냐, 너를 정죄한 자가 없느냐? 대답하되 주여 없나이다 예수께서 가라사대 나도 너를 정죄하지 아니하노니 다시는 죄를 범치 말라 하시니라."(요 8:10, 11)

"그 후에 예수께서 성전에서 그 사람을 만나 이르시되, 보라. 네가 나았으니 더 심한 것이 생기지 않게 다시는 죄를 범치 말라 하시니 그 사람이 유대인들에게 가서 자기를 고친 이는 예수라 하니라 그러므로 안식일에 이러한 일을 행하신다 하여 유대인들이 예수를 핍박하게 된지라. 예수께서 저희에게 이르시되 내 아버지께서 이제까지 일하시니 나도 일한다 하시매 유대인들이 이를 인하여 더욱 예수를 죽이고자 하니 이는 안식일만 범할 뿐 아니라 하나님을 자기의 친 아버지라 하여 자기를 하나님과 동등으로 삼으심이러라."(요 5:14~18)

베드로와의 대화

베드로는 자신이 매우 똑똑하고 현명한 사람이라고 생각했다.

하지만 그는 어리석은 사람이었다.

의지는 확고했지만 그는 일이 일어나기 전까지 아무것도 모르고 있었다.

그는 예수가 무슨 말을 하는지 이해하지 못했다.

누군가 감히 예수를 죽이려 하리라고는 상상도 할 수 없었기 때문이다.

'도대체 어떻게 예수를 죽일 수 있지?'

그는 예수를 부인하지 않는 일이 쉬울 줄 알았다.

목숨을 내놓아야 하는 일인 줄은 꿈에도 몰랐다.

그가 보기에는 세상은 온통 예수를 원하는 사람들뿐이었기 때문이다.

경건하고 자비로우며 똑똑한 사람들.

모두들 예수를 외치고 있었다.

그러나 급박하게 돌아가는 밤, 그는 모든 걸 정확히 알 수 있었다.

그들이 예수를 사랑하는 사람이 아니라 죽일 사람이라는 것을 말이다.

왜냐하면 그들에게는 가이사가 곧 예수고 하나님이기 때문이다.

즉, 그들에게는 가이사가 곧 예수였던 것이다.

그를 떠받들면 구원을 받는다고 믿는다.

아무도 그것이 구원이라는 것을 의심치 않는다.

그래서 예수를 십자가에 걸자고 소리 지른다.

그가 가이사를 부정하고 있기 때문이다.

그들에게 그 일을 즐거워한다.

모두들 먹고 마시며 흥겹다.

예수를 십자가에 거는 것이 곧 그들에게는 축제이기 때문이다.

그러나 베드로는 그 순간 깨닫게 된다.

거기서 벗어나지 않으면 자기가 죽게 된다는 것 말이다.

그리고 예수의 말이 무슨 의미인지도 알게 된다.

그리고 생각하게 된다.

달아나야 한다.

이곳에서 최대한 빨리 달아나야 한다.

그에게는 오직 그 생각뿐이다.

있는 힘껏, 할 수 있는 한 그들에게서 멀리 달아나야 한다.

베드로의 뒷모습을 보면서 사람들은 비웃는다.

그들은 달아나는 베드로가 미쳤다고 생각한다.

그러나 그 밤에 유일하게 정상적인 사람은 베드로다.

교회는 자기들이 어떤 사람들인지를 모른다.

얼마나 사악하고 잔인한 사람들인지 모른다.

그들이 예수에게서 어떤 위치에 있는 사람인지를 모른다.

그래서 그들에게서 달아나는 베드로를 이해하지 못한다.

그들은 자기들이 옳은 일을 하고 있다고 믿기 때문이다.

오늘날 교회는 자기들이 예수를 사랑하고 있다고 믿는다.

그래서 예수를 부인하는 베드로를 이해하지 못한다.

그들은 자기들이 하나님 편이라고 믿는다.

그래서 그들에게서 도망가는 베드로를 이해하지 못한다.

그러나 그는 지금 지옥에서 멀어지고 있는 것이다.

그들은 두고두고 그가 예수를 두고 달아난 것을 약점 삼는다.

결국 예수를 버렸다고 조롱한다.

그러나 하나님이 바라는 것은 떠나지 않는 것이 아니다.

넘어지지 않는 것이 아니다.

부인하지 않는 것이 아니다.

하나님이 바라는 것은 떠나지 않는 것이 아니라 남아 있는 것, 혹은 떠나되 돌아오는 것이고, 넘어지지 않는 것이 아니라 서 있는 것, 혹은 넘어졌으되 툴툴 털어 버리고 다시 일어나는 것이며, 부인하지 않는 것이 아니라 인정하는 것, 혹은 부인하되 다시 뉘우쳐 인정하고 사랑하는 것이다.

모든 사람들은 예수를 가지고 있다

예수가 없는 사람은 없다.

사람들이 구원받지 못하는 건 예수가 없기 때문이 아니다.

그들은 모두 하나님을 믿는다는 사람들이다.

그러나 그들은 예수를 죽인다.

그들이 예수가 아닌 이를 예수라고 믿기 때문이다.

그들은 자기들은 소돔의 사람과 다르다고 생각한다.

그들은 소돔이 망한 것이 온통 범죄자로 가득했기 때문이라고 생각한다.

그러나 그들은 둘이 아니다.

그들에게는 저마다 자기를 구원하리라 믿는 든든한 예수가 있다.

그들이 믿는 예수는 뜨겁지도 차지도 딱 그들의 입맛에 맞는 예수다.

소돔이 보기에 소돔은, 그들은 온통 구원받은 사람들로 넘쳐난다.

그러나 그들은 망한다.

그들은 예수가 모든 이들이 사랑하게 되는 매력적인 사람이라고 생각한다.

모두를 배불리 먹일 갑부라고 생각하고 강력한 힘을 가진 왕이라 생각하고 모든 여자들을 열광하게 만드는 인기 스타라고 생각한다.

그들은 예수를 그들을 바르게 살게 해줄 사람이 아니라 황금과 권력과 여자를 가져다줄 사람이라 생각하고 돈이 많은 것이, 사회적으로 성공한 것이 곧 구원을 받은 사람이라는 증거라고 생각한다.

모든 사람이 예수를 가지고 있다.

그리고 그들에게도 예수가 있다.

그러나 그들은 선택되지 못한다.

왜냐하면 예수는 그들이 알고 있는 그 예수가 아니라 그들이 삼키기에는 너무 뜨겁거나, 혹은 너무 차가운 사람이기 때문이다.

"내가 네 행위를 아노니 네가 차지도 아니하고 더웁지도 아니하도다. 네가 차든지 더웁든지 하기를 원하노라. 네가 이같이 미지근하여 더웁지도 아니하고 차지도 아니하니 내 입에서 너를 토하여 내치리라."(계 3:15, 16)

07

예수의 비유

큰 잔치의 비유

(예수께서) 이르시되 어떤 사람이 큰 잔치를 배설하고 많은 사람을 청하였더니 잔치할 시간에 그 청하였던 자들에게 종을 보내어 가로되

"오소서. 모든 것이 준비되었나이다."

하매 **다** 일치하게 사양하여 하나는 가로되

"나는 밭을 샀**으매 불가불** 나가 보아야 하겠으니 청컨대 나를 용서하도록 하라." 하고 또 하나는 가로되

"나는 소 다섯 겨리를 샀**으매** 시험하러 가**니** 청컨대 나를 용서하도록 하라." 하고 또 하나는 가로되

"나는 장가들었**으니 그러므로** 가지 못하겠노라."

하는지라.

종이 돌아와 주인에게 그대로 고하니 이에 집주인이 노하여 그 종에게 이르되 "빨리 시내의 거리와 골목으로 나가서 가난한 자들과 병신들과 소경들과 저는 자들을 데려오라."

하니라.

종이 가로되

"주인이여 명하신 대로 하였으되 오히려 **자리**가 있나이다."

주인이 종에게 이르되

"길과 산울가로 나가서 사람을 강권하여 데려다가 내 집을 채우라. 내가 너희에게 말하노니 전에 청하였던 그 사람은 하나도 내 잔치를 맛보지 못하리라."

하였다 하시니라.(눅 14:16~24)

“오소서. 모든 것이 준비되었나이다.”

어떤 사람이 큰 잔치를 준비하고 오기로 한 사람들에게 종을 보내어 말했다.

하지만 사람들은 약속이라도 한 것처럼 하나같이 가고는 싶어 했지만 초청에 응하지는 않았다.

사양하는 이유는 다음과 같다.

“나는 밭을 샀**으매 불가불** 나가 보아야 하겠**으니** 청컨대 나를 용서하도록 하라.”

첫 번째 사람은 이제 막 밭을 샀다. 밭을 샀으매 가 보아야겠다고 한다. 새로운 사업을 시작하게 되어서 다른 데 정신을 팔 여유가 없다는 것이다.

“나는 소 다섯 겨리를 샀**으매** 시험하러 가**니** 청컨대 나를 용서하도록 하라.”

두 번째 사람은 이제 막 소를 다섯 겨리나 샀다. 소 다섯 겨리를 샀으매 시험하여야겠으니 못 가겠다고 한다. 소의 상태를 보아서 나쁜 놈은 늦지 않게 다시 물러야 하기 때문이다.

“나는 장가들었**으니 그러므로** 가지 못하겠노라.”

세 번째 사람은 이제 막 장가를 갔다. 너무나 예쁜 아내를 얻었다. 이미 자기의 종교가 있으니 그 외의 것에 관심을 가질 수가 없는 것이다.

이상의 세 사람의 이야기를 종합해 보면 공통점이 있다. 그것은 이미 자기의 관심사, 자기의 종교가 있다는 것이다. 거기에 이미 그들의 하나님이 있는데 그들이 어찌 그것들을 포기할 수 있으랴. 거기를 떠나면 죽을 것만 같은데 말이다.

이러한 사람들이 오기를 거절할 때, 주인은 화가 나서 종에게 명하여 빨리 시내와 거리와 골목으로 나가서 가난한 자들과 병신들과 소경들과 저는 자들을 데려오라고 말한다.

하지만 그들에게도 이미 떠나서는 안 될 자기의 자리가 있다. 그래서 잠시도 그 자리를 비워 둘 수가 없는 것이다.

"……이에 집주인이 노하여 그 종에게 이르되 '빨리 시내의 거리와 골목으로 나가서 가난한 자들과 병신들과 소경들과 저는 자들을 데려오라…….' 하니라. 종이 가로되 주인이여 명하신 대로 하였으되 오히려 **자리**가 있나이다."

교회는 준비된 잔치에 가기를 사양하는 이들을 비웃는다. 이해가 안 된다는 것이다.

하지만 과연 설교 강단에 선 목사에게 '하늘이 예쁩니다.' 하며 교회 밖으로 가자고 하면 그는 어떻게 말할까?

아니면 그의 아내가 '여보, 오늘 하루만 나를 위해 시간을 내 줘요.' 하고 그를 붙잡아 가려고 하면 어떨까?

'아이고, 나는 빼 줘요.' 하며 손사래를 치거나 '이 사람이 미쳤구나.' 하며 호되게 야단을 치거나 하지 않을까?

왕은 그들에게 그 누구보다 중요한 사람이다.

그리고 왕에게 중요한 일은 곧 그들에게도 중요한 일이다.

그러나 그들에게는 그들의 사업체가 따로 있다.

그들은 왕의 초대를 거절하는 이들을 이해하지 못한다.

그러나 "밭을 샀으매, 혹은 장가들었으니"라고 말하는 사람들이 곧 교회다.

"저희가 하나님을 시인하나 행위로는 부인하니 가증한 자요, 복종

치 아니하는 자요, 모든 선한 일을 버리는 자니라."(딛 1:16)

교회는 자기들의 사업체 속에 준비된 잔치가 있다고 생각한다.

그러나 왕이 마련한 준비된 잔치는 그들이 외면하는 것 속에 있다.

'준비된 잔치' 하면 떠오르는 풍경이 있다.

늦봄부터 초여름 사이에 숲에 가면 자연이 주는 맛난 것들이 많다.

그중에서도 오디 밭은 내가 가장 좋아하는 곳이었다.

오디가 열린 밭에는 약도 치지 않는다.

뽕잎만을 먹는 누에가 약이나 공해에 굉장히 민감하기 때문에 누에를 위해 그 기간만큼은 뽕나무뿐만 아니라 그 근처의 다른 밭에서조차 그 어떤 약도 뿌리지 못하게 주인이 미리 당부를 하는 것이다. 덕분에 세상에서 가장 안심하고 먹을 수 있는, 내가 세상에서 가장 좋아하는 열매다.

게다가 돈을 주고 사먹는 그 어떤 과실보다 달고 맛있다.

수분도 많고 부드럽고 아주 편안하고 달콤한 수박 향이 난다.

무성한 푸른 잎사귀 속에 보석처럼 까맣게 반짝이는 오디 밭에 안에 있으면 천국에 있는 것 같다. 그리고 오래도록 따 먹다 보면 손이고 얼굴이고 할 것 없이 온통 자줏빛으로 물이 드는 것이 다시 어린아이가 된 것 같다.

그러나 일 년 열두 달 그런 것은 아니다.

일 년에 단 한 번, 아주 잠깐 사이에 지나가 버린다.

자연이 만들어내는 작은 기적들이 대개 그렇듯 그냥 가서 먹기만 하면 되는, 그러나 그 시기를 놓치고 나면 결코 다시 볼 수 없는 말 그대로 일 년에 단 한 번뿐인 '준비된 잔치'가 되는 것이다.

교회는 태어나는 순간 사람은 모두 지옥에 갈 수밖에 없다고 한다.

하지만 태어나서 어딜 가고 누구를 믿기 전까지는 모두가 지옥에 가고 반드시 어딜 가고 누굴 믿어야만 천국에 갈 수 있는 것은 아니다.

사람은 태어난 순간 이미 모든 것이 '준비된 잔치'에 초대받은 것이다. 태어나서 살기 위해 내가 할 일은 아무것도 없다.

만일 이미 태어났는데 아직 젖 먹여주고 씻어주고 안아줄 어머니가 준비되어 있지 않는다면 어떨까? 결국 모두 죽을 수밖에 없지 않을까?

천국도 마찬가지다. 아무것도 하지 않아도, 교회에 나가서 설교를 듣고 헌금을 내지 않아도 태어나는 순간 우리는 이미 거기에 초대받은 것이다.

혼인 잔치의 비유

예수께서 다시 비유로 대답하여 가라사대 천국은 마치 자기 아들을 위하여 혼인 잔치를 베푼 어떤 임금과 같으니 그 종들을 보내어 그 청한 사람들을 혼인 잔치에 오라 하였더니 오기를 싫어하거늘 다시 종들을 보내어 가로되 청한 사람들에게 이르기를

"내가 오찬을 준비하되 나의 소와 살진 짐승을 잡고 모든 것을 갖추었으니 혼인 잔치에 오소서 하라."

하였더니 저희가 돌아보지도 않고 하나는 자기 밭으로, 하나는 자기 상업차로 가고 그 남은 자들은 종들을 잡아 능욕하고 죽이니 임금이 노하여 군대를 보내어 그 살인한 자들을 진멸하고 그 동네를 불사르고 이에 종들에게 이르되

"혼인 잔치는 예비되었으나 청한 사람들은 합당치 아니하니 사거리 길에 가서 사람을 만나는 대로 혼인 잔치에 청하여 오너라."

한대 종들이 길에 나가 악한 자나 선한 자나 만나는 대로 모두 데려오니 혼인자리에 손이 가득한지라.

임금이 손을 보러 들어올쌔 거기서 예복을 입지 않은 한 사람을 보고 가로되

"친구여, 어찌하여 예복을 입지 않고 여기 들어왔느냐?"

하니 저가 유구무언이어늘 임금이 사환에게 말하되

"그 수족을 결박하여 바깥 어두움에 내어 던지라. 거기서 슬피 울며 이를 갊이 있으리라."

하니라.

청함을 받은 자는 많되 택함을 입은 자는 적으니라.(마 22:1~14)

'준비된 잔치'와 '혼인잔치' 비유는 비슷한 것 같으나 차이점이 있다.

'준비된 잔치'는 순수하게 즐기기 위한 잔치지만 '혼인잔치'는 목적이 있는, 사람들을 즐겁게 하기 위한 잔치이기 이전에 임금을 위한 잔치다. 그리고 '준비된 잔치'에서는 초대받은 사람들이 단순히 사양하는 데서 끝나지만 혼인잔치 비유에서는 초청받은 사람들이 사양하기만 하는 것이 아니라 아주 배반을 하며 초청의 명을 띠고 찾아온 종들을 능욕하고 죽이기까지 한다.

그리고 여기에는 왕의 잔치이기 때문에 정해진 예복이 있다.

잔치에 들어가기 위해서는 반드시 준비된 예복을 입어야만 하는 것이다.

'길에 나가 **악한 자나 선한 자나** 만나는 대로 **모두** 데려오니…….'

교회는 이 말이 선한 사람이 아니라도 예수를 믿기만 하면 천국에 갈 수 있다는 것을 보여주는 것이라 한다.

하지만 사람은 본래 선하고 악한 것이 없다.

단지 그 옷에 의해 선하고 악한 것이 정해지는 것이다.

문설주에 바른 양의 피가 선함에 상관없이 사람을 구원하는 건 그가 구원하는 것이 영혼이 아니라 몸이기 때문이다.

그리고 왕의 잔치에 악한 자나 선한 자가 모두 들어갈 수 있는 것 역시 초청받은 쪽이 영혼이 아니라 몸이기 때문이다.

그래서 왕의 잔치에 들어가기 위해서는 선함을 갖추어야 하는 게 아니라 왕의 잔치에 합당한 좋은 예복만 있으면 되는 것이다.

하지만 천국은 그 반대다.

즉, 눈에 보이는 왕의 잔치에 들어가기 위해서는 선한 사람이든지 악한 사람이든지 이미 마련되어 있는 아름다운 예복으로 갈아입기만 하면 되지만 눈에 보이지 않는 천국에 들어갈 때 준비해야 할 것은 선과 악과는 무관한 보기에 아름다운 예복이 아니라 보이지 않는 아름다운 옷을 입어야만 한다.

자기 이전 세대의 잘못된 습관을 그대로 따라가지 말아야 하듯이 예전에는 어떤 마음이었든지 간에 예수를 만난 후에는 천국에 어울리는 합당한 마음으로 변화될 수 있어야 하는 것이다.

교회는, 한번 죄인이었던 사람의 후손은 다시는 의인이 될 수 없다 한다.

그러나 사람과 짐승이 다른 점은 언제든 달라질 수 있다는 것이다.

예전에 어떤 나쁜 짓을 했더라도 마음만 바꾸어 사람이 달라지면 다시 의인이 될 수 있고 아버지가 천하에 둘도 없는 죄인이었다 하더라도 또 그 다음에 태어나는 사람은 얼마든지 다시 의인이 될 수 있는 것이다.

"가로되 '예수여, 당신의 나라에 임하실 때에 나를 생각하소서.' 하니 예수께서 이르시되 '내가 진실로 네게 이르노니 오늘 네가 나와 함께 낙원에 이르리라.' 하시니라."(눅 23:42, 43)

빚진 자의 비유(용서치 않는 종의 비유)

이러므로 천국은 그 종들과 회계하려 하던 어떤 임금과 같으니 회계할 때에 일만 달란트 빚진 자 하나를 데려오매 갚을 것이 없는 지라. 주인이 명하여,

"그 몸과 처와 자식들과 모든 소유를 팔아 갚게 하라."

한대 그 종이 엎드리어 절하며 가로되,

"내게 참으소서. 다 갚으리이다."

하거늘 그 종의 주인이 불쌍히 여겨 놓아 보내며 그 빚을 탕감하여 주었더니 그 종이 나가서 제게 백 데나리온 빚진 동관 하나를 만나 붙들어 목을 잡고 가로되,

"빚을 갚으라."

하매 그 동관이 엎드리어 간구하여 가로되,

"나를 참아 주소서, 갚으리이다."

하되 허락하지 아니하고 이에 가서 저가 빚을 갚도록 옥에 가두거늘 그 동관들이 그것을 보고 심히 민망하여 주인에게 가서 그 일을 다 고하니 이에 주인이 저를 불러다가 말하되,

"악한 종아, 네가 빌기에 내가 네 빚을 전부 탕감하여 주었거늘 내가 너를 불쌍히 여김과 같이 너도 네 동관을 불쌍히 여김이 마땅하지 아니하냐!"

하고 주인이 노하여 그 빚을 다 갚도록 저를 옥졸에게 붙이니라. 너희가 각각 중심으로 형제를 용서하지 아니하면 내 천부께서도 너희에게 이와 같이 하시리라.(마 19:23～35)

교회는 늘 자기보다 약한 여자에게 책임을 묻는다.
하지만 예수는 여자에게 결코 책임을 묻지 않는다.
예수가 여자에게 주는 건 오직 구원뿐이다.

"예수께서 돌이켜 그를 보시며 가라사대 딸아, 안심하라. 네 믿음이 너를 구원하였다 하시니 여자가 그 시로 구원을 받으니라."(마 9:22)

"예수께서 일어나사 여자 외에 아무도 없는 것을 보시고 이르시되 여자여 너를 고소하던 그들이 어디 있느냐 너를 정죄한 자가 없느냐 대답하되 주여 없나이다 예수께서 가라사대 나도 너를 정죄하지 아니하노니 가서 다시는 죄를 범치 말라 하시니라."(요 8:10, 11)

여자가 아이를 낳다가 너무 힘들어서 목사인 남편을 향해 따졌단다.
"이게 다 당신 때문이야!"
그러자 남편이 화를 내며 그러더란다.
"그게 왜 나 때문이야. 다 당신이 지은 죄 때문이지. 성경도 안 읽나?"
여자의 일, 여자의 죄가 따로 있는 것이 아니다.
여자들이 하고 있는 일은 모두 남자와 관련이 있다.
그래서 세상에 남자와 관련이 없는 여자는 없다.
모든 여자는 다 남자와 관련이 있는 사람들이다.
남자는 자기보다 귀하다고 생각하는 여자는 귀하게 다룬다.
그리고 자기보다 천하다고 생각하는 여자는 천하게 다룬다.
하지만 뒤집어보면 그 둘이 결코 다르지 않다.
남자에게 많이 빚을 준 여자와 남자에게 적게 빚진 여자가 둘이 아니다.

그리고 나를 낳은 여자와 다른 이를 낳은 여자가 둘이 아니다.

내가 나은 여자와 다른 이가 낳은 여자도 둘이 아니다.

그 둘은 결국 크게 보면 한 사람이기 때문이다. 그러니 한쪽은 귀하게 여기고 다른 한쪽은 함부로 다루어서는 안 되는 것이다.

교회는 여자를 괴롭히는 일이 하나님을 괴롭히는 일은 아니라고 생각한다. 그들이 보기에 여자는 너무 약하고 하찮은 사람이기 때문이다.

그러나 여자와 하나님은 결코 둘이 아니다.

남자의 아내가 여자이듯 그들에게는 여자가 곧 하나님이기 때문이다.

여자에게는 곧 남편이 하나님이고 남자에게는 아내가 곧 하나님이다.

열매 없는 무화과나무 비유

(예수께서) 비유로 말씀하시되 한 사람이 포도원에 무화과나무를 심은 것이 있더니 와서 그 열매를 구하였으나 얻지 못하지라.

과원지기에게 이르되

"내가 삼 년을 와서 이 무화과나무에 실과를 구하되 얻지 못하니 찍어버리라. 어찌 땅만 버리느냐."

대답하여 가로되

"주인이여, 금년에도 그대로 두소서. 내가 두루 파고 거름을 주리니 이 후에 만일 실과가 열면이어니와 그렇지 않으면 찍어버리소서." 하였다 하시니라.(눅 13:6~9)

교회는 꽃(여자)과 실과(예수)가 별개인 줄 안다.

꽃이 떨어져야만 실과가 열린다고 생각하는 것이다.

그러나 무화과나무는 꽃이 곧 실과다.

교회는 실과(예수)와 나무(사람)가 별개인 것처럼 말한다.

하지만 무화과나무는 그 결실인 무화과가 있어야만 무화과나무인 것처럼 사람도 그 결실인 예수가 있어야만 사람이다.

실과는 하루아침에 하늘로부터 떨어지는 것이 아니라 그 나무를 바탕으로 조금씩 자라는 것이며 아무 나무에나 열리는 것이 아니라 그 실과의 이름을 가지고 있는 나무에 열리는 것이며 그 나무가 본래 가지고 있지 않은 실과를 만들어내는 것이 아니라 무화과나무 안에 감추어져 있는 실과를 다만 밖으로 끄집어내어 터뜨리는 것이다.

어리석은 부자 비유

예수께서 저희에게 이르시되

"삼가 모든 탐심을 물리치라. 사람의 생명이 그 소유의 넉넉한 데 있지 아니하니라."

하시고 또 비유로 저희에게 일러 가라사대

한 부자가 그 밭에 소출이 풍성하매 심중에 생각하여 가로되

'내가 곡식 쌓아둘 곳이 없으니 어찌할꼬.'

하고 또 가로되

'내가 이렇게 하리라. 내 곡간을 헐고 더 크게 짓고 내 모든 곡식과 물건을 거기에 쌓아 두리라. 또 내가 내 영혼에게 이르되 영혼아 여러 해 쓸 물건을 많이 쌓아 두었으니 평안히 쉬고 먹고 마시고 즐거워하자 하리라.'

하되 하나님은 이르시되

"어리석은 자여, 오늘 밤에 네 영혼을 도로 찾으리니 그러면 네 예비한 것이 뉘 것이 되겠느냐?"

하셨으니 자기를 위하여 재물을 쌓아 두고 하나님께 대하여 부요치 못한 자가 이와 같으니라.(눅 12:15~21)

"어리석은 자여, 오늘 밤에 네 영혼을 도로 찾으리니……."

하나님이 찾는 건 물질이 아니라 오직 영혼뿐이다.

교회는 다른 이들에게는 하나님은 부자를 사랑하지 않으니 어리석은 부자가 되지 말라고 한다. 하지만 그들 스스로는 부자가 되기를 바란다.

무슨 말이냐 하면 다른 사람들에게는 헌금을 받는 것은 나쁘니 헌금을 내기만 하라 하고 그들 자신은 끝도 없이 헌금을 거두어들이기만 한다.

그들은 자기들이 가지고 있는 것은 잠시 맡아두고 있을 뿐 자기들 것이 아니라 하지만 하나님은 그것들을 그들에게 맡아두라 한 적이 없다. 그리고 그들은 하나님이 그들에게 가서 그들이 잠시 맡아두고 있다는 재산을 돌려달라고 해도 결코 돌려주지 않을 것이다. 아무도 하나님이 누군지 모르니 그가 하나님이 아니라고 하면 그뿐이기 때문이다.

그들은 돈으로도 부유하지만 권력으로도 부유하다.

교회는 사람의 사랑을 인정하지 않는다.

사람은 온통 악해서 사랑을 할 수 없다고 믿는다.

그래서 결혼까지도 모두 교회의 뜻대로 하려 한다.

'만물보다 거짓되고 심히 부패한 것은 마음'이라는 예레미아의 한 구절에 근거하여 사람의 마음이 이미 부패하였기 때문에 사랑도 나쁜 것이라 한다.

하지만 순서가 틀렸다.

부패한 것이 사람의 마음이기 때문에 사랑 역시 추할 수밖에 없는 것이 아니라 사람 마음에 사랑이 없기 때문에 마음이 부패하게 되는 것이다.

사랑은 모든 것을 바꾼다.

교회는 하나님은 인정하면서 다른 한편으로는 사랑을 부정하고 있다.

하지만 하나님이 곧 사랑이다.

하나님과 사랑은 둘이 아니다.

그들은 보지 않고 믿는 것이 진짜 믿는 것이라 한다.

그러나 눈에 보이지 않는 것은 사랑이 아니다.

교회는 모든 결정권을 그들이 가지려 한다.

여자는 그저 따라가기만 하면 된다는 것이다.

에덴에서 여자가 아담의 말을 듣지 않은 것 때문에 그들이 모두 불행해졌다고 믿기 때문이다.

그들은 아담과 여자가 천국에서 쫓겨난 것이 다 여자가 아담의 말을 듣지 않았기 때문이라 한다.

그래서 다시는 그런 실수를 하지 않으려는 것이다.

그러나 그들이 불행해진 것은 여자가 아담의 말을 듣지 않아서가 아니라 아담의 말을 너무 잘 들어서다.

그리고 여자가 아담에게서 포기당하는 것은 다름 아닌 사랑이다.

아담은 하나님 대신 자기가 있는 것이라 한다.

그러나 하나님은 결코 누가 대신할 수 없다.

한번 이 사람이면 끝까지 이 사람이지 어느 날 저 사람이 갑자기 이 사람이 될 수는 없는 것과 같은 것이다.

여자는 교회가 만나라는 사람을 만나고 교회가 결혼하라는 사람과 결혼한다. 그녀의 의견은 하나도 중요하지 않다.

하지만 하나님이 정해진 운명은 '누가 가르쳐주는 것'이 아니라 '스스로 아는 것'이고 '미리 알고 가는 것'이 아니라 '눈 떠 보면 와 있는 것'이다.

그래서 아무 날 무엇을 하고 아무 날 누구를 만나고 어느 때 뭘 해야 할지를 미리 알고 가는 것이 아니라 언제 어떻게 올지는 알 수 없지만 눈앞에 맞닥뜨리는 순간에 저절로 알게 되는 것이며 지금까지 자기가 몸담고 있던 모든 질서를 완전히 흐트러트려 놓고 모든 판도를 뒤바꿔 버리는 것이다.

그들은 부모의 유산과도 같은 천국을 얻기 위해 사랑을 포기한다.

사랑이 무언지 감히 짐작도 하지 못하는 이들의 사랑은 나쁜 것이라는 말만 믿고 해 보기도 전에 미리 절대로 포기하지 말아야 할 사랑을 포기한다.

그리고 천국에 가기 위해 사랑하지도 않는 남자와 결혼한다.

교회가 유산과 사랑, 둘 중에 하나만을 선택하라고 강요하기 때문이다.

그들은 그것이 천국에 가는 방법이라고 믿는다.

물론 사랑 없이 던진 말도 외형상으로는 달콤할 수 있고 사랑 없이 주는 선물도 아름다울 수 있고 하나님이 아닌 남편도 좋은 남편일 수 있고 하나님이 아닌 삶도 성공한 인생처럼 보일 수 있다.

적어도 겉으로만 보면 그들이 더욱 멋있어 보일 수 있기 때문이다.

그러나 사랑 없이 아름다운 것들은 다 껍데기일 뿐이다.

그래서 그들은 결국 모든 것을 다 잃고 만다.

왜냐하면 다른 것들은 사랑 앞에 아무 가치도 없으며 사랑이 곧 하나님이고 하나님을 잃으면 모든 것을 다 잃는 것이기 때문이다.

돌아온 아들(혹은 집 나간 탕자의 비유)

어떤 사람에게 두 아들이 있었다.

어느 날 그 둘째가 아비에게 말했다.

“아버지여, 재산 중에서 내게 돌아올 분깃을 내게 주소서.”

그 말을 들은 아비는 아무 말 없이 아들에게 돌아갈 몫을 나눠주었다.

며칠이 못 되어 둘째아들은 자기 재물을 다 모아 먼 나라로 떠나버렸다.

하지만 거기서 일이 뜻대로 안 되어 그 재산을 허비하여 다 없이 한 후 그 나라에 크게 흉년이 들어 결국은 궁핍한 지경에 이르게 되었다.

그래서 그 나라 백성 중에 가장 부유해 보이는 이에게 머리를 숙였다.

부자가 그에게 시킨 건 들에 나가 돼지를 치는 일이었다.

둘째아들이 할 일은 그 나라를 떠나 아버지에게 다시 돌아가는 것뿐이다.

하지만 그는 돌아가지 않았다. 자존심이 허락하지 않았던 것이다.

부자는 그를 부려먹기만 하고 돼지 먹는 쥐엄 열매조차도 그에게 주지 않았다. 돼지는 잡아먹기 위한 짐승이었기 때문이고 배불리 먹인 것이고 그는 굶어 죽어도 상관이 없는 사람이었기 때문에 아무것도 먹이지 않은 것이다.

비로소 그는 그 나라의 어딘가에 자기가 찾는 희망이 있을지도 모른다는 생각을 포기하고 마음을 돌이켜 다시 아버지에게로 돌아갔다.

"이에 **스스로 돌이켜** 가로되 '내 아버지에게는 양식이 풍족한 품군이 얼마나 많은고! 나는 여기서 주려 죽는구나. 내가 일어나 아버지께 가서 이르기를 아버지여 내가 하늘과 아버지께 죄를 얻었사오니 지금부터는 아버지의 아들이라 일컬음을 감당치 못하겠나이다. 나를 품꾼의 하나로 보소서 하리라' 하고 이에 일어나서 아버지께로 **돌아가니라**."

그는 자기가 저지른 잘못으로 인해 차마 아버지 앞에 나아갈 엄두가 나지 않았지만 아들을 알아본 아버지가 저가 돌아오는 것을 보고 측은히 여겨 달려가 목을 안고 입을 맞추며 반가이 그를 맞아들였다.

아들이 차마 고개도 들지 못하고 말했다.

"아버지여, 내가 하늘과 아버지께 죄를 얻었사오니 지금부터는 아버지의 아들이라 일컬음을 감당치 못하겠나이다."

하지만 아버지는 그를 일으켜 세우며 종들에게 잔치 준비를 시켰다.

"제일 좋은 옷을 내어다가 입히고 손에 가락지를 끼우고 발에 신을 신기라. 그리고 살진 송아지를 끌어다가 잡으라. 우리가 먹고 즐기자. 이 내 아들은 죽었다가 다시 살아났으며 내가 잃었다가 다시 얻었노라."

이 말을 들은 종들도 그 주인의 일을 함께 기뻐하였다.

그때, 맏아들은 밭에 있다가 돌아오고 있었는데 집에 가까웠을 때에 풍류와 춤추는 소리를 듣고 이상하게 생각하여 한 종을 불러 물었다.

"이 무슨 일인가?"

종이 대답했다.

"당신의 동생이 돌아왔으매 당신의 아버지가 그의 건강한 몸을 다시 맞아들이게 됨을 인하여 살진 송아지를 잡았나이다."

그 말을 들은 맏아들은 분하여 집에 들어가려 하지를 않았다.

아버지가 나와서 들어가기를 권하였지만 그는 들으려 하지 않았다.

맏아들이 그랬다.

"내게는 염소 새끼라도 주어 내게 나와 내 벗으로 즐기게 하신 일이 없더니 아버지의 살림을 창기와 함께 먹어버린 이 아들이 돌아오매 이를 위하여 살진 송아지를 잡으셨나이다."

아버지가 나무랐다.

"너는 항상 나와 함께 있으니 내 것이 다 네 것이로되 이 네 동생은 죽었다가 살았으며 잃었다가 얻었기로 즐거워하고 기뻐하는 것이 마땅하다."

교회는 천국에서의 행복에 대해 말하는 일에 있어서 주저함이 없다.

하지만 행복은 꼭 죽은 이후의 일이어야만 하는 걸까?

죽어서뿐만 아니라 지금도 행복하면 안 되는 걸까?

교회는 아버지의 사랑에 대해 말하는 일에 있어서 주저함이 없다.

하지만 그런 사랑을 보여주는 이는 꼭 아버지여야만 하는 걸까?

아버지뿐만 아니라 맏아들인 형도 아버지와 같으면 안 되는 걸까?

둘째아들은 아버지를 여전히 사랑하고 있었다.

먼 나라로 떠나는 일이 아버지를 버리는 일은 아니라고 생각했다.

그저 조금 빨리 어른이 되고 싶었을 뿐이다.

하지만 맏아들은 아버지를 원망했다.

맏아들은 겉으로는 착한 체하나 사악하기 짝이 없는 사람이고 스스로 똑똑하다고 생각하지만 알고 보면 한없이 어리석은 사람이다.

그는 동생을 믿는다고 했지만 믿지 않았고 사랑한다고 했지만 사랑하지 않았고 안다고 했지만 아무것도 몰랐다.

그는 아버지가 속으로 화를 내고 있을 거라 생각했다.

아버지가 동생을 용서하기란 쉽지 않을 거라 생각했다.

그러나 아버지는 항상 아들을 기다리고 있었다.

그에게는 아들이 전부였기 때문이다.

그는 아버지에게 소중한 것이 오직 아들뿐이라는 사실을 몰랐다.

그는 아버지의 것이 결국은 아버지의 것이 아니라는 사실을 몰랐다.

그는 먼 나라까지 아버지가 용서하고 받아준 거라고 생각했다.

먼 나라까지 아들의 일부로 받아들여서 말이다.

하지만 아버지가 구원하는 것은 아들뿐이라는 사실을 몰랐다.

아버지가 아들을 구하기 위해 발을 들여놓지 말아야 할 곳까지 쫓아가서 아들을 끌고 나온 것이 아니라는 사실을 몰랐다.

아들이 구원받을 수 있었던 것은 아버지가 자기 나라를 떠나 먼 나라에 발을 들여놓았기 때문이 아니라 아들이 먼 나라를 떠나 다시 아버지의 영역 안으로 들어왔기 때문이라는 사실을 몰랐다.

그는 먼 나라가 동생에게 영향을 끼칠 수 있는 건 동생이 그곳에 머무는 동안뿐이라는 사실을 몰랐다.

동생이 건강한 몸으로 다시 자기 나라로 돌아온 이상 먼 나라에서 있었던 일은 아무런 문제가 되지를 못한다는 사실을 그는 몰랐다.

그는 동생이 자기의 아랫사람이 아니라는 사실을 몰랐다.

동생이 모든 결정의 중심이 되어야 한다는 사실을 몰랐다.

동생은 그저 그를 반영하는 거울일 뿐이라는 사실을 몰랐다.

그는 먼 나라에서 창기와 놀아난 것이 오직 동생뿐이라고 생각했다.

하지만 먼 나라로 떠난 것은 동생만이 아니었다.

몸은 아버지와 있지만 마음은 그도 동생을 쫓아가고 있었던 것이다.

가고 싶다, 가고 싶다 하며 마음으로 거기 어디에 가 있었던 것이다.

그는 아버지가 자기에게 염소 새끼(행복) 한 마리도 주지 않았다고 따졌다.

하지만 그는 염소가, 행복이 이미 그의 것이라는 사실을 몰랐다.

그는 아버지가 그에게 아까울 것이 없다는 사실을 몰랐다.

아버지의 소유와 자기의 소유가 따로 있지 않다는 것을 몰랐다

아버지의 것이 곧 자기의 것이기도 하다는 사실을 몰랐다.

그는 자기가 아버지를 섬겨 명을 어긴 일이 없다고 했다.

하지만 그는 아버지가 바라는 것이 아들의 행복뿐이라는 사실을 몰랐다.

자기가 아버지의 일을 방해하고 있다는 사실을 몰랐다.

그는 아버지가 아들을 위해 존재하는 사람이라는 사실을 몰랐다.

아버지(예수)에게 중요한 건, 오직 아들뿐이라는 사실을 몰랐다.

아들(하나님)이 없이는 아버지도 행복할 수 없다는 사실을 몰랐다.

정말로 남편을 사랑한다면 남편만 섬길 것이 아니라 남편이 섬기는 아내를 그도 섬겨야 하고 정말로 아버지를 사랑한다면 아버지만 섬길 것이 아니라 아버지가 섬기는 아들을 그도 섬기고 아버지가 사랑하는 아들을 그도 사랑해야 한다는 사실을 몰랐다.

그는 동생이 예전의 모습을 완전히 잃어버렸다고 몰아붙였다.

하지만 그는 동생이 잃어버린 것이 아무것도 아니라는 사실을 몰랐다.

동생의 심하게 다치거나 죽거나 한 것이 아니라 누구 한 사람을 속이거나 다치게 하거나 죽게 하거나 한 게 아니라 단지 '네가 잃어

버려도 좋다'며 아버지가 아들에게 내어준 돈을 조금 잃어버린 것뿐이라는 사실을 몰랐다.

그는 동생과 먼 나라가 하나가 아니라는 사실을 몰랐다.

아버지가 미워하는 것은 아들이 아니라 먼 나라뿐이라는 사실을 몰랐다.

더 위험한 쪽은 빗나간 동생이 아니라 빗나간 형이라는 사실을 몰랐다.

오히려 벌을 받아야 하는 쪽은 이미 사람들에게서 몰매를 맞은 데다 너무 부끄럽고 미안해서 얼굴을 들지 못하는 동생이 아니라 아직 덜 대고 덜 아파서 왜 이런 결정이 내려졌느냐 따지거나 아무에게도 들키지 않고 무사히 빠져나왔다 기뻐하고 있는 자기 자신이라는 사실을 몰랐다.(요 8:1～11)

동생은 잠시 돌아오기 위한 여행을 떠났을 뿐이다.

형에게 동생이 자리를 비운 건 기회였다.

몸만 동생이 아니라 마음까지 동생인 동생을 얻을.

하지만 그는 그 반대로 생각했다.

아버지의 집을 온전히 자기가 독차지할 수 있을 거라 생각했던 것이다.

그래서 다시는 돌아올 수 없게 되기를 바랐다.

아들이 자기 몫을 요구했고 아버지는 아무 말 없이 돈을 내주었다.

그러나 맏아들에 비해 둘째아들의 몫이란 그다지 많은 것이 아니다.

그가 아들에게 준 돈은 아들을 잃어버려도 좋을 만큼은 아니다.

아들에게 준 돈은 잃어버리는 날에는 다시는 돌아올 생각을 하지 말아야 하는 그런 액수가 아니라 잃어버려도 아깝게 여겨지지 않을 만큼의 액수다.

맏아들은 아버지와 아들을 별개라 생각했다.

그러나 아들에게 밥이 되고 토양이 되는 사랑, 그가 아버지다.

아들을 위해 자기의 모든 것을 희생할 수 있는 사랑, 그가 아버지다.

아들을 위해서라면 죽을 수도 있는 사랑, 그가 아버지다.

며칠 전에 방송에서 공사장의 인부들이 자기들이 일하는 현장의 옆을 지나가야 하는 트럭을 상대로 통행료를 받는 것을 보여준 적이 있다.

원래 통행료를 받는 곳이 아닌데 그들이 불법으로 그런다는 것이다.

기자가 그랬다.

왜 트럭의 기사들이 인부들에게 지불하지 않아도 될 돈을 지불하느냐고.

교회는 사람들에게서 너무 많은 것을 거둬간다.

사람들이 태어날 때부터 자기들에게 무슨 빚이나 진 것처럼.

아들은 먼 나라에서 '돼지치기'였다.

하지만 그는 빈털터리로 아버지에게 돌아왔다.

'올바른 것'에서 '먼 나라'로 가면 아무리 고생을 해도 돌아오는 것은 아무것도 없다.

결국 아버지에게 돌아갈 때는 빈털터리일 뿐이다.

교회에 돈을 헌납하기 위해 어떤 사람은 밖에 나가서 껌을 팔고 또 어떤 사람은 어묵이나 풀빵이나 오징어 구운 것을 팔고 또 어떤 사람은 속옷이나 주방용품을 팔고 또 어떤 사람은 보험을 팔고 수단 방법 가리지 않고 새로운 사람들을 끌어들인다.

그러면서 자기들이 아주 가치 있는 일을 하고 있다고 생각한다.

하지만 그들에게 돌아오는 것은 아무것도 없다.

왜냐하면 그들이 하는 일은 아버지와 아무런 상관이 없는 일이기 때문이다.

교회는 아무것도 돌려받기를 바라지 말고 바치라고 한다.

하지만 사람은 자기가 뿌린 것을 돌려받을 수 있어야 한다.

사람들이 가장 많이 하는 실수 중에 하나가 돼지 치는 일을 하면서 포도원을 일구는 일을 하는 것이라고 착각한다는 것이다.

하지만 돼지 치는 일의 결과는 포도원을 일구는 일의 결과와 다르다.

돼지 치는 일은 밖에서, 포도원(영혼)을 일구는 일은 안에서 하는 일이다.

돼지 치는 일은 교회가, 포도원을 일구는 일은 하나님이 시키는 일이다.

부자가 받기만 하고 주지는 않는 것처럼 교회가 시키는 돼지 치는 일은 얻는 것이 아무것도 없지만 포도밭을 일구는 일은 몇 배의 결실로 돌아온다.

똑같은 씨앗이지만 건물 높이느라 바쁜 교회에 뿌리는 씨앗은 교회만 배부르게 하는 일일 뿐 그 씨앗을 뿌린 사람은 더욱 힘들게 하는 일이지만 높일 건물이 없는 하나님의 포도밭(자연)에 뿌리는 씨앗은 언젠가는 그 몇 배의 결실이 되어 다시 그 뿌린 사람에게 돌아오게 되는 것이다.

달란트 비유

또 어떤 사람이 타국에 갈 제 그 종들을 불러 자기 소유를 맡김과 같으니 각각 그 재능대로 하나에게는 금 다섯 달란트를, 하나에게는 두 달란트를, 하나에게는 한 달란트를 주고 떠났더니 다섯 달란트 받은 자는 바로 가서 그것으로 장사하여 또 다섯 달란트를 남기고 두 달란트 받은 자도 그같이 하여 또 두 달란트를 남겼으되 한 달란트 받은 자는 가서 땅을 파고 그 주인의 돈을 감추어 두었더니 오랜 후에 그 종들의 주인이 돌아와 저희와 회계할쌔 다섯 달란트 받았던 자는 다섯 달란트를 더 가지고 와서 가로되,

"주여, 내게 다섯 달란트를 주셨는데 보소서. 다섯 달란트를 남겼나이다."

그 주인이 이르되,

"잘 하였도다. 착하고 충성된 종아 네가 작은 일에 충성하였으매 내가 많은 것으로 네게 맡기리니 네 주인의 즐거움에 참예할찌어다." 하고 두 달란트 받았던 자도 와서 가로되,

"주여, 내게 두 달란트를 주셨는데 보소서. 또 두 달란트를 남겼나이다."

그 주인이 이르되

"잘하였도다. 착하고 충성된 종아 네가 작은 일에 충성하였으매 내게 많은 것으로 네게 맡기리니 네 주인의 즐거움에 참예할찌어다." 하고 한 달란트 받았던 자도 와서 가로되,

"주여, 당신은 굳은 사람이라 심지 않은 데서 거두고 헤치지 않은 데서 모으는 줄을 내가 알았으므로 두려워하여 나가서 당신의 달란

트를 땅에 감추어 두었었나이다. 보소서. 당신의 것을 받으셨나이다."

그 주인이 대답하여 가로되

"악하고 게으른 종아, 나는 심지 않은 데서 거두고 헤치지 않은 데서 모으는 줄을 네가 알았느냐. 그러면 네가 마땅히 내 돈을 취리하는 자들에게나 두었다가 나로 돌아와서 내 본전과 변리를 받게 할 것이니라."

하고

"그에게서 한 달란트를 빼앗아 열 달란트 가진 자에게 주어라. 무릇 있는 자는 받아 풍족하게 되고 없는 자는 그 있는 것까지 빼앗기리라. 이 무익한 종을 바깥 어두운 데로 내어 쫓으라. 거기서 슬피 울며 이를 갊이 있으리라."

하니라.(마 25:14~30)

교회는 사람이 세상에 태어난 것이 죄를 지어 쫓겨난 것이라 한다.

하지만 주인이 하인에게 달란트를 주고 장사를 해 보라고 하는 것은 하인이 죄를 지어 받지 않아도 될 벌을 받아야 하기 때문이 아니다.

무슨 말이냐 하면, 하나님이 사람에게 생명을 주어 살아보라고 하는 것이 사람이 죄를 지어 벌을 받아야 하기 때문은 아니라는 뜻이다.

교회는 사람은 다 죄인이기 때문에 어떻게 살아도 지옥에 갈 수밖에 없다고 하지만 하인이 어떻게 해도 벌을 받을 수밖에 없는 것이 아닌 것처럼 어떻게 해도 지옥에 가는 것도 아니다. 주인이 이미 벌을 줄지 상을 줄지 정한 다음에 하인에게 장사를 해 보라고 한 것이 아니라 장사의 결과에 따라 벌을 줄지 상을 줄지가 결정되는 것처럼 하나님이 이미 지옥에 보낼지 천국에 보낼지 정한 다음에 사람에게 살아보라고 한 것이 아니라 어떻게 사느냐에 따라 지옥에 갈지 천국에 갈지가 정해지는 것이기 때문이다.

교회는 사람이 원래는 영원히 살게 되어 있었는데 죄를 지었기 때문에 한 번만 살게 된 것이라 한다. 하지만 하인이 죄를 지었기 때문에 주인에게 두 달란트 못 받고 두 달란트와는 아무 상관도 없는 한 달란트만 받거나 열 달란트 못 받고 열 달란트와는 아무 상관도 없는 다섯 달란트만 받게 된 것이 아니라 한 달란트가 곧 두 달란트의 밑천이 될 수 있는 한 달란트고 다섯 달란트가 곧 열 달란트의 밑천이 될 수 있는 다섯 달란트인 것처럼 사람도 죄를 지었기 때문에 영원한 삶을 받아야 하는데 한 번뿐인 삶만을 받게 된 것이 아니라 한 번뿐인 삶을 영원한 삶의 밑천으로 만들어야 하는 것이다.

다섯 달란트 받은 하인은 건방지다. 달란트를 자기 것이라 생각한다.

한 달란트 받은 하인은 겸손하다. 달란트를 자기 것이라 생각지 않는다.

당장은 한 달란트 받은 하인이 좋은 하인처럼 보일 수도 있다.

사람들에게 칭찬도 더 많이 받는다.

하지만 주인에게 더 많이 칭찬받는 하인은 다섯 달란트 받은 하인이다.

다섯 달란트 받은 하인은 자기에게 주어진 달란트로 더 많은 달란트를 남겼고 한 달란트 받은 하인은 자기에게 주어진 한 개의 달란트만을 남겼다.

하지만 한 달란트 받은 하인은 주인이, 모든 걸 다 할 수 있는 사람이면서 동시에 아무것도 할 수 없는 사람이라는 걸 몰랐다.

한 달란트 받은 하인은 처음에 받은 달란트는 가짜고 지은 죄에 대한 벌이라 생각하며 진짜는 주인이 돌아온 후에 받게 될 것이라 생각했다.

하지만 처음 주어진 달란트와 영원한 달란트는 둘이 아니다.

처음 달란트(씨앗, 지금의 삶)와 영원한 달란트(열매, 영원한 생명)가 따로 있는 것이 아니라 처음 주어진 달란트 속에 영원한 달란트가 숨어 있는 것이다. 처음 달란트와 영원한 달란트가 따로 있는 것이 아니라 씨앗이 자라 나무가 되듯 처음 주어진 달란트가 자라서 곧 영원한 달란트가 되는 것이다.

교회는 지금 사는 것은 받아서는 안 될 것을 받은 것이라고 한다,

하지만 삶은 축복이다.

사람이 사는 것은 벌을 받아 쫓겨난 것이 아니라 기회를 얻은 것이다.

교회는 하나님은 사람이 알 수 없고 볼 수도 없는 분이라 한다.

하지만 주인과 하인, 하나님과 나는 옆 사람이 아니라 한 사람이다. 따로 사는 것이 아니라 그 안에 내가 사는 것이고 내 안에 다시 그가 사는 것이다. 나의 의가 따로 있고 그의 의가 따로 있는 것이 아니다. 그의 의를 구하지 못하면 나도 죽는다. 그래서 내가 살기 위해서는 먼저 그의 의(달란트, 목숨이라 해도 좋고 예수라 해도 좋고)를 구하지 않으면 안 되는 것이다.

교회는 잘살아도 못살아도 사람은 다 지옥에 가는 것이라 한다.

사람은 거기에 '아멘'한다.

하지만 주인이 하인을 벌주기 위해 달란트를 준 것이 아닌 것처럼 하나님이 사람을 벌주기 위해 삶을 준 것이 아니다. 주인이 달란트를 빼앗아가기 위해 달란트를 준 것이 아닌 것처럼 하나님이 사람을

죽이기 위해 목숨을 준 것이 아니다. 주인이 하인이 장사를 잘했든 못했든 다 쫓아낼 마음을 가지고 장사를 해 보라고 한 것이 아니라 장사를 맡겨도 좋은지를 보려고 장사를 해 보라고 한 것처럼 하나님도 사람이 잘 살든 못 살든 다 지옥에 보낼 마음으로 사람에게 생명을 준 것이 아니라 생명을 맡겨도 좋은지를 보려고 생명을 준 것이다. 하나님을 믿는다면 그분이 선하다는 것도 믿자.

"사람이 내 말을 듣고 지키지 아니할찌라도 내가 저를 심판하지 아니하노라. 내가 온 것은 세상을 심판하려 함이 아니요, 세상을 구원하려 함이로다."(요 12:47)

"너희는 먼저 그의 나라와 그의 의를 구하라. 그리하면 이 모든 것을 너희에게 더하시리라."(마 6:33)

열 처녀 비유

그 때에 천국은 마치 등을 들고 신랑을 맞으러 나간 열 처녀와 같다 하리니 그중에 다섯은 미련하고 다섯은 슬기 있는지라.

미련한 자들은 등을 가지되 기름을 가지지 아니하고 슬기 있는 자들은 그릇에 기름을 담아 등과 함께 가져갔더니 신랑이 더디 오므로 다 졸며 잘쌔 밤중에 소리가 나되,

"보라, 신랑이로다. 맞으러 나오라!"

하매 이에 그 처녀들이 다 일어나 등을 준비할 쌔 미련한 자들이 슬기 있는 자들에게 이르되

"우리 등불이 꺼져가니 너희 기름을 좀 나눠 달라."

하거늘 슬기 있는 자들이 대답하여 가로되

"우리와 너희의 쓰기에 다 부족할까 하노니 차라리 파는 자들에게 가서 너희 쓸 것을 사라."

하니 저희가 사러 간 동안에 신랑이 오므로 예비하였던 자들은 함께 혼인잔치에 들어가고 문은 닫힌지라.

그 후에 남은 처녀들이 와서 가로되

"주여, 주여, 우리에게 열어 주소서!"

대답하여 가로되

"진실로 너희에게 이르노니 내가 너희를 알지 못하노라."

하였느니라.

그러므로 깨어 있으라.

너희는 그 날과 그 시를 알지 못하느니라.(마 25:1～13)

등(원하는 마음)을 가지고 신랑(진리)을 맞이하러 나온 열 처녀가 있었는데 그중에 다섯은 미련하고 다섯은 슬기로웠다.

미련한 이들은 등(원하는 마음)만 가지고 있을 뿐 기름(진리를 분별할 줄 아는 지식)을 가지고 있지 않았고 슬기 있는 이들은 그릇(자기 안)에 기름(진리를 분별할 줄 아는 지혜)을 담아 등(원하는 마음)과 함께 두었다.

하지만 신랑(진리)은 좀처럼 모습을 드러내지 않았고 기다리던 처녀들은 다 꾸벅꾸벅 졸며 잠이 들고 말았다.

그런데 한밤중에 어디선가 고함 소리가 들렸다.

"보라, 신랑이로다. 맞으러 나오라!"

이에 처녀들이 다 일어나 등(원하는 마음)을 준비할 때 기름을 준비하지 못한 미련한 자들이 등불이 꺼져 가는 것을 보고 슬기 있는 자들에게 말했다.

"등불이 꺼져가니 기름을 좀 나눠 달라."

그러자 슬기 있는 자들이 대답했다.

"우리와 너희의 쓰기에 다 부족할까 하노니 차라리 파는 자들에게 사라."

미련한 자들이 그곳(자기 위치)을 떠나 기름 파는 자들에게 간 사이에 신랑이 와서 예비하였던 자들은 함께 혼인잔치(천국)에 들어갔고 문이 닫혔다.

뒤늦게 쫓아온 처녀들이 통곡하며 매달렸다.

"주여, 주여, 우리에게 열어 주소서!"

하지만 그들에겐 기회가 주어지지 않았다.

"진실로 너희에게 이르노니 내가 너희를 알지 못하노라."

모든 사람이 자신이 가진 등불로 구원을 받는다.

등을 들고 신랑을 기다리는 처녀는 등대 같고 신랑은 조난자 같다.

혹은 처녀는 조난자 같고 신랑은 처녀를 찾아 나선 배 같다.

그래서 처녀는 등불을 들고 있어야 하고 정해진 위치에 있어야 한다.

신랑이 그것들로 처녀를 찾아내기 때문이다.

진리를 분별하기 위해서는 깨어 있어야 한다. 중심을 지키고 있어야 한다.

잠들어 있고 취해 있으면 어느 것도 제대로 볼 수 없기 때문이다.

그러기 위해 가장 멀리 해야 할 것이 술, 특히 마음으로 마시는 술(종교, 잘못된 가치관, 불안 공포, 두려움, 자만, 교만)이다.

술에 취한 사람이 아무런 고통도 느끼지 못하는 것은 술이 상처를 없애주기 때문이 아니라 아픔이나 통증을 느끼는 신경을 마비시키기 때문이다.

사람들은 누구나 다 진리를 알게 되기를 원한다.

하지만 진리는 원한다고 찾아질 수 있는 것이 아니다. 진리를 알기 위해서는 원하는 마음뿐만 아니라 자기 안에 있어야 할 위치가 어디인지와 무엇이 진리인지를 분별할 줄 아는 지식도 함께 가지고 있어야 하는 것이다.

"그러므로 깨어 있으라. 너희는 그 날과 그 시를 알지 못하느니라."

두 아들의 비유

너희 생각에는 어떠하뇨.

한 사람이 두 아들이 있는데 맏아들에게 가서 이르되

"얘, 오늘 포도원에 가서 일하라."

하니 대답하여

"아버지여, 가겠소이다."

하더니 가지 아니하고 둘째아들에 가서 또 이같이 말하니 대답하여 가로되

"싫소이다."

하더니 그 후에 뉘우치고 갔으니 그 둘 중에 누가 아비의 뜻대로 하였느뇨.

가로되

"둘째아들이니이다."

예수께서 저희에게 이르시되

"내가 진실로 너희에게 이르노니 세리들과 창기들이 너희보다 먼저 하나님의 나라에 들어가리라. 요한이 의의 도로 너희에게 왔거늘 너희는 저를 믿지 아니하였으되 세리와 창기는 믿었으며 너희는 이것을 보고도 종시 뉘우쳐 믿지 아니하였도다."(마 21:28～32)

많은 여자들이 교회 안에 있다.

그들은 교회가 입으라는 옷만을 입고 교회가 하라는 일만을 한다.

그들은 교회의 허락 없이는 사랑도 하면 안 되고 결혼도 할 수 없다.

그들은 자기는 이미 구원받은 사람이며 창녀와 다르다고 생각한다.

그들은 자기가 따르고 있는 아담(죄)은 창녀가 따르고 있는 아담(죄)과 완전히 다른 사람이라 생각한다. 그들은 자기들이 따르는 아담은 창녀가 따르는 아담과는 비교도 할 수 없을 정도로 훌륭한 사람이라 믿는다.

그래서 창녀는 자기들을 붙잡고 있는 아담을 떠나고 싶어 하는 마음이 크지만 그들은 자기들을 붙잡고 있는 아담에게서 떠날 마음이 전혀 없다.

그러나 창녀와 그들을 붙잡고 있는 아담은 결국 둘이 아니라 하나다.

예수가 성전에서 사람들을 가르치고 있을 때 대제사장들과 백성의 장로들이 와서 따진다. 무슨 자격으로 사람들을 가르치느냐는 것이다. 자기들처럼 정규 코스를 밟은 정당한 자격을 가진 선생이 아니었기 때문이다.

그러자 예수가 제자들에게 이런 이야기를 들려준다.

"두 아들을 둔 농부가 있었다. 어느 날 아침 그가 맏아들에게 말했지. '얘, 오늘 포도원에 가서 일하라.' '아버지여, 가겠소이다.' 하지만 결국은 가지 않았다. '얘, 오늘 포도원에 가서 일하라.' 이번에는 그 아버지가 둘째아들에게 역시 똑같은 말을 했다. 그는 맏아들과 달리 '싫소이다' 하고 한 마디로 거절했지만 그 후에 잘못을 뉘우치고 아버지의 말대로 포도원으로 갔다. 너희들은 이 두 아들 중 어느 아들이 그 아버지께 순종하였다고 생각하느냐?"

"둘째아들이니이다."

맏아들은 똑똑하고 잘난 사람이다.

그러나 둘째아들은 그렇지가 못하다.

맏아들은 생각하기에 현명한 사람이고 잘한 일이 많은 사람이며 둘째아들은 생각하기에 어리석은 사람이고 잘못한 일이 많은 사람이다.

맏아들은 자기 일이 다른 일과는 비교가 안 될 만큼 중요하다고 생각했기 때문에 포도원을 일구는 일이 아무 성과도 얻을 수 없는 시간낭비처럼 느껴졌고 둘째아들은 자기가 하고 있는 일이 너무나 하찮은 일이라고 생각했기 때문에 포도원을 일구는 일에 시간을 내는 것이 가능하다.

맏아들은 자기 일을 다른 어떤 일보다 귀하게 여기고 둘째아들은 어쩔 수 없이 하고는 있지만 자기 일을 하찮게 사람이다. 그래서 맏아들은 그 일을 떠날 마음이 결코 없고 둘째아들은 언제라도 거기서 떠날 수 있는 사람이다.

하지만 맏아들과 둘째아들이 하고 있는 일은 둘이 아니다.

그들이 해야 할 오직 한 가지 일은 포도원을 일구는 일이고 그 외에 다른 일은 다 포도원을 일구는 데 방해가 되는 일일 뿐이기 때문이다.

맏아들처럼 아버지(자기가 믿는 종교) 옆에만 있으면 포도원에는 가지 않아도 구원을 받을 수 있다고 믿는 사람들이 있다.

그들은 포도원에는 갈 필요가 없다고 믿는다.

그들에게는 아버지가 곧 구원이기 때문이다.

그들은 포도원에 가는 것이 아버지를 버리는 일이라 생각한다.

그래서 결국 포도원을 버리고 아버지를 선택하는 것이다.

그는 이미 결론을 내렸다.

그는 즐겁고 행복하다.

아버지의 옆에 있기만 하면 포도원에 가서 일하지 않아도 구원을 받을 수 있고 영원히 달콤한 포도주를 얻을 수 있을 것이라 믿기 때문이다.

그러나 하나님이 말한 것은 반드시 지켜져야만 하며 또한 그는 분명 그것을 지킬 만한 능력을 가진 사람이다.

그는 하나님이 선악을 알게 하는 나무의 실과를 먹지 말라고 한 것은 그가 실과를 따 먹을 수밖에 없는 사람이라는 것을 알게 하기 위해서라 하고 아버지가 포도원에 가서 일하라고 한 것은 그가 포도원에 가서 일하는 것이 아무 의미도 없는 일이라는 것을 알게 하기 위해서란다.

그러나 하나님이 실과를 먹지 말라고 했다면 그 실과는 결코 먹어서는 안 되는 것이며 아버지가 포도원에 가서 일하라고 했다면 그는 무슨 일이 있어도 포도원에 가서 일하지 않으면 안 되는 것이다.

"내가 하는 일이 가장 중요한 일이다. 그런데 나더러 어디를 가란 말인가!"

교회는 세상에 자기보다 중요한 일을 하는 사람은 없다고 생각한다.

그들은 누구의 말도 들으려 하지 않는다.

자기들만 옳고 남들은 다 틀렸다 한다.

왜냐하면 자기들이 결코 틀렸다고 생각하지 않기 때문이다.

그들은, 달라져야 할 사람들은 다른 사람들뿐이라고 생각한다.

하지만 그런 자만(自滿)이 결국 그들을 죽이는 독이 되는 것이다.

자기 스스로도 하나님이 보기에 옳지 못한 일을 하고 있다고 생각한 세리나 창녀들은 깨우쳐 하나님의 명령에 따르지만 자기가 보기에 하나님이 보기에 좋아할 일을 하고 있다는 생각을 가진 제사장들은 자만하여 오히려 하나님이 원하는 바를 이행하지 않는 것처럼 말이다.

씨 뿌리는 자의 비유

'좋은 땅이 되자. 좋은 사람이 되자.'

누구나 그렇게 생각한다.

하지만 과연 어떤 땅이 좋은 땅일까?

나쁜 땅도 씨앗을 심기에는 나쁜 땅이지만 어떤 면에서는 좋은 땅이다.

일반적인 사람들이 볼 때는 좋은 땅보다는 나쁜 땅이 더 좋은 땅이다.

길가나 돌밭이나 가시떨기는 제각각 분명한 자기만의 특색이 있다.

길가 땅은 인기가 많고 돌밭은 단단하며 가시떨기는 매력적이다.

하지만 좋은 땅에는 좋은 바탕 외에 이목을 끌 만한 아무것도 없다.

하나님이 보기에 좋은 땅이란 뭘 잘하고 뭐가 특별하고 뭐가 많아야 하는 게 아니라 오히려 가지고 있는 것이 아무것도 없어야 하는 것이다.

길(교회)에서 멀어야 하고 단단한 돌(기존의 종교)도 가지고 있지 않아야 하고 가시떨기(돈이나 출세에 대한 욕심)도 키우지 않아야 한다.

교회는 좋은 땅이 되기 위해서 뭔가를 해야 한다고 말한다.

좋은 땅이 되기 위해서 뭔가를 가지고 있어야 한다고 말한다.

하지만 그건 잘못된 생각이다.

좋은 땅(사람)이란, 아무것도 가지고 있지 않은 땅이기 때문이다.

돈이나 재물뿐만 아니라 종교도 마찬가지다.

종교를 버리지 않으면 씨앗은 자라기 어렵다.

성경에 부자청년의 이야기가 있다.

그도 뜻한 바가 있어 예수를 찾아온다.

그런데 예수는 이 청년에게 자기가 가지고 있는 것을 다 팔아서 가난한 사람에게 주라고 말한다. 그러자 이 청년은 얼굴에 수심이 가득한 채 예수를 떠났다. 가진 게 너무 많았기 때문이다.

예수께서 비유로 여러 가지를 저희에게 말씀하여 가라사대 씨를 뿌리는 자가 뿌리러 나가서 뿌릴 쌔 더러는 길가에 떨어지매 새들이 와서 먹어버렸고 더러는 흙이 얇은 돌밭에 떨어지매 흙이 깊지 않으매 곧 싹이 나오나 해가 돋은 후에 타져서 뿌리가 없으므로 말랐고 더러는 가시떨기 위에 떨어지매 가시가 자라서 기운을 막았고 더러는 좋은 땅에 떨어지매 혹 백배, 혹 육십 배, 혹 삼십 배의 결실을 하였느니라. 귀 있는 자는 들으라 하시니라.(마 13:3～9)

몰래 자라나는 씨 비유

또 가라사대 하나님의 나라는 사람(하나님)이 씨(예수)를 땅(사람)에 뿌림과 같으니 저가 밤낮 자고 깨고 하는 중에 씨가 나서 자라되 그 어떻게 된 것을 알지 못하느니라.

땅(사람)이 스스로 열매를 맺되 처음에는 싹이요, 다음에는 이삭이요, 그 다음에는 이삭에 충실한 곡식이라.

열매가 익으면 낫을 대나니 이는 추수(심판) 때가 이르렀음이니라.

또 가라사대 우리가 하나님을 어떻게 비하며 또 무슨 비유로 나타낼꼬

겨자씨 한 알(예수)과 같으니 땅(사람)에 심길 때에는 땅 위에 모든 씨보다 작은 것이로되, 심긴 후에는 자라서 모든 나물보다 커지며 큰 가지를 내니 공중의 새들이 그 그늘에 깃들일 만큼 되느니라. (막 4:26~32)

이 비유는 땅에 뿌려진 씨가 성장해서 결실을 맺는 과정을 통하여 하나님 나라의 모습을 보여준다.

하나님은 땅에 씨 하나를 묻어 둘 뿐 그 나머지는 관여하지 않는다.

그다음은 모두 씨와 땅의 몫이기 때문이다.

교회는 모든 것이 하나님에 의해 정해진다고 하지만 성경은 교회의 말과 다르다. 아무 때고 하나님이 내키면 하는 것이 아니라 때가 되면 하는 것이다. 언제 얼마만큼의 결실을 이루느냐 하는 건 전적으로 씨앗과 땅에 달려 있고 하나님은 그저 좋은 씨앗을 땅에 심고 그 되는 바를 지켜볼 뿐이다.

땅이 비옥하면 좋은 낟알과 많은 수확을 얻을 수 있고 추수하는

시기도 앞당겨지거니와 땅이 척박하면 거둘 수 있는 낟알도 많지 않고 상태도 나쁘거니와 추수하는 시기는 늦어지고 더러는 수확을 아예 못하게도 되는 거다.

그리고 낫을 드는 시기 또한 사람(하나님)이 임의로 아무 때 하리라 하고 처음부터 정해 놓은 것이 아니라 어느 때가 되면, 곧 곡식이 익은 것을 보고서야 사람(하나님)이 날을 정하여 낫을 드는 것이다.

"너희는 낫을 쓰라. 곡식이 익었도다. 와서 밟을찌어다 포도주 틀이 가득히 차고 포도주 독이 넘치니 그들의 악이 큼이로다."(욜 3:13)

씨를 뿌린 이는 일상적 삶에 머물러 있지만 땅에 뿌려진 씨에는 이 기간에 놀라운 변화가 일어난다.

처음에는 아무것도 심기지 않은 땅과 마찬가지로 흔적도 없지만 아주 조그마한 씨가 곧 싹이 되고, 다음에는 이삭이 되고, 그다음에는 그만큼의 충실한 곡식의 모습으로 변화되어 가는 것이다.(막 4:28)

교회는 그 씨앗을 버려야만 구원을 얻을 수 있다고 사람들을 속인다.

결국 그 씨앗으로 인해 심판을 받을 것이라 겁준다.

그러나 씨앗이 바로 구원이 된다.

그들은 구원이 무슨 눈에 보이는 어마어마한 실체를 가지고 있는 줄 알지만 사실은 눈에 보이지 않는 아주 작은 씨앗에서 비롯되는 것이다.

그들은 구원을 밖에서만 찾으려 한다.

쉽게 구원을 받을 욕심에 유혹에 넘어가고 종교에 빠져든다.

그러나 구원은 그렇게 얻어지는 것이 아니다.

바람이 부는 대로 휩쓸리지 않고 자기의 바닥에서부터 끌어올린 하늘로 자라가려는 마음, 자기 안에 있는 소중한 것을 찾고 그것을 아름답게 가꾸어서 더욱 단단한 결실을 이루려는 마음이 마침내 구원이 되는 것이다.

하나님께 속한 사람

예수의 부모가 예수를 잃어버렸다. 그들이 예수를 다시 찾은 곳은 자기들이 떠나온 길을 거슬러 올라가 처음 자기가 떠났던 예루살렘의 성전에서다.

잔칫집에 모인 사람들에게 포도주를 주고 싶어 했던 사람은 예수가 아니라 예수의 어머니고 딸을 살리고 싶어 했던 사람도 예수가 아니라 딸의 어미며 하인을 살리고 싶어 했던 사람도 예수가 아니라 하인의 주인인 백부장이다. 사람들이 감사해야 할 것은 예수가 아니다. 예수는 그저 자기 어머니와 딸의 어머니와 하인의 주인을 위해 일하는 사람일 뿐이다.

또한 하인이 다시 살아난 것은 예수를 섬겼기 때문이 아니라 좋은 주인을 만났기 때문이며 딸이 구원을 받은 것도 예수를 만났기 때문이 아니라 좋은 부모를 만났기 때문이며 사마리아 여자가 진리에 대해 알게 된 것 역시 예수를 찾아다녔기 때문이 아니라 좋은 우물을 찾았기 때문이다.

예수도 마찬가지다.

예수는 포도주를 만들기 위해 잔칫집에 들어선 것이 아니라 그저 자기 어미를 따라왔을 뿐이고 죽은 딸(혹은 아들)을 살리려고 살린 것이 아니라 그 어미의 소망을 들어준 것뿐이고 죽어가는 하인을 구하려고 구한 것이 아니라 자기를 찾아온 백부장의 요청을 들어주었을 뿐이고 여자를 만나기 위해 우물가를 찾은 것이 아니라 우물가에 있다 보니 여자를 만나게 된 것이다.

모든 사람의 목표는 예수다. 그리고 겉으로 보이는 것 또한 역시 예수뿐이다. 하지만 구원의 시작은 예수가 아니라 하나님이다.

예수가 어디에 있는지를 알고 싶다면 무턱대고 보이지 않는 예수부터 찾을 것이 아니라 이미 보이는 하나님을 밟아가야만 하는 것이다. 왜냐하면 보이는 하나님의 끝에 보이지 않는 예수가 있으니까.

"사랑하는 자들아 우리가 서로 사랑하자 사랑은 하나님께 속한 것이니 사랑하는 자마다 하나님께로 나서 하나님을 알고 사랑하지 아니하는 자는 하나님을 알지 못하나니 이는 하나님은 사랑이심이라."(요일 4:7～8)

<참고> 그(예수)의 부모가 해마다 유월절을 당하면 예루살렘으로 가더니 예수께서 열두 살 될 때에 저희가 이 절기의 전례를 좇아 올라갔다가 그 날들을 마치고 돌아갈 때에 아이 예수는 예루살렘에 머무셨더라.

그 부모는 이를 알지 못하고 동행 중에 있는 줄로 생각하고 하룻길을 간 후 친족과 아는 자 중에서 찾되 만나지 못하매 찾으면서 예루살렘에 돌아갔더니 사흘 후에 성전에서 만난즉 그가 선생들 중에 앉으사 저희에게 듣기도 하시며 묻기도 하시니 듣는 자가 다 그 지혜와 대답을 기이히 여기더라.

그 부모가 보고 놀라며 그 모친은 가로되

"아이야, 어찌하여 우리에게 이렇게 하였느냐. 보라, 네 아버지와 내가 근심하여 찾았노라."

예수께서 가라사대

"어찌하여 나를 찾으셨나이까. 내가 내 아버지 집에 있어야 될 줄을 알지 못하셨나이까?"

하시니 양친이 그 하신 말씀을 깨닫지 못하더라.

예수께서 한 가지로 내려가사 나사렛에 이르러 순종하여 받드시더라. 그 모친은 이 모든 말을 마음에 두니라.(눅 2:41~51)

강도 만난 자 비유 1

이스라엘 자손의 악함이 극에 달하자 하나님이 그들을 40년 동안 블레셋 사람의 지배 아래 둔다.

그때, 삼손이 나타난다.

그는 그들을 블레셋에게서 구원해 낸다.

이와 같은 이야기가 신약에도 있다.

어떤 사람이 예루살렘에서 가지 말아야 할 여리고를 향해 간다.

중간에 강도를 만난다.

그리고 그들은 그의 옷(마음)을 벗기고 거반 죽여 놓고서 달아난다.

그 때, 사마리아인이 와서 그를 구원해 준다.

교회는 항상 사마리아인을 기다린다.

강도 만난 자를 구원해줄 사람이 나타나기를 바란다.

그저 그가 곧 오실 것이라 하며 강도 만난 자를 그냥 지나친다.

왜냐하면 그들은 사마리아인이 아니기 때문이다.

감히 사마리아인이 될 수 없기 때문이다.

그러나 강도 만난 자를 구원해줄 사람이 따로 있는 것이 아니다.

사마리아인이 따로 있는 것이 아니라 당장에 강도 만난 자를 구해주는 이가 곧 사마리아인이기 때문이다.

교회는 사람은 결코 선한 사마리아인이 될 수 없다 한다.

그들에게는 강도 만난 자와 선한 사마리아인의 경계가 분명하다.

강도 만난 자는 결코 선한 사마리아인이 될 수 없고 선한 사마리아인 또한 결코 강도 만난 자가 될 리 만무한 것이다.

그러나 그 둘은 하나로 이어진다.

아들이 아버지가 되고 아버지에게서 다시 아들이 태어나는 것처럼 강도 만난 자가 나중에 사마리아인처럼 자기와 같은 처지에 있는 사람을 도와 줄 수도 있고 사마리아인도 강도 만난 자와 같은 경우에 처할 수도 있다.

강도 만난 자가 끝까지 강도 만난 자이기만 한 것이 아니라 입장이 바뀌어 언젠가 예전에 자기가 당했던 것과 같은 일을 당한 사람을 보게 되면 사마리아인이 자기에게 해주었던 것처럼 그에게 도움을 줄 수도 있고 사마리아인도 끝까지 사마리아인이기만 한 것이 아니라 언젠가 그도 강도를 만나 그와 같은 일을 당하면 다른 누군가에게 도움을 받을 수도 있는 것이다.

강도만난 자는 다름 아닌 우리 자신이다.

구원받아야 할, 사마리아인이 절실히 필요한 우리 자신이다.

그리고 강도 만난 자뿐만 아니라 사마리아인 역시 우리 자신이다.

강도 만난 이를 구원해야 할 우리 자신이다.

그런데 우리는 늘 강도 만난 자를 용서하지 못한다.

구하지 못한다.

그가 나쁜 사람이라고 생각하기 때문이다.

그는 강도가 아니라 그저 강도를 만난 사람일 뿐인데 그를 강도 만난 사람이라고 생각하지 않고 강도라 생각하기 때문이다.

강도 만난 자 비유 2

여기 강도 만난 자가 있다.

강도들에게 가지고 있던 돈을 다 빼기고 옷이 벗겨지고 두들겨 맞아서 다 죽어 가는 사람이다.

모든 이들에게서 존경받는 제사장이 그 옆을 지나가다가 그를 보더니 저만치 서서 큰 소리로 말한다.

“나는 하나님이 아닙니다. 그래서 내게는 당신을 구할 만한 능력이 없습니다. 하지만 하나님께서는 당신을 사랑하십니다. 하나님을 믿으십시오.”

그러고는 슬금슬금 피해간다.

잠시 후 신앙심이 깊기로 유명한 레위인도 지나가다가 그를 보더니 더 큰 소리로 말한다.

“나는 하나님이 결코 아닙니다. 그래서 나는 아무것도 할 수 없는 사람입니다. 하지만 하나님께서는 당신을 정말로 사랑하십니다. 언젠가 틀림없이 오셔서 당신을 구원해줄 것입니다. 그러니 하나님을 믿으십시오.”

그러고는 역시 재빨리 피해간다.

그런데 하나님에 대해 도모지 알지도 못하는 어떤 사마리아인이 여행하는 중에 거기에 이르러 그를 보더니 서둘러 그의 상처부터 치료해 준다.

그는 신앙이나 종교 같은 것에는 관심이 없다.

교회에 다니지도 않고 십일조를 내지도 않고 성경책을 읽어본 적도 없다.

그러니 죽어 가는 이에게 하나님에 대해 이야기하지 않는다.

다만 잠시의 주저함도 없이 강도 만난 자의 상처를 치료해주고 자기 짐승에 태워 주막으로 데리고 가서 그 주인에게 돈을 주고 나을 때까지 돌보아 줄 것을 부탁하고 떠나간다.

이 세 사람 중에 과연 누가 진짜 하나님을 믿는 사람일까?

과연 누가 천국에 갈 수 있는 사람일까?

교회는 강도 만난 자를 살린 것은 사람이 아니라 하나님이라 생각한다.

거기에 사람은 없었다고 믿는다.

그것이 진정한 기적이라 생각한다.

하지만 아무도 없는 곳에서는 아무 기적도 일어나지 않는다.

강도 만나서 거반 죽어가던 사람은 결코 아무도 없이는 다시 살아날 수 없으며 반드시 그의 상처를 치료해주고 그가 나을 때까지 보살펴줄 사마리아인이 그 옆에 있어야만 다시 살아날 수가 있는 것이다.

예수도 마찬가지다.

그는 강도를 만나 옷이 벗겨지고 몸은 찢겨져서 십자가에서 거반 죽었다가 사흘 만에 다시 살아난다.

교회는 예수가 누구의 도움도 없이 저절로 다시 살아난 것이라 한다.

아무도 거들떠보지 않았는데도 때가 되니 저절로 살아난 것이라 한다.

그들은 그를 살려낸 것이 사람이 아니라 하나님이라 믿는다.

어떤 사람의 도움도 받지 않았다 한다. 그것이 진정한 신앙이라 생각한다.

그러나 그가 다시 살아날 수 있었던 것은 모두가 그는 이미 죽었다고, 그를 살려내는 것은 불가능한 일이라고 피해서 도망갈 때, 결코 포기하지 않고 끝까지 그를 보살펴준 사마리아인(하나님)이 있었기 때문이다.

아무도 거들떠보지 않았는데 그가 저절로 살아난 것이 아니라 바로 선한 사마리아인(하나님)이 거기에 있어서 그를 보고 불쌍히 여겨 가까이 가서 기름과 포도주를 그 상처에 붓고 싸매어 자기 짐승에 태워 주막으로 데리고 가서 돌보아 주어 살려낸 것이다.

"예수께서 대답하여 가라사대 어떤 사람이 예루살렘에서 여리고로 내려가다가 강도를 만나매 강도들이 그 옷을 벗기고 때려 거반 죽은 것을 버리고 갔더라. 마침 한 제사장이 그 길로 내려가다가 그를 보고 피하여 지나가고 또 이와 같이 한 레위인도 그곳에 이르러 그를 보고 피하여 지나가되 어떤 사마리아인은 여행하는 중 거기 이르러 그를 보고 불쌍히 여겨 가까이 가서 기름과 포도주를 그 상처에 붓고 싸매고 자기 짐승에 태워 주막으로 데리고 가서 돌보아 주고 이튿날에 데나리온 둘을 내어 주막 주인에게 주며 가로되 이 사람을 돌아보아 주라 부비가 더 들면 내가 돌아올 때에 갚으리라 하였으니 네 의견에는 이 세 사람 중에 누가 강도 만난 자의 이웃이 되겠느냐 가로되 자비를 베푼 자니이다 예수께서 이르시되 가서 너도 이와 같이 하라 하시니라."(눅 10:30~37)

저주받은 무화과나무 비유

빙엄이라는 탐험가의 이야기를 들어 본 적이 있는가. 그는 빌카밤바라는 고대 잉카문명의 마지막 도시를 찾아내고 싶어 했다.

그것은 그가 삶 전체에 걸쳐 추구하던 것이었다.

모든 자료를 분석한 결과 그는 그 도시의 위치를 정확하게 알아내었고 그 도시를 향하여 고된 행군을 계속하였다.

사막을 지나고 언덕을 넘고 산을 넘어 마침내 그는 자기가 도시가 있으리라고 예측했던 지점에 다다랐지만 거기엔 아무것도 없었고 결국은 자기가 찾고자 하는 것을 찾지 못하고 되돌아와야만 했다.

하지만 얼마 후 그가 그렇게 애타게 찾던 빌카밤바는 거기에서 100미터도 채 떨어지지 않은 곳에서 다른 탐험가에 의해 발견되었다.

그는 최선을 다했다고 생각한다.

하지만 충분하지 못했다.

조금만 더 찾았더라면 이룰 수도 있는 일을 눈앞에서 놓쳐 버린 것이다.

예수가 가고자 하는 곳을 향해 길을 나섰다.

이른 아침부터 걷기 시작한 그는 배가 몹시 고팠다.

마침 길가에 무화과나무가 있는 것을 보고 그리로 갔지만 거기엔 건들건들 바람에 나부끼는 잎사귀밖에 실과는 하나도 열려 있지 않았다.

그는 오랜 여행에 지쳤고 배가 고팠고 눈앞에 보이는 상황은 암담했다.

마침내 자기의 한계점이라고 느끼는 지점에 다다른 것이다.

그는 화가 났다.

"이제부터 영원토록 네게 열매가 맺지 못하리라."

그러자 무화과나무는 곧 사라졌다.

그리고 다시 갈 길을 향해 걸음을 재촉했다.

교회는 모든 이야기의 초점을 무화과나무에 맞추어 버린다.

교회에 의해 비쳐지는 예수는 자비심이라고는 없는 무자비한 심판자다.

무화과나무는 때가 안 돼서 열매가 없었던 것뿐인데, 그저 자기가 먹고 싶을 때 실과를 주지 않았다는 이유로 예수가 무화과나무를 죽였다고 한다.

그들은 이 이야기를 가지고 칼날 같은 심판에 대해서 이야기하려 한다.

그러나 이것은 심판이 아니라 믿음에 대한 이야기다.(마 21:21, 22)

여기에서 중요한 건 무화과나무가 아니라 예수다.

무화과나무란 본래 존재하던 것이 아니다. 신기루와 같은 존재다.

무화과나무는 믿음을 시험하는 존재일 뿐이다.

무화과나무의 힘은 그를 보는 예수로부터 나오는 것이다.

그가 스스로 존재하는 것이 아니라 예수가 그를 만들어낸 것이고 스스로 자라는 것이 아니라 예수가 그를 자라게 하는 것이고 그가 스스로 강해지는 것이 아니라 예수의 손길이 그에게 닿았기 때문에 강해지는 것이다.

그래서 그에 의해 없어질 수도 있는 것이다.

교회도 무화과나무와 마찬가지다.

교회는 모든 사람들을 손아귀에 넣고 산다.

목소리는 갈수록 커져만 가고 건물도 갈수록 높아만 간다.

그러나 교회란 본래 존재하는 것이 아니다.

사람들이 보지 않았다면 존재할 수 없었을 것이고 다가가지 않았다면 자라지도 않았을 것이고 애정을 주지 않았다면 강해지지도 않았을 것이다.

그가 스스로 존재하는 것이 아니라 보는 사람이 있어서 존재하는 것이고 스스로 자라는 것이 아니라 사람들이 다가감으로 자라는 것이고 스스로 강해지는 것이 아니라 사람들이 그를 섬기고 사랑하므로 강해지는 것이다.

그러니 사람들에 의해 없어질 수도 있는 것이다.

<참고> (예수께서) 이른 아침에 성으로 돌아오실 때에 시장하신지라.

길 가에서 한 무화과나무를 보시고 그리로 가사 잎사귀밖에 아무것도 얻지 못하시고 나무에게 이르시되

"이제부터 영원토록 네게 열매가 맺지 못하리라."

하시니 무화과나무가 곧 마른지라.

제자들이 보고 이상히 여겨 가로되

"무화과나무가 어찌하여 곧 말랐나이까?"

예수께서 대답하여 가라사대

"내가 진실로 너희에게 이르노니 만일 너희가 믿음이 있고 의심치 아니하면 이 무화과나무에게 된 이런 일만 할 뿐 아니라 이 산더러 들려 바다에 던지우라 하여도 될 것이요, 너희가 기도할 때에 무엇이든지 믿고 구하는 것은 다 받으리라."

하시니라.(마 21:18～22)

감추어진 보화 이야기

성경에 보면 마태복음 13장 44절에 감추어진 보화 이야기가 나온다.

"천국은 마치 밭에 감추인 보화와 같으니 사람이 이를 발견하고 숨겨 두고 돌아가서 자기의 소유를 다 팔아 그 밭을 샀느니라."(마 13:44)

교회에서 돈 내라고 할 때 많이 인용되는 구절이다. 교회는 돈이 필요할 때 이 구절을 읊으면서 여자들에게 천국에 가려면 너희도 그처럼 자기의 모든 소유를 바쳐야 한다고 가르친다. 그러면 여자들은 '자기의 모든 소유를 팔아 밭에 감추어진 보화를 사는 사람'이 되기 위해 자기가 가진 것을 모두 교회에 바친다. 돈도, 시간도, 몸도, 마음도, 영혼까지 다 교회에 바치고는 성경에 나온 사람처럼 밭에 감추어진 보화를 얻게 되기를 바란다.

하지만 그 전에 여자가 한 가지 알아야 할 것이 있다. 교회는 보화가 감추어진 밭에 대해 아무 권한도 가지고 있지 않다는 것이다. 그들은 보화가 감추어진 밭의 주인이 아닐뿐더러 그 밭이 어디에 있는지조차 알지 못한다. 그런데 교회가 무슨 권리로 여자에게서 돈을 뜯어간단 말인가!

교회는 여자에게 보화가 감추어진 밭을 사야 한다고 한다. 사지 않으면 지옥에 간다고 한다. 하지만 여자는 밭을 살 필요가 없다. 왜냐하면 여자는 밭을 사야 하는 사람이 아니라 여자가 바로 그 밭이기 때문이다.

여자는 자기 소유를 다 팔아 보화가 감추어진 밭을 사야 하는 사람이 아니라 그들 자신이 바로 보화가 감추어진 밭이다. 따라서 여자가 구원받기 위해서는 자기의 모든 소유를 팔아서 사야 할 밭을 만나야 하는 것이 아니라 자기를 알아보고 사랑해서 그의 모든 소유를 팔아 자기를 사주는 사람을 만나야 한다. 여자가 '자기가 가진 모든 소유를 팔아 밭에 감추어진 보화를 사는 사람'이 되어야 하는 것이 아니라 그런 사람을 만나야만 하는 것이다.

교회는 여자에게 보화가 감추어진 밭을 사지 않으면 지옥에 갈 것이라고 겁을 주지만 여자는 밭을 사기 위해 아무 일도 할 필요가 없는 것이다. 왜냐하면 여자는 자기 모든 소유를 팔아 보화가 감추어진 밭을 사야 하는 사람이 아니라 그들이 바로 보화가 감추어진 밭이기 때문이다.

교회에서 밭을 사기 위해 애쓰는 사람은 대부분 여자다.

하지만 성경에서 자기의 모든 소유를 팔아 보화가 감추어진 밭을 사고 있는 사람은 여자가 아니다. 사람이 아니다. 남자다. 하나님이다.

여자는 보화가 감추어진 밭을 얻기 위해, 천국을 얻기 위해 자기의 모든 것을 주고 그것을 사려 한다. 그러느라 굶주리고 헐벗는다. 하지만 그것은 하지 않아도 될 일이다. 아니, 해서는 안 될 일이다. 여자는 사야 하는 쪽이 아니라 삼을 당해야 하는 쪽이기 때문이다. 여자는 처음에는 조금 이기적이어도 된다. 튕겨도 된다. 여자는 그렇게 하찮은 존재가 아니다. 아무에게나 내줘도 되도 되는 존재가 아니다. 돈으로 다 헤아릴 수 없는 귀한 보화가 감추어진 밭이다. 그래서 여자가 먼저 사야 하는 것이 아니라, 여자가 먼저 사랑해야 하는 것이 아니라 남자가 먼저, 하나님이 먼저 그 가치를 알아보고 사랑하고 자기의 모든 소유를 팔아 사야 한다. 사지 않으면 자신이 가장 불행할 것이기 때문이다. 그리고 여자는 그런 이를 만나야 한다.

여자가 사고 여자가 사랑하는 것은 그다음이어도 늦지 않다. 먼저 사지 않으면서 여자에게 먼저 사라고 말하는 남자는 진정한 남자가 아니며 먼저 사랑하지 않으면서 사람에게 먼저 사랑하라고 말하는 하나님은 진정한 하나님이 아니다. 여자를 힘들게 하는 남자는 남자가 아니며 하나님이 아니다.

교회는 '보화'만을 중요하게 여기고 '모든 소유'를 아무것도 아닌 것처럼 말하지만 아무것도 아닌 모든 소유는 없다. '보화'를 알기 전까지는 '모든 소유'만큼 더 큰 것은 없기 때문이다. 누군가 모든 소유를 준다면 그건 그 사람이 가진 모든 '것'을 준다는 뜻인데 그것을 과연 무시할 수 있을까?

만일 '보화'가 감추어진 밭이 나라고 치면 아무도 알아봐주지 않던 나를 알아봐주고 자기가 가진 모든 소유를 팔아 나를 사주는 사람이 있다면 정말 행복할 것이다. 그런 사람에게 팔려야만 여자는 행복한 법이다. 그리고 구원이 따로 있는 것이 아니라 행복할 수 있다면 그것이 바로 구원이다.

교회는 여자에게 구원을 받기 위해서는 무조건 헌신해야만 한다고 한다.

아무 계산 없이 주어야 그게 사랑이라고 한다.

하지만 그 얘기는 주는 사람이 할 말이지 받는 사람이 할 말은 아니다.

교회는 여자가 무조건 헌신해야만 하는 대상이 결코 아니다.

주기만 하는 여자는 여자가 아니다. 받을 수 있는 여자만이 여자다.

교회에는 여자에게 무조건적인 헌신만을 요구한다.

하지만 여자는 주기만 해서는 결코 구원을 얻을 수 없다. 왜냐하면 구원은 주기만 해서는 얻을 수 없고 결국 받아야만 얻어지는 것이기 때문이다. 그러니 구원을 얻기 위해서는 반드시 받지 않으면 안 되는 것이다.

여자가 구원을 받기 위해서는 조금 계산적일 필요가 있다. 구원은 착해서만 받는 것이 아니라 현명해야만 받을 수 있는 것이기 때문이다.

여자는 결혼할 때 감정에 휩싸여서 잘못된 결정을 하는 경우가 많다. 그 남자에 대해 제대로 알아보지도 않고 자기의 전부를 거는 경우가 많다.

하지만 여자가 남편을 선택할 때는 조금 계산적일 필요가 있다.

이 남자가 과연 좋은 사람일까? 성실할까? 술이나 도박을 좋아하는 건 아닐까? 나만을 사랑해 줄까? 평생 고생시키지 않고 행복하게 해줄까? 꼼꼼히 따져보고 이 사람이면 행복할 수 있겠다 싶은 사람을 선택해야 한다.

자기의 평생이 걸려 있는 문제이기 때문이다.

여자는 여자 위에 군림하면서 여자가 가진 것을 뜯어가기만 하려는 남자가 아니라 여자에게 자기의 모든 것을 걸 수 있는 사람을 선택해야 한다.

그런 사람이 모든 소유를 주고 여자를 사면 여자는 행복할 수 있다.

먼저 주어야 하는 쪽은 여자가 아니다. 여자는 남자가 자기의 소유 전부를 내놓기 전에 먼저 자기를 남자에게 맡겨서는 안 된다. 그리고 여자에게 받기를 바라지 말고 모든 소유를 다 바치라고 말하는 남자에게 자기를 맡겨서도 안 된다. 여자가 먼저 모든 소유를 주고 그 사람을 사야 하는 것이 아니라 그 사람이 자기의 모든 소유를 팔아 여자를 사야 하는 것이다.

교회를 선택할 때도 마찬가지다. 교회를 선택할 때도 조금 계산적일 필요가 있다. 그냥 반듯한 겉모습과 하는 말만 믿고 아무 교회나 선택해서는 안 되고 나를 자기보다 더 귀한 보물로 생각하고 먼저 자기가 가진 모든 소유를 팔아 나를 사줄 수 있는 교회를 선택해야만 하는 것이다.

하지만 그런 교회는 세상에 없다. 적어도 아직까지는 그렇다. 그들은 받아먹는 데 너무 익숙하고 그 것을 포기할 마음이 전혀 없기 때문이다.

교회는 여자는 죄가 크기 때문에 살아서는 자기를 헌금 받는 사람으로 만들어줄 수 있는 사람은 만날 수 없으며 오로지 헌금을 주기만 해야 하고 살아서는 사랑받는 사람으로 만들어줄 수 있는 사람은 만날 수 없으며 오로지 사랑을 주기만 해야 하는 것이라 가르친다. 하나님이 헌금 받는 사람으로 만들어줄 사람이 없는 세상으로 여자를 쫓아낸 것이라 한다.

하지만 헌금 받는 사람으로 만들어줄 수 있는 사람이 따로 있는 것이 아니라 헌금 주는 사람이 곧 헌금 받는 사람으로 만들어줄 수 있는 사람이 사랑받는 사람으로 만들어줄 수 있는 사람이 따로 있는 것이 아니라 사랑을 주는 사람이 곧 사랑받는 사람으로 만들어줄 수 있는 사람이다.

교회는 하나님이 여자는 다 죄인이라 말했다고 한다. 여자는 죄인이라서 헌금을 받을 수 없으며 헌금을 내기만 해야 한다고 말했다고 한다.

하지만 여자가 죄인이라고 불리는 것은 죄를 지었기 때문이 아니라 나쁜 교회를 만났기 때문이고 여자가 헌금을 받지는 못하고 내기만 해야 하는 것도 나쁜 교회를 만났기 때문이다. 여자를 죄인이라고 말하는 것은 하나님이 아니라 교회다. 여자에게 헌금을 걷는 것 또한 하나님이 아니라 교회다.

교회는 살아서 바친 헌금은 모두 죽어서 돌려받을 수 있다고 가르친다.

하지만 죽어서 받고 싶다면 살아 있을 때에 주는 남자를 만나야 한다.

속없는 여자들은, 살아서 바친 헌금을 죽어서는 고스란히 돌려받을 수 있을 것이라 생각하고 평생을 바치지만 살아서 바치기만 하던 여자는 죽어서도 돌려받을 수 없다. 유감스럽게도 평생 바치기만 하던 여자가 죽어서 돌려받게 되는 것은 자기가 평생 갖다 바친 헌금이 아니라 평생 헌금을 돌려줄 줄은 모르고 오직 받아먹을 줄밖에 모르는 사람들이기 때문이다.

죽어서 받기 위해서는 살아서도 받기만 하는 남자가 아니라 주는 남자를 만나야 한다. 받기만 하는 남자는 여자를 천국에 보내줄 수 없다. 생각해 봐라. 여자가 죽으면 누구를 따라가겠는가? 그들이 살아서 섬기던 목사들을 따라갈 것이 아닌가? 그런데 그 목사들은 줄곧 받기만 한다. 그 목사들이 과연 죽은 다음에는 어떻게 살아갈 것 같은가? 살아서는 평생 헌금을 받기만 하던 목사들이 죽은 다음에는 그 때까지 받기만 하던 헌금을 앞으로는 주기만 하겠다고 할 것 같은가? 사랑을 받기만 하던 남자들이 죽은 다음에는 받기만 하던 사랑을 주기만 하겠다고 할 것 같은가? 받기만 하던 남자가 죽은 다음에는 갑자기 착해져서 살아서는 네가 주기만 했으니 죽어서는 그 보답으로 영원히 받기만 해라 할 것 같은가? 어림없는 소리다. 그럴 것 같았으면 살아서도 그렇게 살지 않는다. 그들은 받을 줄밖에 모르는 사람들이다. 그러니 죽은 후에도 그 사람들과 함께 살고 싶다면 주던 사람은 계속해서 주기만 해야 한다. 그렇다면 그렇게 살아야 하는 곳이 과연 천국일까?

교회에서는 가장 높은 곳에 하나님이 있고 그 밑에 남자가 있고 그 밑에 여자가 있다. 그리고 그 셋은 결코 한자리에 있을 수 없다.

하지만 그렇게 되면 그 셋은 결코 하나가 될 수 없다.

셋이 하나가 되려면 하나님은 가장 높은 곳이 아니라 안에 있어야 한다.

남자가 곧 하나님이고 여자도 곧 하나님이어야 한다.

하나님을 아이라 치면 아이는 가장 높은 곳에서 따로 만들어지고 따로 살아야 하는 것이 아니라 남자와 여자의 중간 어디쯤에서 만들어지고 그 안에서 함께 살아야 한다. 그리고 하나님이 사랑이라 치면 사랑도 가장 높은 곳에 따로 있어야 하는 것이 아니라 사람과 사람 사이에 있어야 한다. 사랑이나 하나님을 두 사람 사이에 두지 않고 따로 두는 사람은 나쁜 사람이다.

그리고 하나님이 사람과 하나가 되려면 보이지 않게 녹아들어 있어야 한다. 공기가 보이지 않아서 공기인 것처럼 하나님도 보이지 않기에 하나님인 것이다. 사람들은 보이는 하나님을 원한다. 하지만 보이는 하나님은 보이기 때문에 사람과 온전히 하나가 될 수 없다. 만일 하나님이 보인다면 사람들은 하나님을 보느라 다른 것은 아무것도 제대로 볼 수가 없을 것이다. 그리고 어디에나 있는 하나님에 부딪혀 한 발짝도 움직일 수가 없을 것이다.

사람들은 다른 사람 앞에 있는 하나님은 하나님이 아니고 내 앞에 있는 하나님만 하나님이라고 싸운다. 하지만 하나님은 어느 한 사람만의 하나님이 아니라 두 사람 모두에게 절반씩 닿아 있는 두 사람 모두의 하나님이다.

교회는 하나님과 사단은 사람과 따로 있고 자기들은 하나님도 사단도 아니라고 하지만 그들이 곧 하나님이 될 수 있는 유일한 사람이고 그들이 곧 사단이 될 수 있는 유일한 사람이다. 왜냐하면 그들 말고 여자가 모르는 다른 하나님은 없으며 그들 말고 여자가 모르는 다른 사단도 없기 때문이다.

교회는 하나님이 사람을 지옥으로 쫓아 보낸 것이라 한다.

하지만 하나님이 사람을 지옥으로 쫓아 보낸 것이 아니라 사람이 지옥을 선택해 간 것이다. 여자는 아담에게 가고 싶지 않았는데 하나님이 여자를 아담에게 쫓아 보낸 것이 아니라 여자가 아담을 좋아해 아담을 선택해 간 것처럼 사람은 지옥에 가고 싶어 하지 않았는데 하나님이 사람을 지옥으로 쫓아 보낸 것이 아니라 사람이 지옥을 좋아해 지옥을 선택해 간 것이다.

교회는 받기를 기대하지 말고 오직 주기만 하라고 가르친다. 하지만 자기는 받기만 하면서 주기만 하라는 놈 쫓아다녀봐야 구원은 없다. 구원을 받는다는 것은 내가 준 것보다 더 많은 것을 받는다는 것이기 때문이다.

교회는 자기들이 사람들에게 성경을 있는 그대로 말하고 있다고 한다.

하지만 그들이 하는 얘기는 성경과 완전히 다르다.

교회에 다니는 사람들은 자기들이 보물이 감추어진 밭을 샀다고 생각한다.

하지만 교회는 결코 보물이 감추어진 밭을 파는 사람들이 아니다.

왜냐하면 교회는 보물이 감추어진 밭의 주인이 아니며 그 밭이 어디에 있는지도 모르는 사람들이기 때문이다. 그저 돈이 갖고 싶을 뿐이다.

그런데 어떻게 그 밭을 팔 수 있겠는가?

사람들은 천국에 가기 위해 교회에 돈을 내는 것은 아니라고 한다. 착한 척하기 위해서다. 하지만 과연 밭주인에게 돈을 주는 것이 보물이 감추어져 있는 밭을 가지는 것과 아무런 상관이 없다고 해도 자기가 가진 전 재산을 밭주인에게 바칠 사람이 있을까? 정말로 교회에 내는 돈이 천국에 가는 것과는 아무런 상관이 없다고 해도 교회에 돈을 바칠 사람이 있을까?

밭을 가지고 천국에 가려면 착하기만 해서는 안 되고 똑똑해야 한다. 그리고 교회에 다니는 사람이 아니라 성경에 나온 사람처럼 행동해야 한다.

가령, 성경에 나오는 사람은 보물을 보기 전에는 결코 그 밭을 사지 않는다. 보물을 사려면 사려는 사람이 먼저 눈으로 보물을 확인할 수 있어야 한다. 그래야 보물을 가질 수 있다. 그러나 교회에 다니는 사람은 결코 보물을 확인하지 않는다. 그리고 보물을 사려면 그 밭에 보물이 감추어져 있다는 사실을 주인은 모르고 사는 사람만 알고 있어야 한다. 주인이 파는 밭은 보물이 감추어져 있다고 알려진 밭이 아니다. 알려져 있지 않기 때문에 그 사람이 자기가 가진 모든 소유에 그 밭을 살 수 있는 것이다. 그러나 교회가 파는 밭은 아무도 본 적은 없지만 이미 보물이 감추어져 있다고 광고되고 있는 밭이다. 그래서 교회가 파는 보물은 이미 사려는 사람들이 줄을 섰다. 성경에 나오는 사람은 보물이 감추어진 밭의 주인에게서 직접 밭을 산다. 그리고 소유권도 확실히 넘겨받는다. 그래야 그 밭이 그 사람의 것이 되기 때문이다. 그러나 교회에 다니는 사람들은 결코 그 밭의 주인을 만날 수 없다. 그들은 오직 교회만을 만날 수 있을 뿐이다. 그리고 죽기 전까지는 그 소유권도 결코 넘겨받지 못한다. 밭을 산 이후에도 죽어야만 만날 수 있는 주인이고 죽어야만 가질 수 있는 밭이다. 그런데 어떻게 교회에 다니는 사람이 보물이 감추어진 밭을 살 수 있다는 말인가? 어림도 없는 일이다.

교회는 살아서는 보물이 감추어진 밭을 가질 수 없지만 죽어서는 가질 수 있게 될 것이라 한다. 하지만 죽어서야 가질 수 있는 밭은 가짜다. 왜냐하면 밭은 죽은 사람이 아니라 오직 산 사람만을 위한 것이기 때문이다.

보물은 보물 자신이 아니라 그 보물을 산 사람을 위해 존재하는 것이다.

교회는 그 사람이 가진 전 재산을 공짜로 얻기 위해 그 사람의 전 재산을 무시한다. 그것은 버려야 할 나쁜 것이며 보물만이 귀한 것이라 한다.

그리고 그 보물을 얻기 위해서는 모든 소유를 교회에 바쳐야 한다고 한다.

하지만 교회에 바치는 돈은 아무 의미가 없다. 그 사람의 전 재산은 보물과 똑같은 가치를 지니고 있다. 왜냐하면 그것이 곧 보물이 감추어진 밭의 값이기 때문이다. 따라서 보물을 얻기 위해서는 그 사람의 모든 소유를 교회에 바쳐야 할 것이 아니라 그 보물이 감추어진 밭의 주인에게 바쳐야 한다. 그렇지 않고 다른 이에게 바치면 그 보물은 결코 그의 것이 될 수 없다. 보물은 결코 아무것도 주지 않는 자의 것이 되지 않을 것이기 때문이다.

교회는 또, 하나님이 보낸 예수는 귀히 여기면서 예수가 구원하는 사람은 하찮게 여긴다. 구원받을 수 없는 사람인데 하나님이 불쌍히 여겨서 구원하는 것이라 한다. 하지만 자기가 가진 전 재산을 팔아 보물이 감추어진 밭을 사는 사람처럼 하나님도 밑지는 장사를 하는 분이 아니다. 그 사람이 자기가 가진 전 재산보다 밭에 감추어진 보물이 더 값지기 때문에 자기가 가진 전 재산을 주고 그 보물을 사는 것처럼 하나님도 아무 쓸모도 없는 사람을 얻기 위해 값진 예수를 버리는 것이 아니라 예수보다 그 예수를 주고 살 수 있는 사람이 훨씬 더 값지기 때문에 예수를 팔아 사람을 사는 것이다.

자기에게 주어진 것은 버려야 하는 것이 아니라 투자해야 하는 것이다. 교회는 사람에게 주어진 모든 소유는 하찮으니 버리고 보물을 얻어야 하는 것이라 하지만 하나님이 예수가 하찮아서 버리고 사람을 얻는 것이 아니라 예수보다 사람을 더 사랑해서 예수를 팔아 사람을 사는 것처럼 사람이 보물을 더 사랑해서 자기가 가진 모든 소유를 팔아 그 보물을 사는 것이다.

교회에서 말하는 성경은 가짜고 이것이 진짜 성경이다.

교회에서 말하는 성경은 그때 이후로는 다시는 일어나지 않는 일이며 결코 일어날 수도 없는 일이다. 하지만 성경은 언제나 과거가 아니라 현재다.

그러니 교회와 비교해 봐 주었으면 좋겠다.

교회는 가짜다. 사기꾼이다. 내가 믿는 건 교회가 아니니 상관없다고 생각한다면 여기서 말하는 '교회' 혹은 '남자'는 기독교뿐만 아니라 남편도 아니면서 여자에게 무언가를 바치라고 말하는 모든 종교를 포함하는 의미다.

"천국은 마치 밭(사람)에 감추인 보화와 같으니 사람(하나님)이 이를 발견하고 숨겨 두고 돌아가서 자기의 소유(독생자)를 다 팔아 그 밭(사람)을 샀느니라."(마 13:44)

"하나님이 세상을 이처럼 사랑하사 독생자를 주셨으니 이는 저를 믿는 자마다 멸망치 않고 영생을 얻게 하려 하심이니라."(요 3:16)

남정미

전북 정읍 출생, 전주대학교 영어영문학과를 졸업하였다.
도보여행자로 세상 외곽으로 여행이나 다니며 살다가 교회가 보여준 성경을 보고 오히려 그들의 말이 틀렸다는 걸 알게 되었다. 그전까지는 종교나 교회에 무관심하다가 그때부터 종교와 교회의 안티가 되었다. 겉모습은 내세울 게 없지만 내면에는 골리앗을 이길 수 있는 다윗의 힘이 있다고 믿고 있다.

교회를 떠나야 여성이 산다

초판인쇄 | 2013년 9월 9일
초판발행 | 2013년 9월 9일

지 은 이 | 남정미
펴 낸 이 | 채종준
펴 낸 곳 | 한국학술정보(주)
주 소 | 경기도 파주시 문발동 파주출판문화정보산업단지 513-5
전 화 | 031) 908-3181(대표)
팩 스 | 031) 908-3189
홈페이지 | http://ebook.kstudy.com
E-mail | 출판사업부 publish@kstudy.com
등 록 | 제일산-115호(2000. 6. 19)

ISBN 978-89-268-4633-9 03210 (Paper Book)
978-89-268-4634-6 05210 (e-Book)

책에 대한 더 나은 생각, 끊임없는 고민, 독자를 생각하는 마음으로 보다 좋은 책을 만들어갑니다.